KB120987

무심코 지나쳤던
우리동네
독립운동가
이야기

역사쌤이 들려주는 **난생처음 35년 한국독립사**

무심코 지나쳤던
우리동네
독립운동가
이야기

유정호 지음

역사를 잊은 민족에게 내일은 없다

1919년 민족 대표 33인이 태화관에 모였습니다. 제1차 세계대전이 끝나면서 미국 윌슨 대통령의 민족자결주의와 일본 도쿄 유학생들의 2·8 독립선언에 자극 받은 종교 지도자들이 나라를 독립시키고자 모인 것이었습니다.

천도교 열다섯 명, 기독교 열여섯 명, 불교 두 명으로 구성된 민족 대표 33인은 손병희를 총대표로 선출한 뒤 독립선언서에 서명했습니다. 독립선언서에 이름을 적으면 일제로부터 가족들까지 온갖 고초에 시달릴 수 있다는 걸 알면서도 말입니다. 그만큼 그들의 애국심은 무엇으로도 막을 수 없을 만큼 강했습니다.

그러나 민족 대표 33인 모두가 나라를 위하는 마음을 오래도록 지속한 건 아니었습니다. 목숨이 다하는 순간까지 나라와 국민을 걱정한 분들도 계셨지만 변절한 이들도 있었습니다.

변절한 이들은 여러 가지 이유를 제시하며 자신들의 행동이 어쩔 수 없는 결정이었다고 합리화했습니다. '일본이 패망할 기미가 보이지 않았기에 일제하에서 조선의 자치권을 획득하는 게 가장 나은 방법이라고 생각했다' '다른 이들도 일제에 협력했다' '그와 같은 상황에서 당신이라면 다른 결정을 내릴 수 있었겠는가?' 등 변명을 내세우며 자신들의 선택이 불가피했음을 강조했습니다. 더러는 업적을 내세우며 잘못을 숨기려고도 했습니다.

일부 한국인은 그들의 변명에 고개를 끄덕이며 동정 어린 시선을 보냈습니다. 분단과 전쟁으로 어려워진 현실을 살아가느라 그들의 잘못을 밝히고 바로잡는 일에 신경 쓰지 못했습니다. 일부는 역사적 사실을 제대로 알지 못하고 그들 덕분에 우리가 잘살게 되었다는 논리에 수긍하는 모습을 보이기도 했습니다. 일본이 우리의 근대화를 앞당겨주고 이끌어줬다는 억지 논리처럼 말입니다.

하지만 친일파들의 논리에 더는 속아서는 안 됩니다. 변절자와 친일파들의 주장을 받아들이면, 자신과 가족의 희생을 감수하고 독립을 위해 평생을 바친 분들을 어떻게 설명해야 할까요? 친일파들의 논리에 따르면 독립운동가는 시의를 모르는 답답하고 안타까운 사람입니다. 과연 이런 평가가 올바른 걸까요?

프랑스는 우리보다 짧은 기간 나치의 지배를 받았습니다. 그러나 제2차 세계대전이 끝난 이후 나치 협력자들을 강력하게 처벌

했습니다. 한국이 일제에 협력해 민족을 배반했던 인물 7천여 명 중 조사 682명, 기소 221명, 실형 선고 7명, 실제 형 집행이 한 명도 없었던 것과는 달리 프랑스는 숙청 대상 200만여 명, 실형 선고 15만 8천여 명, 사형 선고 1만 1,500여 명, 사형 집행 3,800여 명이라는 강력한 처벌을 내렸습니다. 그마저도 재판이 열리기 전 수많은 나치 협력자가 보복으로 죽은 상황을 감안하면 우리의 과거 청산은 너무도 부끄러운 게 현실입니다.

더 큰 문제는 앞으로도 우리가 과연 과거 청산을 이뤄낼 수 있을지 모르겠다는 사실입니다. 친일파들은 모두 죽었지만, 그들의 부와 권력은 고스란히 후손들에게 전달되어 더 큰 부와 권력을 가지고 우리나라에 많은 영향을 끼치고 있습니다.

그들 중 일부는 선조가 벌인 친일 행각을 부끄러워하고 반성하기보다 적극적으로 옹호하고 있습니다. 자신들의 선조를 친일파로 지칭하기만 해도 부와 권력을 내세워 소송을 제기합니다. 그 때문에 많은 지식인과 뜻있는 이들이 친일파에 대해 언급하는 일을 조심스러워하고 두려워합니다.

저도 비슷한 일을 여러 번 겪었습니다. 소송까지 가지는 않았지만 잘못된 정보를 바로잡아달라는 요청을 여러 번 받았습니다. 그때마다 위축되어 친일파에 대한 글을 쓰는 일이 머뭇거려진 것도 사실입니다. 부끄럽지만 이 책을 쓰면서도 '친일파를 넣는 일이 잘한 일인가' 하는 생각이 계속 머릿속에서 맴돌았습니다.

그런가 하면 독립운동가들은 그토록 원하던 독립을 맞이했지만 6·25전쟁으로 많은 분이 희생을 당했습니다. 일부 독립운동가는 친일파들로부터 공산당이라는 누명을 뒤집어쓰고 북으로 도망가거나 숨죽여 지내야 했습니다. 심지어는 목숨을 빼앗기는 경우도 많았습니다.

독립운동사에서 빼놓을 수 없는 인물인 김원봉은 광복 이후 노덕술에게 뺨을 맞는 등 온갖 수모를 당했습니다. 노덕술은 일제강점기 시절 독립운동가를 체포해 고문을 일삼던 친일 순사였죠. "조국 해방을 위해 중국에서 일본 놈들과 싸울 때도 이런 수모를 당한 일이 없는데 해방된 조국에서 이런 악질 친일파 경찰 손에 의해 수갑을 차다니, 왜놈들의 등쌀에 언제 죽을지 모른다."라며 울분을 토하고 월북했습니다. 이후 김원봉은 공산주의자로 낙인찍혀 대한민국에서 한동안 언급되지 못했습니다. 그래서 과거 중고등학교 시절 김원봉을 뺀 반쪽짜리 독립운동사를 공부한 터라 근현대사를 온전히 이해하기 어려웠습니다.

이번에 좋은 기회를 얻어 독립운동가들에 관한 책을 냈습니다. 위대한 독립운동가들이 너무 많아 저의 역량으로는 모두 다룰 수 없었습니다. 그래서 국내에서 동상으로 만날 수 있는 독립운동가를 먼저 다루기로 했습니다.

보통 동상을 주의 깊게 살피고 지나가지 않습니다. 동상에 관심을 두지 않다 보니, 정작 동상의 모델이 누구인지조차 모르고 지나칠 때가 많습니다. 그런 모습을 볼 때마다 역사의 중요성을 강조하며 가르치는 사람으로서 안타까울 때가 많았습니다. 물론 강제적으로 동상이 세워진 역사도 있습니다. 하지만 그와는 별개로 동상이 우리에게 주는 영향력이 분명히 있다고 믿습니다.

서울역 앞에 있는 강우규 의사의 동상을 통해 이곳이 나라 잃은 망국의 한을 폭탄에 담아 조선 총독에게 던졌던 장소라는 사실을 안다면, 서울역의 이미지가 크게 바뀌지 않을까 생각합니다. 탑골공원도 손병희 선생을 중심으로 나라의 독립을 되찾고자 수많은 청년이 모였던 장소라는 사실을 알게 되면, 한 번쯤 방문해보고 싶지 않을까 생각합니다.

저의 부족한 역량으로 이 책에 거론된 독립운동가조차도 심도 있는 내용을 담지 못하고 주요 업적과 어록만 간신히 적을 뿐입니다. 이런 작은 노력이나마 독립을 위해 숭고한 희생을 마다하지 않았던 분들을 기억하는 데 조금의 도움이 되었으면 하는 바람으로 글을 써 내려갔습니다.

역사에 관한 관심이 예전에 비해 높아진 건 맞지만 놓쳐버리는 사실도 많다고 생각합니다. 그리고 올바른 역사를 정립하기 위해서는 이 나라를 위해 순국한 분들을 꼭 기억해야 할 필요성이 있다고 믿습니다.

잘못을 저지른 사람들도 기억해야 합니다. 다시는 그들처럼 나라와 국민을 배신하고 개인의 영위만 좇는 잘못을 되풀이하는 이가 나오지 않아야 합니다. 그래서 책의 마지막 챕터에 친일반민족행위자 네 명도 기록했습니다. 그들의 행적이 분명 긍정적 영향을 끼치지도 했지만 그 업적과는 별개로 그들이 국가와 국민을 배반한 바를 직시해야 합니다.

책을 읽다 보면 독립운동가들의 업적이 겹친다고 생각할 수 있습니다. 그건 수많은 독립운동가가 하나로 뭉쳐 나라를 되찾고자 노력한 결과물입니다. 많은 사람이 뜻을 함께해 단체를 조직하고 운영했기에 가능한 일이었습니다.

독립운동이 하나로 통합되지 못하고 분열되어 제대로 활동하지 못했다고 생각하는 경우가 많습니다. 그러나 사실은 그렇지 않습니다. 독립운동가들은 독립을 향한 여러 방법과 수단이 막히면, 또 다른 방법으로 독립운동을 펼치길 반복했습니다. 일제의 주장처럼 단결하지 못하는 민족성 때문이 아닙니다. 나라 없이 타국 각지에서 독립운동을 해야 했던 열악한 환경이 주된 원인입니다.

독자분들은 글 말미에 적어놓은 독립운동가에 대한 저의 평가를 너무 신경 쓰지 않았으면 좋겠습니다. 저의 주관적이고 개인적인 생각이라고 봐주시길 바랍니다. 중요한 건 우리 모두가 자신만의 잣대로 독립운동가를 판단하고 평가하는 일입니다. 그래야 개인 또는 국가에 닥쳐올 어려움과 문제를 해결할 답을 찾을 수 있습니다.

마지막으로 저의 작은 소망을 전합니다. 무심코 지나치기 쉬운 주변의 동상으로 순국선열을 떠올리며 감사함을 느끼는 시간을 가지길 바랍니다.

1부 ———

힘으로
독립을 쟁취하다

2부
독립운동에
모든 걸 걸다

3부
독립운동을
이끌다

4부 ————

독립운동에
제약은 없다

5부 ———

친일파도
잊지 말자

힘으로
독립을 쟁취하다

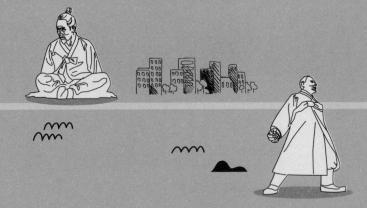

조선 총독을 노린
65세 노인의 폭탄

독립 활동에 나이 따윈 의미 없다,
강우규(姜宇奎, 1855~1920)

강우규 동상

서울역 앞에 동상 하나가 보이는데, 그 앞을 지나가는 사람들 대부분은 동상에 눈길 한번 주지 않고 제 갈 길을 바삐 간다. 다른 곳에 있는 동상과 달리, 유독 사람들의 눈길 한 번 받지 못하는 이유가 무엇일까 궁금해 주변을 둘러봤다. 동상 주변 노숙자들이 풍기는 악취와 위압감 때문일까, 그저 동상의 주인공을 잘 알지 못하기 때문일까, 너무 자주 봐서 별다른 느낌이 들지 않기 때문일까.

하지만 서울역 앞 동상의 주인공은 독립운동가 강우규로, 가벼이 보고 넘어갈 분이 아니다. 박경리의 소설『토지』에도 강우규는 실명으로 나오며, 학창 시절 수업 시간에 펼치고 공부하는 역사 교과서에도 의거 활동을 펼친 독립운동가로 소개되어 있다. 강우규 의거는 3·1운동 이후 최초로 시도된 의열투쟁으로, 이후의 의거 활동에 큰 영향을 줬다는 점에서 의미가 크다.

왈우(曰愚) 강우규는 1855년 7월 14일 평안남도 덕천군에서 가난한 농부의 막내로 태어났다. 부모가 일찍 죽는 바람에 시집간 누이의 집에 얹혀살며 눈칫밥을 먹고 자라야 했다. 여인들이 시집

살이를 고되게 했던 당시 시대상을 고려해보면, 결혼한 누이 집에서 산다는 게 결코 쉬운 일은 아니었을 것이다.

좋지 못한 환경으로 올바르지 않게 성장할 수도 있었지만, 강우규는 가족에게 충분한 사랑을 받으며 잘 성장했다. 대한제국 말기부터 일제강점기의 독립운동가들을 기록한 송상도의 『기려수필』에 따르면, 강우규는 어린 시절 한 손으로 독수리를 잡을 정도로 용맹했다고 한다. 머리도 총명해 서당에서 칭찬을 많이 받았다고 한다. 강우규는 비록 부모를 일찍 여의었지만, 누이와 형들의 도움으로 밝게 자랐다.

성인이 되면 홀로 생계를 책임져야 하는 강우규에게 형은 한의학을 배우라고 권유했다. 가난한 농가에서 태어난 데다 부모를 일찍 여의면서 생활기반이 없는 그에게 큰 투자 비용 없이 돈벌이하는 데 한의사는 안성맞춤인 직업이었다. 총명한 머리로 빠르게 의술을 익힌 그는 덕천읍에 한약방을 열었는데, 빠르게 명의로 소문이 나서 큰돈을 벌 수 있었다.

1885년 함경남도 홍원으로 삶의 터전을 옮긴 서른 살의 강우규는 한약방을 운영하며 번 돈으로 홍원읍 남문에 포목, 담배, 의류 등 다양한 품목을 파는 잡화상을 열었다. 눈앞의 작은 이익을 좇기보다 신의를 바탕으로 장사한다는 입소문이 퍼지면서, 가게 앞은 몰려드는 사람들로 늘 북새통을 이뤘다. 강우규에 대한 믿음이 얼마나 컸는지, 머나먼 간도에서도 강우규 잡화상을 가면 정직한 가격으로 좋은 물건을 구할 수 있다며 사람들이 찾아왔다.

그렇게 25년 동안 흥원에서 많은 돈을 벌었음에도, 강우규는 자신을 위해선 한 푼의 돈도 쓰지 않았다. 쓰러져가는 나라를 위해 해야 할 일이 무엇인지 늘 고민하던 그는 민족의 힘을 키우는 일에 매진하기로 결심했다.

대한민국 임시정부 국무총리를 지낸 이동휘의 부친 이승교의 영향이 컸다. 평소 이승교와 많은 대화를 나누며 나라의 장래를 걱정하던 강우규는 신식교육으로 인재를 많이 양성하는 게 가장 중요하다고 결정을 내렸다. 그동안 모은 돈으로 학교를 세우고 운영할 수 있다는 자신감이 밑바탕에 깔려 있는 강우규는 마을에 학교와 교회를 세웠다.

하지만 그의 노력에도 불구하고 대한제국은 쓰러져갔다. 나라를 운영하는 위정자들은 자신의 앞날만 걱정하며 나라와 국민을 배신하는 한편 백성들은 무지해, 조선은 외세의 압력을 이겨내지 못할 정도로 허약해졌다. 결국 1910년 대한제국(조선)은 일본에 주권을 빼앗기고 만다.

황무지에 독립운동기지를 건설하다

많은 이가 나라를 빼앗겼다는 사실에 슬퍼하며 정신을 차리지 못했다. 깊은 한숨을 내쉬며 미래를 걱정하는 이들과 분개감으로 끓어오르는 화를 주체하지 못하는 이들로 조선은 들썩였다.

강우규도 가슴 깊은 곳에서 솟구쳐 오르는 울분으로 눈앞이 흐려지며 정신을 차릴 수 없었다. 하지만 젊은이들처럼 당장의 감정에 치우치면 안 된다고 생각했다. 빼앗긴 나라를 되찾을 힘을 기르는 게 우선이라고 여겼다. 노인에 들어선 자신이 직접 일본군과 맞서 싸울 수는 없지만, 독립군 양성의 기반을 마련하는 일은 충분히 할 수 있다고 자신했다.

강우규는 일제의 감시와 탄압으로 국내에서 독립운동을 하기는 어려울 것으로 판단했다. 나라를 잃어버린 이듬해인 1911년 봄 두만강을 넘어가 몇 년간 간도와 연해주를 돌아다니며 독립운동의 기반을 마련할 장소를 찾아다녔다.

오랜 답사 끝에 한인들이 많이 거주하면서도 중국, 일본, 러시아의 간섭이 적어 독립운동을 독자적으로 할 수 있는 중국 동북 지방의 지린성 요하현을 독립운동기지로 결정했다. 1915년 강우규는 환갑이 넘은 나이에 모든 재산을 가지고 요하현으로 이주했다. 그곳이 바로 신흥동(또는 신흥촌)이다.

강우규가 오랜 시간에 걸쳐 선택한 신흥동은 벽지에 불과했으나, 얼마 뒤 블라디보스토크와 우수리 철도로 연결되면서 북만주 지역을 쉽게 다닐 수 있는 교통의 요지이자 독립운동의 주요 근거지가 된다. 그의 안목과 노력이 얼마나 대단했는지 알 수 있다.

강우규가 신흥동에 자리를 잡았다는 소식이 퍼지자, 그와 독립의 뜻을 함께하려는 사람들이 신흥동에 몰려들어 불과 1년 만에 100여 호가 넘는 큰 마을로 성장했다. 100여 호라면 대략 500~1천 명의 규모로, 강우규의 인품이 어떠했는지를 보여줌과 동시에 그가 헛되이 살아온 게 아니라는 걸 보여줬다.

가족을 이끌고 타국의 황무지로 이주하는 게 결코 쉬운 일이 아니라는 걸 생각해보면, 수많은 사람이 신흥동으로 이주했다는 것 자체만으로도 강우규가 많은 이의 존경을 한 몸에 받았다는 걸 알 수 있다.

박경리는 소설 『토지』에 독립운동기지를 만들고자 1911년부터 1915년까지 만주와 연해주를 돌아다녔던 강우규의 이야기를 실었다. 독립을 향한 강우규의 뜻과 행동을 많은 독자가 영원히 기억하길 바라는 마음에서였다.

신흥동에 많은 사람이 자리를 잡으며 기반이 어느 정도 마련되자 강우규는 1917년 광동학교를 세웠다. 신흥동 건설에 많은 재산을 사용한 만큼 학교를 세울 여력은 없었지만, 신식교육으로 민족의식을 갖춘 인재를 양성하는 일이 매우 중요하다는 걸 잘 알고 있는 강우규는 노구를 이끌고 연해주를 오가며 의료행위로 번 돈으로 학교 설립비와 운영비를 충당했다.

그러던 중 1919년 3·1운동의 소식이 신흥동에까지 들려왔다. 강우규는 너무도 기쁜 마음으로 신흥동 사람들을 데리고 만세 시위를 벌이며 독립을 기원했다. 그러나 독립이라는 희망찬 소식 대신 많은 이가 만세 시위 과정에서 체포되고 죽었다는 안타까운 소식만 전해질 뿐이었다.

강우규는 평화로운 방식으로 만세 시위를 벌인 동포를 학살한 일제의 만행에 분노를 감출 수 없었다. 어린아이에서 노인에 이르기까지 칼로 찌르고 총으로 쏴 죽이는 만행을 저지른 일제를 따끔

하게 혼낼 필요가 있다고 생각했다. 그리고 자신이 그 일을 해야겠다고 다짐했다.

일제를 혼내줄 방법을 상의하고자 이승교를 찾아간 강우규는 대한민국노인동맹단을 소개받았다. 대한민국노인동맹단은 박은식, 최명숙 등 연해주와 간도 지방의 65세 이상 되는 노인 320여 명이 결성해 만든 독립운동단체로, 군자금 모금 등 노인들도 나라를 되찾는 일에 동참하자고 호소하고 있었다. 강우규는 자신의 뜻과 부합하는 대한민국노인동맹단에 가입해 요하현지부 책임자로 단원을 모으고 독립 활동을 펼쳤다.

조선 총독을 제거하라

대한민국노인동맹단은 박은식을 중심으로 독립선언서를 발표하고, 조선 총독에게 독립청원서를 전달하기 위해 이승교를 비롯한 일곱 명의 대표단을 서울로 파견했다. 하지만 일제에 의해 이승교를 포함한 대표 일곱 명이 체포되거나 추방당했다. 이 소식을 들은 강우규는 조선 총독을 암살해야겠다고 다짐하고, 홀로 우수리 철도의 청룡역에서 미국제 폭탄과 수류탄을 구매했다.

1919년 6월 11일, 사타구니에 폭탄을 차고 원산으로 내려온 강우규는 하세가와 총독이 물러나고 사이토 마코토가 새로운 총독으로 온다는 소식을 듣곤 신문에 게재된 총독의 얼굴을 오려 품속에 깊이 간직해 수시로 보며 얼굴을 익혔다.

거사 자금이 필요했던 강우규는 오랫동안 거주한 홍원에서 잘 알고 지내던 도면수를 찾아가 거사 계획을 밝히고 거사 자금으로 500원을 받았다. 이후 8월 5일 서울에 도착한 강우규는 9월 2일 서울에 도착하는 사이토 총독을 죽이기 위해 남대문통의 여인숙으로 숙소를 옮겨 폭탄 던지는 모의 실행을 수차례 연습했다.

드디어 9월 2일 오후 5시 사이토 총독이 남대문역(현 서울역)에 대기하던 환영 인파와 인사를 나누고 마차에 오르는 순간, 강우규가 움직였다. 명주 수건에 싸인 폭탄이 강우규의 품을 떠나 사이토 총독에게로 날아갔으나, 마차에서 4m 떨어진 지점에서 폭발하고 말았다. 무라다 소장을 비롯해 마차 주변에 있던 서른일곱 명이 죽거나 다쳤지만, 사이토 총독은 타고 있던 마차에 폭탄 파편 몇 개만 박혔을 뿐 무사히 자리를 옮겼다.

강우규는 의거가 실패한 사실에 분개했지만, 재거사를 위해 자리에서 빠져나왔다. 한편 일본 경찰은 폭탄을 던진 사람이 노인일 거라고는 생각조차 하지 못하고 엉뚱한 곳에서 범인을 찾았다. 강우규는 사직동의 임승화가 경영하는 여관으로 거처를 옮겨 재거사를 준비했다. 하지만 일본 경찰의 주변 탐문수색 결과 의거를 벌인 지 16일이 지난 9월 17일에 체포되고 말았다.

비록 재거사의 뜻을 이루지 못하고 체포되었지만, 강우규는 한순간도 일제에 비굴하게 굴복하는 모습을 보이지 않았다. 재판정에 모여든 사람들은 일제 앞에서 당당한 강우규에게 박수를 보냈다. 강우규가 얼마나 당당했는지 일제도 '피고'라는 용어 대신 '강 선생' 또는 '영감님'이라고 부르며 존중할 정도였다.

강우규는 재판정에서 "일본이 불의로써 우리나라를 병탄했다. 세계의 인도(人道)가 용서하지 않을 것이다. 따라서 내가 조선의 국민으로서 너희들의 노예로 복종할 수 있겠는가?"라며 의거의 목적과 정당성을 밝혔다. 그러나 일제는 그의 말을 묵살한 채 사형 선고를 내렸고, 1920년 11월 29일 강우규는 66세의 나이로 서대문형무소 교수대에서 순국했다. 순국하기 전 강우규는 아들을 통해 청년들에게 말을 전했다.

"내가 죽는다고 조금도 어쩌지 말아라. 내 평생 나라를 위해 한 일이 아무것도 없음이 도리어 부끄럽다. 내가 자나 깨나 잊을 수 없는 건 우리 청년들의 교육이다. 내가 죽어서 청년들의 가슴에 조그마한 충격이라도 줄 수 있다면 그건 내가 소원하는 일이다. 언제든지 눈을 감으면 쾌활하고 용감히 살려는 전국 방방곡곡의 청년들이 눈앞에 선하다."

형 집행 전 강우규는 "단두대 위에도 봄바람이 있도다. 몸은 있으나 나라가 없으니 어찌 감상이 없겠는가."라는 유시를 남겼다. 죽는 순간까지도 나라를 걱정하는 마음이 절절하게 느껴진다.

우리는 일제강점기 의열투쟁을 한 인물들로 이봉창, 윤봉길, 나석주 등을 기억한다. 여기에 누구보다 젊은 열정과 패기를 가지고 나라를 위해 목숨 바친 강우규도 기억하면 어떨까?

서울역 앞에 강우규 동상이 세워지기까지 4년이라는 시간이

걸렸다. 설치 과정이 어려웠던 만큼 동상이 제대로 관리되고 있는
지 생각해봐야 한다. 서울역을 방문하는 사람들이 강우규 동상 앞
에서 우리의 아픈 역사를 기억하고, 다시는 그런 일을 겪지 않기
위해 무엇을 해야 할지 자유롭게 이야기 나누길 희망해본다.

우리동네 인물 탐구

· 동상 위치 ·

서울시 중구 통일로 1, 서울역

· 강우규 연보 ·

1855.7.14.	평안남도 덕천군 출생
1855	함경남도 홍원 이주
1915	지린성 요하현 이주 신흥동 건설 광동학교 설립
1919	대한국민노인동맹단 요하현 지부장 역임
1919.9.2.	사이토 총독에게 폭탄 투척
1919.9.17.	재거사 준비, 체포
1920.2.25.	사형 선고
1920.11.29.	서거
1962	건국훈장 대한민국장 추서

일제의 심장을 저격한
한국의 영웅

우리의 영원한 영웅,
안중근(安重根, 1879~1910)

안중근 동상

안중근을 모르는 사람이 있을까? 아무리 역사에 관심이 없어도 안중근이 이토 히로부미를 사살하고 대한의 자주독립을 염원했던 사실을 모를 순 없을 것이다. 그만큼 독립운동을 대표하는 인물을 꼽을 때 1순위로 거론되는 인물이 바로 안중근이다. 학교 역사 수업에서 안중근을 빼놓지 않고 다루기도 하지만, 각종 언론에서도 매년 빼놓지 않고 안중근을 집중 조명한다.

안중근이 이토 히로부미를 죽이고 여순 감옥에 갇혀 있었을 때, 그를 만난 일본인조차도 안중근에게 경의를 표했다. 당시 검찰관이었던 미조부치는 안중근에게 "진술하는 말을 들으니 참으로 동양의 의사(義士)라 하겠다. 그대는 의사이니까 반드시 사형받을 법은 없을 것이니 걱정하지 말라."고 했다.

사형을 선고받은 최후 공판을 본 외국 기자는 "그는 마침내 영웅의 왕관을 손에 들고는 늠름하게 법정을 떠났다. 그의 입을 통해 이토 히로부미는 한낱 파렴치한 독재자로 전락했다."라고 말했다.

이처럼 안중근이 우리나라를 넘어 일본인과 외국인의 존경까지 받을 수 있었던 이유를 그의 삶에서 찾아볼 수 있다.

안중근은 어려운 사람들에게 재산을 나눠주는 선행으로 많은 이의 존경을 받던 황해도 해주의 부잣집에서 태어났다. 할아버지는 진해 현감을 지낸 관료로 미곡상을 운영하며 수천 석을 가진 거부였고, 아버지는 어려서 신동으로 불리며 박영효와 함께 개화사상을 받아들여야 한다고 주장하던 깨어 있는 지식인 안태훈이었다. 어머니 조마리아 여사(조성녀)는 여순 감옥에 갇힌 안중근에게 "옳은 일을 하고 받는 형(刑)이니, 비겁하게 삶을 구걸하지 말고 대의에 죽는 게 어미에 대한 효도다."라고 말한 뒤 순국한 아들의 뜻을 이어 독립운동을 한 여장부였다.

안중근의 부모는 갓 태어난 안중근의 가슴과 배에 있는 일곱 개의 점을 북두칠성이라고 생각하곤 '응칠'이란 이름을 지어줬다. 우리나라는 예로부터 북두칠성이 인간의 운명을 주관하는 하늘이라고 여겼던 만큼, 안중근의 가족이 북두칠성을 상징하는 표식을 갖고 태어난 안중근에게 거는 기대는 남다를 수밖에 없었다.

그래서였을까? 무보다 문을 숭상하던 시대임에도 안중근의 부모는 아들에게 책만 읽도록 권유하지 않았다. 안중근이 무예를 닦는 일을 말리기는커녕 오히려 마음껏 수련할 수 있도록 적극적으로 지원했다. 안중근이 혼란한 사회를 바로잡을 대장부의 큰 포부를 가지고 있었다는 걸 안중근의 부모는 너무도 잘 알았던 것이다.

안중근은 친구들이 공부를 권할 때도 "옛날 초패왕 항우가 말하길 '글은 이름이나 적을 줄 알면 그만이다'라고 했는데 만고 영웅 초패왕의 명예가 오히려 천추에 남아 전한다. 나도 학문으로 세상에 이름을 드러내고 싶진 않다. 저도 장부요, 나도 장부다. 자네들은 다시 더 나를 권하지 마라."라며 항우를 통해 자신에게 큰 뜻이 있음을 밝혔다.

그러나 항우에 자신을 견주는 안중근의 말을 들여다보면 그가 이미 학문을 깨우쳐 굉장히 논리적이라는 걸 알 수 있다. 또한 법정에서 이토 히로부미를 처단한 이유를 설명하고 감옥에서 『안응칠역사』와 『동양평화론』이란 훌륭한 책을 저술한 걸 보면, 안중근은 당시 웬만한 사람보다 학식이 높았을 거라고 추정된다. 즉 안중근은 기울어가는 나라를 위해 글보다 무예를 선택한 것이었다.

인재 양성에서 의병 활동까지

친구들이 과거를 준비하며 한학을 공부할 때 여러 무예를 익힌 안중근은 다방면으로 능력이 출중했는데, 그중에서도 사격에 매우 능했다. 당시 인근 포수들 사이에서도 안중근은 명사수로 유명했는데, 그의 사격 솜씨가 세상에 널리 알려진 건 동학농민군과 벌인 전투에서였다.

아버지 안태훈이 관아의 요청과 더불어 동학농민운동이 개화에 도움이 안 된다는 판단으로 사병을 조직하자, 안중근도 열여섯 살 어린 나이로 전투에 참여해 승리를 거뒀다.

하지만 목숨 걸고 나라를 위해 분전한 것에 대한 포상은커녕 안중근 집안은 이 일로 오히려 고초를 겪었다. 당시 권력을 잡고 부정부패를 저지르던 민씨 일가의 민영준이 안태훈에게 동학농민군에게서 빼앗은 500여 석을 군량으로 사용한 걸 문제 삼으며 뇌물을 요구했다. 민영준의 부당한 요구에 응할 수 없었던 안중근 집안은 화를 피하고자 천주교 당으로 피신했다.

이를 계기로 온 가족이 천주교 신자가 되었는데, 안중근도 이때 '도마(Thomas)'라는 세례명을 받았다. 하지만 안중근은 천주교를 맹목적으로 신봉하지 않았다. 하느님을 내세워 욕심을 채우려는 사람을 가려낼 수 있는 통찰력을 가지고 있었다.

한 예로 안중근이 조선의 자주독립을 위해 학문의 필요성을 주장하며 신부 뮈텔에게 대학교 설립을 도와달라고 요청한 적이 있다. 그러나 뮈텔이 한국인이 학문을 익히면 믿음이 좋지 않게 된다며 일언지하에 거절하자 "교의 진리는 믿을지언정 외국인의 심정은 믿을 게 못 된다."라고 답했다. 더불어 "우리 한국이 세계에 위력을 떨친다면 세계 사람들이 한국말을 통용할 것이다."라는 말을 남기며 우리를 무시하는 서양인의 오만을 강하게 질타했고, 훗날 한국의 위상이 세계만방에 떨칠 날이 반드시 올 거란 희망과 자신감을 강하게 내비쳤다.

성인이 된 안중근은 을사늑약으로 나라가 기울자 석탄 상회를 운영하며 벌어들인 돈으로 삼흥학교를 세우고 돈의학교를 인수해 인재 양성에 힘을 기울였다. 일본에 진 빚을 갚고 자주 국가로 나아가자는 국채보상운동이 일어나자, 국채보상기성회 관서지부장으로 나라 빚을 갚기 위한 모금 운동을 적극적으로 펼쳤다.

그러나 1907년 고종이 강제 퇴위당하고 정부군이 해산하는 일련의 과정을 거치며 대한제국이 식민지로 전락하는 모습에 조급해졌다. 나라에 필요한 인재를 양성하는 교육도 중요하지만, 지금 당장은 일제를 힘으로 내쫓는 의병 활동이 우선이라고 여겼다.

1907년 8월, 두만강을 건너 북간도 용정으로 넘어간 안중근은 국권회복활동을 펼치고자 했으나 일제의 통감부 간도 파출소의 감시로 여의치 않았다. 이에 연해주 블라디보스토크로 가서 계동청년회의 임시사찰을 맡아 한인촌을 돌아다니며 애국계몽활동을 벌였고 창의회(훗날 동의회)에 가입했다.

창의회는 회장에 최재형, 부회장에 헤이그 특사로 파견되었던 이위종, 총대장으로 간도관리사였던 이범윤이 활동하던 항일운동 단체였다. 안중근은 이범윤 휘하에서 의병부대를 조직하고 이끌었다. 당시 그의 공식 명칭은 대한의군참모중장 겸 특파독립대장 및 아령지구 사령관이었다.

안중근은 200~300명의 의병을 데리고 1908년 7월부터 함경북도로 들어가 일본군과 교전을 벌였다. 박은식의 『안중근전』에 의하면, 안중근은 세 차례에 걸친 교전에서 일본군 50여 명을 사살하고 10여 명을 포로로 잡았다가 석방할 정도의 큰 전과를 올렸다. 하지만 끝이 좋지 않았다. 부대원들의 반대를 무릅쓰고 사로잡은 일본군 병사들을 풀어줬다가 큰 패배를 당했다.

안중근은 "사로잡힌 적병이라도 죽이는 법이 없으며, 어떤 곳에서 사로잡혔다 해도 뒷날 돌려보내게 되어 있다."라며 만국공법에 따라 일본군 포로를 풀어줬다. 자신들이 폭도가 아닌 나라를 지키기 위한 군인들로 일제와 대등한 관계라고 인식하고 있었기 때문이다. 그러나 그 때문에 동료와 갈등을 겪는 가운데 풀어준 일본군이 데려온 본진과 벌인 영산전투에서 크게 패하고 말았다. 안중근은 동지들과 함께 12일 동안의 고된 행군 끝에 피골이 상접한 상태로 연추에 돌아올 수 있었다.

이토 히로부미를 처단하다

몸과 마음을 추스른 안중근은 노에프스키에서 유전율이 사장으로 있는 〈대동공보〉의 탐방원으로 활동하며 한국인의 애국심을 고취하는 일에 매진했다.

1909년 3월 5일에는 김기룡·박봉석·조응순 등 열한 명의 동지와 함께 조국 독립의 회복과 동양 평화의 유지를 위한 '동의단지회'를 결성하고 회장으로 취임했다. 동의단지회 회원 모두는 왼손 무명지 첫 관절을 자른 뒤 펼쳐놓은 태극기에 선혈로 '대한독립'이라고 쓰고 대한독립만세 삼창을 외쳤다. 마지막으로 안중근은 태극기 위에 혈서로 '동인단지회의 취지문'을 남겼다.

그해 10월 〈대동공보〉에 들른 안중근은 이토 히로부미가 하얼빈으로 러시아 대장대신 코코프체프를 만나러 온다는 소식을 접했다. 곧 그는 〈대동공보〉 사장 유전율에게 이토 히로부미 처단의 뜻을 밝히고, 거사에 필요한 자금과 총 세 자루를 받아 10월 21일 우덕순과 함께 하얼빈으로 향했다. 도중에 포그라니치나야에서 옛 동지 유승렬의 아들 유동하를 통역관으로 합류시켰다. 셋은 하얼빈의 국민회 회장 김성백의 집에 머물면서 10월 23일 아침 기념사진을 촬영했다. 그리곤 조도선을 찾아가 의거 계획을 설명한 후 합류시켰다.

10월 24일, 의거 장소를 물색하고자 채가구에서 하차한 안중근 일행은 다음 날 둘로 나눠지기로 결정했다. 이토 히로부미가 어디에서 정차할지 모르는 상황이었기 때문이다. 우덕순과 조도선을 채가구에 남기고 어린 유동하는 집으로 돌려보냈다.

홀로 남은 안중근은 역의 구내 찻집에서 차분히 대기하며 머릿속으로 이토 히로부미를 처단할 시나리오를 수십 수백 번 점검했다. 하지만 채가구에서 우덕순과 조도선의 의거가 성공했는지 알 수 없는 상황이었기에 일분일초가 더디게만 흘러갔다.

한편 채가구에서는 우덕순과 조도선을 수상하게 여긴 러시아 경비병이 이토 히로부미가 탄 열차가 지나가는 동안 그들이 묵고 있는 여인숙을 밖에서 잠가버리는 바람에 거사를 시도조차 하지 못하고 갇혀 있었다.

드디어 10월 26일 오전 9시 하얼빈역에 도착한 이토 히로부미는 러시아 대장대신 코코프체프의 안내를 받으며 의장대를 사열하고 환영 인파에게 인사를 건넸다. 안중근은 환영 인파 속에서 떨리는 감정을 부여잡고 자신에게 다가오는 이토 히로부미가 그동안 사진으로 수없이 봤던 사람인지 확인하고 또 확인했다. 그리고 이토 히로부미가 자신의 앞을 지나가는 순간 방아쇠를 당겼다.

안중근은 러시아 대신이 애꿎게 피해를 보지 않도록 조심하면서 여러 차례 방아쇠를 당겼다. 그렇게 발사된 총알은 이토의 가슴과 흉부 그리고 복부를 관통했다. 혹시라도 이토 히로부미가 아닌 엉뚱한 자를 저격했을지 모른다는 생각에 이토 히로부미 주변의 일본인에게 세 발을 더 쐈다. 빠른 판단과 뛰어난 사격술 그리고 강단이 있었기에 가능한 일이었다.

총에 맞은 이토 히로부미는 급히 열차로 옮겨졌으나 20분 뒤에 숨을 거뒀다. 이토 히로부미를 수행하던 하얼빈 총영사 가와가미 도시히코와 궁내부 비서관 모리 야스지로, 만철이사 다나가 세이지로는 중경상을 입었다. 안중근은 의거 이후 도망치지 않았다. 당당하게 '코리아 후라(대한 만세)'를 삼창한 뒤 러시아군에게 체포당했다.

이토 히로부미의 죽음에 당혹스러워한 러시아는 책임에서 벗어나고자 안중근을 일제에 넘겼다. 일제는 안중근을 인도받은 뒤에도 이토 히로부미의 죽음과 관련해 우덕순·조도선·유동하 외 열한 명을 체포했고, 국내에 있던 안중근의 두 동생과 모친을 비롯한 수많은 독립운동가를 구속하고 조사했다.

안중근의 신병을 넘겨받은 일제는 그를 중국 여순의 관동도독부 관하 법원에 송치해 심문했다. 일제는 안중근을 회유해 변절시키려는 노력을 기울였으나 상황이 여의치 않자 의거 36일 만에 관동도독부 고등법원장 히라이시를 본국으로 소환해 사형 판결을 내릴 것을 지시했다.

이후 일제는 안중근이 자신을 대한의군참모중장이라고 밝히며 전쟁포로로 대해 달라고 하는 요구를 묵살한 채, 외부 사람들과의 만남을 일체 차단시키며 모진 고문을 가했다. 심지어 연해주에서 파견한 러시아 변호사와 상하이에서 파견한 영국인 변호사의 접견도 허락하지 않았다. 그럼에도 안중근은 법정에서 의연하고 논리정연하게 이토 히로부미의 죄상을 열다섯 개 항목으로 나눠 열거하며 한중일의 화합과 평화를 주장했다.

결국 여섯 번의 재판 끝에 2월 14일 일제가 계획한 절차에 따라 안중근은 사형 선고를 받았다. 하지만 안중근은 의연하게 "일본에는 사형 이상의 형벌은 없는가?"라며 일제의 의중을 꿰뚫고 있음을 보여줬다. 그는 고등법원에 항소하지 않았다. 옥중에서 자신의 일대기와 생각을 적은 『안응칠역사』와 한중일이 서로 협력해 나아가야 한다는 『동양평화론』을 완성하고자 얼마간의 시간을 달라고 부탁할 뿐이었다.

하지만 그의 마지막 부탁도 일제는 들어주지 않았다. 3월 26일 안중근은 어머니가 보내준 흰색 명주 한복으로 갈아입고 교수대에 올랐다. 유언이 있는지 묻는 말에 안중근은 "나의 이 거사는 동양 평화를 위해 결행한 것이므로 임석제원들도 앞으로 한·일 화합에 힘써 동양 평화에 이바지하길 바란다."라고 답하며 "동양 평화 만세"를 부르자고 제의했다. 안중근만이 할 수 있는 위대한 유언을 남기고 오전 10시경 순국했다.

유해를 돌려 달라는 유족의 탄원에도 불구하고 안중근의 유해는 감옥 수인 묘지에 묻혔다. 심지어 일제는 안중근이 저술한 『안응칠역사』와 미완성인 『동양평화론』마저도 유족에게 돌려주지 않고 숨겼다. 다행히 1979년 일본 국회도서관 헌정 자료실에서 두 책의 등사본이 발견되면서 비로소 안중근이 이루고자 했던 세상이 무엇이었는지 알 수 있게 되었다.

천하를 가지려 했던 항우를 자신과 대등한 존재라고 여기며 한중일 모두가 번영해 평화롭게 살아가길 바랐던 안중근, 열악하고 어려운 환경에서도 전쟁포로를 풀어주며 작은 이익보다 대의를 우선한 안중근, 원칙을 지켰을 때 더 좋은 결과를 가져오리라 믿었던 안중근은 오늘날까지 영웅으로 기억된다.

조선을 넘어 전 세계가 평화롭게 살 수 있다는 확고한 신념을 가지고 짧고도 굵은 삶을 산 안중근의 모습은 우리가 나아갈 데가 어디인지 알려준다. 마지막으로 민족의 영웅 안중근의 유해가 발굴되어 효창공원의 삼의사묘로 돌아오길 간곡히 희망해본다.

· 동상 위치 ·

서울시 중구 소월로 91, 안중근의사기념관
광주시 북구 하서로 52, 광주시립미술관
광주시 서구 상무자유로 59, 상무시민공원
충청남도 천안시 동남구 목천읍 독립기념관로 1, 독립기념관
경기도 부천시 송내대로 236, 안중근공원
경기도 의정부시 의정부동 222-19, 역전근린공원

· 안중근 연보 ·

1879.9.2.	황해도 해주 출생
1894	반동학군 투쟁
1905	중국 상하이 망명
1906	귀국 후 서우학회 가입 돈의학교, 삼흥학교 설립 삼합의 광산회사 설립
1907	국채보상기성회 관서지부 조직 연해주 망명
1908	의병 부대 조직 국내진공작전 <대동공보> 탐방원 생활
1909.10.26.	이토 히로부미 사살
1910.2.14.	사형 선고
1910.3.26.	여순 감옥에서 순국
1962	건국훈장 대한민국장 추서

망언을 일삼는
스티븐스를 저격하다

가족에게도 잊힌 독립운동가,
전명운(田明雲, 1884~1947)

전명운 동상

전명운과 장인환이 미국인 스티븐스를 처단했다는 내용은
역사 교과서에 아주 짧은 한 토막으로 다뤄진다. 하지만 당시 스티
븐스 처단 사건은 미국에 있는 한인 독립단체들의 통합과 연해주
로의 확장, 안중근 의사의 이토 히로부미 처단에도 영향을 미친 엄
청나게 큰 사건이었다.

이처럼 큰 의거의 중심에 전명운이 있었다. 비록 스티븐스를
죽이진 못했지만 장인환보다 먼저 저격에 나선 이가 전명운이다.
그는 의거 이후 가족의 불운을 홀로 견디면서도 나라의 독립을 위
해 큰 노력과 희생을 감수한 인물이기도 하다.

그러나 다른 많은 독립운동가와 마찬가지로 그의 삶은 잘 알려
지지 않거나 잘못 알려진 게 많다. 그 시작점이자 많은 이에게 혼
동을 주는 게 스티븐스를 죽인 인물이 장인환인지 전명운인지 헷
갈리는 것이다. 요즘은 학교 시험에서 자주 출제되지 않지만 예전
에는 스티븐스를 처단한 인물을 맞추는 문제의 답지 보기로 전명
운과 장인환이 나왔다. 문제의 오답률을 높이려는 의도 때문인데,

독립운동가를 한 명이라도 더 기억하게 만들겠다는 교육 목적과는 달리, 역사를 의미 없이 암기하게 만드는 부작용을 낳았다.

전명운의 파란만장한 삶을 알면, 전명운 이름 세 글자를 더 이상 무심하게 넘길 수 없다. 사실 스티븐스 처단 외에는 전명운에 대한 기록이 자세하게 남아 있지 않다. 전명운의 자손들이 일찍 죽거나 고아원에 맡겨지면서 그의 기록이 단편적으로만 남아 있기 때문이다.

전명운은 출생연도부터 여러 기록에서 차이를 보인다. 전명운에 대한 기록은 이상설이 〈공립신보〉에 쓴 「양의사 합전」에 많이 의존하는데, 그 글에 의하면 전명운은 1883년생이다. 그러나 〈신한민보〉에는 1882년, 독립운동 공훈록에는 1880년으로 달리 표기하고 있다. 예전에는 지금처럼 체계화되어 있지 않았고 또 아이의 사망률이 높아 출생신고를 늦게 했던 점 등을 미뤄 어느 정도 이해가 되는 부분이다. 그렇다면 전명운이 스티븐스를 죽이고 경찰에 체포되어 자신이 스물다섯 살이라고 진술한 내용이 가장 신빙성이 높다고 볼 수 있다.

조국을 위해 미국으로 떠나다

1884년 서울 종로에서 태어난 전명운, 그의 집안에선 오랫동안 관직에 나간 이가 없었다. 신분은 양반이지만 일상생활은 일반 상민처럼 상업 행위로 이어가던 몰락한 양반 집안이었다.

전명운의 아버지 전성근도 일찍이 학업을 포기하고 종로에서 장사로 생계를 꾸려나갔다. 덕분에 전명운은 어려서부터 급변하는 조선의 격동기를 직접 보고 느낄 수 있었다. 누구보다 빨리 세상의 변화에 관심을 두게 된 10대의 전명운에게 어느 날 독립협회가 나타났다.

서재필 박사를 중심으로 자주국권·자유민권·자강개혁을 부르짖으며 만민공동회를 개최하던 독립협회의 주 무대가 종로였던 만큼 10대의 전명운은 인사지도층 및 뜻있는 사람들의 연설을 들을 기회가 많았다. 그들의 연설을 들으며 나라의 위태로움을 깨달은 전명운은 조국을 위해 무엇을 할 수 있을지 깊은 고민에 빠졌다. 하지만 나라를 위해 할 수 있는 일이 그리 많지 않았다.

답답한 시기를 보내던 전명운은 어느 날 문득 생각에만 그치는 자신의 못난 모습에 화가 났다. 자신의 모습이 말로만 개혁을 부르짖는 조선과 같다는 생각에 바로 한성학교에 입학했다. 전명운의 나이 열여덟 살이었다.

이 시기의 전명운을 만난 사람들은 한결같이 그를 굉장히 역동적인 인물로 기억했다. 이를테면 「양의사 합전」은 당시의 전명운을 두고 "무더운 여름 날씨에 시원한 나무숲이 있는 것처럼 취우광풍(갑자기 세차게 비가 쏟아지다가 날씨가 맑게 개고 시원한 바람이 불다)에 낙화가 우수수 흩어지는 것 같다."라고 표현했다.

한성학교에서 공부를 마친 전명운은 형 밑에서 일하며 결혼했다. 하지만 역량을 키워 열강의 침탈을 받아 휘청이는 나라를 지키고 싶었던 전명운은 더 큰 배움을 위해 하와이로 건너가 일을 하며 학업을 이어나가기로 했다.

당시 미국은 자국에서 일하던 일본인 노동자들이 임금 인상과 처우 개선을 요구하자 한국인들로 대체하려 하고 있었다. 조선에서 농사지을 땅 하나 없어 계속되는 경제적 빈곤에서 벗어나고자 미국으로 이주하려는 사람이 많았다. 이를 기회로 여긴 전명운은 가족에게 이해를 구한 후, 1905년 도릭호를 타고 하와이 호놀룰루항에 도착했다.

그러나 하와이에 도착한 지 얼마 되지 않아 일과 공부를 병행할 수 있는 상황이 아님을 바로 깨달았다. 하와이에서의 삶은 생각과 달리 노예와 다를 바 없었다. 뜨거운 태양 아래 사탕수수밭에서 하루 열여섯 시간 이상 백인 감독의 무시와 폭행까지 견디며 힘든 노동을 이어나가야만 했다.

전명운은 고된 노동을 이어나가면서도 미국 본토로 나가 학업과 일을 병행하겠다는 의지를 꺾지 않았다. 이를 악물고 돈을 모은 결과, 1년 뒤인 1906년에 샌프란시스코로 넘어갈 수 있었다.

하지만 샌프란시스코에서의 생활도 하와이와 크게 다르지 않았다. 당시 미국인들 사이에선 중국과 일본에서 넘어온 아시아 노동자에게 일자리를 빼앗기고 있다는 반발심이 고조에 달하고 있었다. 여기에 백인들의 인종차별까지 가세한 상황에서 전명운이 안정적인 일자리를 갖는다는 건 쉽지 않은 일이었다. 한시도 쉬지 않고 부두와 철로에서 일하고 채소 및 과자를 파는 행상을 했지만, 학교에 다닐 여유는 생기지 않았다.

그래도 다행인 건 낙심에 빠져 힘든 그에게 안창호를 중심으로 조직된 공립협회가 위안을 준다는 사실이었다. 한인들의 처우 개선과 독립 지원을 목표로 설립된 공립협회에 참여한 전명운은 어려운 형편에서도 회비를 한 번도 밀리지 않고 납부했다. 매주 진행되는 토론회에 참석해 한국인이 앞으로 나아갈 바를 같이 고민하고 대책을 마련하는 데 머리를 맞대고 고민했다.

전명운은 우리가 하나임을 확인했고 우리의 노력이 어려운 조국을 돕는 데 보탬이 된다고 믿었다. 그래서였을까? 나라와 민족을 먼저 생각하지 않고 개인의 사리사욕을 추구하며 같은 동포를 억압하려는 이에게는 단호함을 보였다. 한 예로 전도사 문경호가 하와이에서 건너온 동포들이 다른 곳으로 거처를 옮기려는 일을 자주 방해하자, 그를 폭행해 다시는 동포를 괴롭히지 못하게 했다.

샌프란시스코에서 생활하던 전명운은 나이가 더 많아지기 전에 학비를 모아 공부를 해야 한다는 생각으로 임금을 높게 주는 알래스카로 넘어갔다. 그곳에서 일본인 감독 아래 어업 활동을 하면서 생활했는데, 불의를 보면 참지 못하는 성격이 여실히 드러났다. 일본인 감독관이 한국인을 무시하고 차별하는 행위를 일삼자, 전명운이 적극적으로 항의해 잘못을 바로잡은 것이다. 비단 자신에 대한 횡포에만 맞선 게 아니었다. 같이 일하는 한국인이 급여를 받지 못하거나 폭행을 당하면 일본인 감독관을 찾아가 문제를 해결해줬다.

어려운 상황에 처한 사람들이 전명운을 계속 찾아오자, 한국인이 노동에 대한 정당한 대가를 받을 수 있도록 직접 노동 주선에 나섰다. 전명운이 〈신한민보〉에 낸 광고를 보면 한 달 평균 75달러의 임금을 받는 한인 동포들에게 알래스카로 오면 180달러를 받을 수 있다고 설명하고 있다. 알래스카에서 높은 임금을 받을 수 있다는 정보를 알려줄 수 있었던 배경에는 노동에 대한 정당한 대가를 받을 수 있도록 힘쓸 자신감이 있었다.

망언을 일삼는 스티븐스를 처단하다

미국으로 넘어온 한국인들이 더 나은 생활을 할 수 있도록 도와주는 일에 보람을 느끼며 살아가던 전명운에게 미국인 스티븐스의 망언이 들려왔다. 한국명 수지분(須知芬)으로 불렸던 스티븐스는 일본 외무성의 고용원으로 친일 행각을 노골적으로 펼치다가, 1904년 제1차 한일협약 이후 일본에 의해 한국 정부의 외교 고문으로 파견된 인물이었다. 그는 한국의 외교 고문 신분으로 을사늑약 체결에서 일본의 입장을 지지하는 등 매사에 노골적으로 친일 행각을 벌이며 한국이 일제의 식민지가 되도록 이끌었다.

스티븐스는 다시 미국으로 건너가 〈샌프란시스코 크로니컬 (San Francisco Chronicle)〉과 가진 인터뷰에서 "일본이 한국을 보호한 후로 한국에 유익한 일이 많으므로 근래 한일 양국 간에 교제가 친밀하며 일본이 한국 백성을 다스리는 법이 미국이 필리핀을 다스리는 것과 같고, 한국에 신정부가 조직된 후로 정계에 참여하지 못한 자가 일본을 반대하나 농민들과 백성은 전일 정부의 학대와 같은 학대를 받지 아니하므로 농민들은 일인을 환영한다."라 며 거짓을 사실처럼 말했다. 또한 1908년 샌프란시스코 페어몬트 호텔에서 가진 기자회견에서는 '일본의 한국 지배가 정당하며 한 국인 대다수가 환영한다'는 도저히 믿을 수 없고 말도 안 되는 내 용을 사실인 양 떠들었다.

한국인이라면 누구도 동의할 수 없는 망발이었지만, 한국에 대 해 잘 알지 못하는 미국인을 포함한 세계인들이 스티븐스의 말을 사실로 받아들일 수도 있는 중차대한 사건이었다. 이에 재미한인 단체 중 가장 규모가 컸던 '공립협회'와 '대동보국회'는 공동회를 열어 최정익·문양목·정재관·이학현 네 명을 스티븐스에게 항의 및 정정을 요청하는 대표로 보냈다.

그들은 페어몬트호텔에 투숙하고 있던 스티븐스를 찾아갔지 만, 돌아온 건 "한국은 황제가 어리석고 정부 관리는 백성을 학대 하며 재산 탈취만 한다. 또한 한국인이 어리석어 독립할 자격이 없 으니 일본이 아니면 아라사(러시아)에게 빼앗길 것이다."라는 어이 없고 황당한 답변이었다. 격분한 네 명은 그 자리에서 스티븐스를 폭행했다.

전명운도 개인적으로 스티븐스를 찾아갔으나 둘의 만남은 성 사되지 못했다. 대화로는 문제를 해결할 방법이 없다고 생각한 전 명운은 제2차 공동회에서 스티븐스를 죽이겠다고 공언했다. 이때 대한보국회 소속의 장인환도 스티븐스를 죽이겠다며 총 한 자루 만 달라고 했다.

전명운은 곧바로 공동회를 나와 스티븐스의 사진과 권총을 준비한 뒤 페어몬트호텔로 향했다. 스티븐스가 워싱턴행 대륙횡단철도가 운행되는 오클랜드 역으로 가기 위해 페리 부두 선착장으로 이동한다는 소식에 마음이 조급해져 스티븐스를 죽일 기회를 놓칠까 봐 부리나케 달려나간 것이었다.

1908년 3월 23일 오전 9시 30분, 전명운은 스티븐스와 일본 영사가 페리 부두에 도착해 차에서 내리는 모습을 보자마자 그들을 향해 전력질주해선 스티븐스에게 방아쇠를 당겼다. 하지만 총알이 나가지 않자, 스티븐스를 때려죽이겠다는 생각으로 총자루로 그의 얼굴을 가격했다. 하지만 전명운보다 키와 덩치가 훨씬 컸던 스티븐스는 꿈쩍도 하지 않았고 오히려 전명운을 때리려 했다.

거사를 성공하기는커녕 실패할 위기에 처했을 무렵 어디선가 세 발의 총성이 울렸다. 전명운보다 조금 늦게 도착한 장인환이 방아쇠를 당긴 것이었다. 첫 번째 탄환은 스티븐스와 엉겨 붙어 싸우고 있던 전명운의 어깨에 맞았다. 하지만 나머지 두 발은 스티븐스의 오른쪽 어깨뼈와 복부를 관통했다.

총탄 소리에 인근을 순찰하던 맥그라드 경관은 전명운을 체포하고 오웬스 경관은 장인환을 체포했다. 스티븐스는 총을 두 발 맞고 항만응급병원으로 이송되는 와중에도 일본이 한국을 위해 좋은 일을 하고 있다고 연신 소리쳤다. 그런 스티븐스를 하늘은 살려두지 않았다. 그는 저격당한 지 이틀 뒤인 3월 25일 복부 탄환 제거 수술을 받다가 죽었다.

일본 언론들은 스티븐스의 죽음에 일본 황제가 슬퍼하고 이토 히로부미는 충격으로 누워 앓았다고 발표했다. 한술 더 떠 일본 정부는 스티븐스에게 '욱일대수장'을 수여하고 병원비와 장례비 일체를 모두 대납했다. 또한 한국 정부 5만 원과 일본 정부 15만 원, 합계 20만 원을 보상금으로 내면서 전명운과 장인환의 강력한 처벌을 요구했다.

샌프란시스코 경찰은 둘을 공범으로 간주했다. 전명운에게는 살인미수 혐의를, 장인환에게는 일급모살 혐의를 부여해 샌프란시스코 경찰법원에 기소했다. 이에 한인단체들은 어려운 환경에서도 십시일반 성금을 내놓으며 둘의 석방을 위해 노력했다. 전명운과 장인환도 서로의 형량을 낮추고자 공범 사실을 부인하고 서로 모르는 사이라고 주장했다.* 이때 아일랜드 사람으로 한국을 동정하던 나단 C. 카글란(Nathan C. Coghkan)을 비롯해 존 바레트(John Barret) 및 로버트 퍼랄(Robert Ferral) 세 명이 무료로 전명운과 장인환을 변호해줬다.

전명운과 장인환의 의거 소식이 샌프란시스코를 넘어 연해주, 멕시코, 한국에까지 알려지자 수많은 의연금이 모이기 시작했다. 연해주 블라디보스토크에서 발행되던 〈해조신문〉이 둘의 의거를 알리고 의연금을 모금한 걸 필두로 세계 각지에 있던 한인들이 나

● 전명운과 장인환의 의거는 각자 단독으로 실행했다는 주장과 형량을 낮추기 위해 공모 사실을 부인했다는 주장이 있다.

라를 위해 큰일을 해낸 전명운과 장인환을 향해 아낌없이 의연금을 내놓았다.

그렇게 모인 돈이 7,390달러였다. 전명운과 장인환의 의거가 얼마나 통쾌했는지, 일제에게 국가의 수모를 겪던 중국인도 의연금을 내놓을 정도였다.

하지만 일제는 아랑곳하지 않고 재판 비용만으로 5천 달러를 지불했다. 또한 유명 변호인을 고용해 장인환의 사형을 강력히 주장했다. 미국과 우호적 관계에 있던 일본 정부의 적극적인 재판 개입도 문제였지만, 더 큰 문제는 재판에서 영어에 서툴고 법에 대해 잘 알지 못하는 전명운과 장인환을 위한 통역관이 없다는 사실이었다. 이에 한인 사회는 하버드대학교에서 공부 중이던 이승만에게 통역을 요청했다. 그러나 이승만은 자신은 학생 신분이며 기독교인으로서 살인자를 변호할 수 없다는 이유로 통역을 거부했다.

미국 현지에서도 전명운과 장인환의 의거 행위를 두고 처음에는 황인이 백인을 살해한 사건이라며 부정적인 여론이 형성되었지만, 일본 노동자 배척 운동과 맞물리면서 전명운과 장인환에 대한 여론이 우호적으로 바뀌어 갔다. 〈샌프란시스코 크로니클〉은 전명운과 장인환을 애국지사로 표현했으며, 현장에 있던 여성은 "국민 된 자는 제 나라를 위해 이 사람과 같이 사랑해야 한다."라며 전명운과 장인환이 개인적으로 살인한 사건이 아닌 나라를 사랑하는 애국심으로 벌인 의거로 표현했다.

그 결과 전명운이 스티븐스를 구타한 일을 목격한 증인이 없다며 요청한 보석이 법원에 받아들여졌다. 심지어 변호사들이 전명운 앞으로 500달러의 보석금을 내겠다는 말에 판사는 보석금이 필요 없다고 할 정도였다.

전명운은 97일 만에 증거불충분으로 무죄 보석 판결을 받아낼 수 있었다. 장인환도 스티븐스 살인이 애국적인 행동이라는 점이 반영되어 2급 살인죄로 25년 금고형을 받았다.

비록 장인환이 살인죄로 금고형을 받았지만, 전명운과 장인환의 의거는 미국에 흩어져 있던 애국단체들의 통합과 교류를 이끌어냈다. 샌프란시스코의 '공립협회'와 하와이의 '한인합성협회'는 하나로 통합되어 역량을 높여야 한다는 데 뜻을 같이해 1909년 '국민회'를 출범시켰다. 이어 '국민회'가 '대동보국회'와 통합해 결성한 '대한인국민회'는 이후 미국 내에서 독립운동을 이끌어가는 중심축이 된다.

전명운의 독립운동사와 가족사

보석으로 풀려난 전명운은 변호사들과의 협의하에 미국을 잠시 떠나 있는 게 좋겠다고 판단해 베를린과 모스크바를 거쳐 한인들이 모여 있는 블라디보스토크로 이동했다. 단순히 일신의 안위를 위한 회피가 아니었다. 공립협회 활동을 연해주로 확대하고자 하는 또 다른 독립운동이었다.

전명운이 연해주의 이치곤 집에 머문다는 소식이 퍼지자, 많은 애국지사가 그를 만나고자 몰려들었다. 그곳에서 전명운은 공립협회 지부를 설치하는 한편 안중근과 정순만 등이 참여하는 독립 운동단체 '동의회'에 참가해 활동했다.

이 과정에서 전명운과 안중근은 서너 차례 만나 독립운동의 방향에 대해 의견을 나눴고 얼마 뒤 안중근은 이토 히로부미를 처단했다. 안중근은 전명운과의 만남에서 이토 히로부미를 처단하는 의지를 다잡았을 가능성이 크다.

연해주에 머무는 동안 동포들의 경제적 지원도 거부하면서 어려운 생활을 하던 전명운은 공립협회 지부 설치가 마무리되자 미국으로 돌아갔다. 이후 아내와 자녀들을 미국 캘리포니아로 데려온 그는 세탁업 및 여러 일을 하며 생계를 꾸려나갔다.

여러 이유로 독립운동 일선에서 한발 물러난 그였으나 나라를 위하는 마음이 식은 건 아니었다. 어려운 형편에서도 독립자금을 꾸준히 납부하면서 맨티카지방회 회장으로 미주 한국인들을 도와주는 데 소홀함이 없었다.

그러던 중 1919년 1월 10일 장인환이 가출옥했다는 소식이 들려오자, 모든 일을 잠시 내려놓고 샌프란시스코로 달려가 장인환을 위로해줬다. 이후 3·1운동 소식이 들려오자 주변의 한인들을 모아 축하연을 열고, 어렵게 저축한 50달러를 독립의연금으로 내놓았다.

한인들이 기반을 잡고 생활할 수 있도록 뒤에서 물심양면으로 도와준 전명운이었지만, 개인의 삶은 너무도 기구하고 힘들었다.

1929년 되던 해 큰아들이 열세 살 나이에 스키장에서 사고로 죽었다. 그리고 한 달이 채 지나지 않아 아내마저 세상을 떠났다. 혼자서는 남은 세 자녀를 감당할 수 없었던 전명운은 눈물을 머금고 아들 알프레드와 경숙·경령 두 딸을 고아원에 잠시 맡겼다. 고아원에 맡긴 자녀들을 데려오고자 피눈물을 흘리며 악착같이 돈을 모아 1935년 아이들을 집으로 데려올 수 있었다. 하지만 기쁨도 잠시, 아들 알프레드가 수영장에서 사고로 죽으며 다시 한번 피눈물을 삼켜야 했다.

큰딸이 결혼해 아버지로서의 역할에서 벗어난 전명운은 남은 인생을 독립운동에 매진하기로 결심했다. 1941년 일제가 진주만 공습으로 태평양 전쟁을 일으키자 전시봉사회를 조직해 기금 마련에 앞장섰다. 또한 57세라는 고령에도 불구하고 미군의 지휘를 받는 비정규군인 한인국방경위대에 참가해 매주 한 번씩 군사훈련을 받았다. 언제라도 일제와 맞서 싸워 죽겠다는 각오로 말이다.

그러나 환갑이 넘는 나이가 되어 일선에 설 수 없게 된 전명운은 자연스럽게 퇴진해 젊은이들이 꼭 독립을 이루길 희망했다. 그토록 독립을 원했던 전명운은 1947년 11월 18일 먼저 하늘로 간 가족에게 못다 한 미안함을 전달하고자 조용히 눈을 감았다.

독립운동사에 큰 발자취를 남긴 그였지만 죽음은 너무도 쓸쓸했다. 많은 독립운동가가 가족과 떨어져 활동하다 가족에게 잊힌 것처럼 전명운도 가족에게 독립운동가로 기억되지 못했다.

전명운의 생존한 마지막 가족이었던 딸 마가렛(한국 이름 전경용)은 1974년 한국으로 건너와 사회복지사로 근무하면서 아버지가 스티븐스를 저격한 독립운동가라는 사실을 알게 되었다.

그녀는 아버지가 독립운동가였다는 사실을 알고 어떤 생각을 했을까? 성장기의 마가렛에게 전명운은 가족을 돌보지 않는 아버지였고, 어머니가 돌아가신 후에는 자신을 고아원에 보낸 원망스러운 아버지였을 것이다. 그런데 이 모든 게 나라를 위한 일이었다는 사실을 뒤늦게 알게 되었을 때, 어떤 감정이었을까?

전명운처럼 수많은 독립운동가가 자신의 활동이 세상에 알려지면 가족이 고초를 겪게 될까 봐 또는 자신의 독립운동이 당연히 해야 하는 일이라고 생각해 가족에게 말하지 않았다.

이제는 우리가 그들의 행동이 얼마나 숭고하고 위대했는지를 후손에게 말해줘야 하지 않을까? 독립운동가의 후손이 선조를 원망하기보다 자랑스러워할 수 있는 사회가 되길 희망해본다.

· 동상 위치 ·

전라남도 담양군 담양읍 향교리 1-3, 전명운의사기념조형물

· 전명운 연보 ·

1884.6.25.	서울 출생
1905	미국 하와이 이민
1906	미국 샌프란시스코 이주 공립협회 가입
1908	오클랜드역에서 스티븐스 저격 시도
1909	연해주에서 동의회 가입 안중근과 교류 미국 귀국
1947.11.18.	사망
1962	건국훈장 대통령장 추서
1994	국립묘지에 안장

1천 대 1로 싸운
조선의 총잡이

일제의 간담을 서늘케 하다,
김상옥(金相玉, 1889~1923)

김상옥 동상

서울 대학로 마로니에 공원은 젊은이와 예술가들이 모여드는 우리나라 대표 문화의 거리다. 온갖 공연으로 볼거리가 가득한 이곳 한 모퉁이에 동상이 하나 있다. 영화 〈암살〉과 〈밀정〉에서 모델로 삼았던 김상옥이 동상의 주인공이다. 두 영화가 흥행에 성공하면서 김상옥에 대해 아는 사람이 많아졌지만, 한편으론 일본 경찰 1천여 명을 상대로 시가전을 벌이면서 수십여 명을 사살한 게 사실이었을까 하는 의구심도 들게 한다. 그러나 두말할 것 없는 역사적 사실이다.

김상옥은 서울 효제동에서 김귀현의 4남매 중 둘째 아들로 태어났다. 그의 아버지는 군인이었지만, 개항 이후 구식 군인들 처우가 나빠지자 퇴역해 말총으로 체 만드는 일을 하며 가족의 생계를 책임졌다. 하지만 수입이 많지 않아 늘 빈곤했다. 김상옥도 여덟 살 때부터 아버지를 도와 돈을 벌어야 할 정도였다.

열네 살 때부턴 어른들도 하기 힘들다는 대장간 일로 집안 살림을 도왔다. 어린 나이에 어른들에게 치이며 너무 일찍 세상에 눈을 떠버린 김상옥이었지만, 그때의 고된 일은 훗날 김상옥의 체력과 강단을 기르는 데 큰 도움이 되었다.

김상옥은 어려운 가정형편으로 코흘리개 나이에 세상에 나왔지만, 부모와 세상을 탓하지 않고 올바른 성품으로 꿈을 키워나갔다. 글을 알아야 힘든 시기를 벗어날 수 있다고 생각하곤 고된 일을 마친 뒤에도 피곤한 몸을 이끌고 동대문교회 부설 신군야학교에서 학문을 익혔다. 하지만 재정난으로 학교가 문을 닫자 직접 동흥야학교를 세워 친구들과 함께 공부를 이어나갔다.

당시 김상옥의 모습을 두고 그의 어머니는 "밥 한술을 제대로 먹지도 못하고 매일 메밀 찌꺼기와 엿밥으로 살았지요. 3년만 공부시켜달라는 말에도 소원을 들어주지 못했습니다. 낮에는 대장간에서 일하고 밤에는 야학을 다니는데 시간이 급해 마루에서 밥을 퍼먹고 갈 때 체할까 걱정했습니다. 낮에는 일하고 밤에는 책을 보다 피곤함을 못 이겨 얼굴에 책을 덮고 자는 일이 많았지요."라고 회상했다.

김상옥이 야학교를 다니며 글을 깨우치자 자신이 왜 불우한 환경에서 살아가야 하는지 고민하기 시작했다. 내린 결론은 일제 침탈이었다. 임오군란 당시 일제에 의해 아버지가 군에서 쫓겨나 무너진 것처럼 한국인 대부분이 일제 침탈로 고통에 신음한다는 사실에 가슴 아파했다.

스물세 살이 되던 해인 1912년 삼남지방(충청도, 전라도, 경상도를 함께 묶어 부르는 말)을 돌아다니며 약과 잡화를 팔면서 김상옥은 일제의 만행을 하나도 빠짐없이 봤다. 일부 한국인이 일제의 식민 통치 현실을 제대로 자각하지 못하고 순응하는 모습도 봤다.

그 모든 게 제대로 배우지 못했기 때문이라고 생각한 김상옥은 많은 사람이 자신처럼 글을 배워 세상을 바로 알 수 있길 바랐다. 모두가 현실을 자각하고 벗어나려는 의지를 가질 때 비로소 일제의 탄압을 받는 현실에서 벗어날 수 있다고 생각했다. 그리고 자신이 그 일에 조금이나마 일조하겠다고 다짐했다.

김상옥은 삼남지방을 돌아다니며 벌어들인 많은 돈을 가지고 결혼도 하고 창신동에 영덕철물 상회를 세웠다. 직공이 50여 명이나 될 정도로 큰 상회였으니, 김상옥은 자신만의 노력으로 인생 역전을 이뤄낸 것이었다.

그러나 개인의 영달이 목적이 아니었던 김상옥은 직공들에게 많은 월급과 나은 처우를 제공하고 공인조합(工人組合)을 결성해 노동자들의 안정적인 삶을 보장하고자 노력했다.

밖으로는 일본상품을 배척하고 안으로는 국산품장려운동으로 한국인의 자립을 도왔다. 김상옥이 상품경제의 흐름을 파악하고 남들보다 한발 앞서 사업을 진행했기에 가능한 일이었다.

대표적으로 1917년에 비싸게 판매되는 일제 모자를 대체할 말총 모자를 만들어 판매했는데, 엄청난 인기를 얻어 김상옥은 많은 돈을 벌 수 있었다.

의사 김상옥으로 다시 태어나다

사업가로 크게 성공해 경제적으로 안정된 생활을 할 수 있게 될 무렵 3·1운동이 일어났다. 모든 이가 격양된 얼굴로 만세를 부르는 모습을 본 김상옥은 직공들을 독려해 거리로 나갔다. 군중과 만세 시위를 벌이던 중 김상옥은 일본 경찰이 여학생을 때리며 위협하는 모습을 목격했다. 분개한 김상옥은 맨주먹으로 일본 경찰을 때려눕히고 군도(군인용 칼)를 빼앗아버렸다.

집으로 돌아온 김상옥은 일제에 의해 왜곡 보도되는 만세운동을 바로 알리면서도 독립에 대한 열망을 더욱 많은 한국인에게 확산시키고자 비밀조직 '혁신단'을 만들었다. 그리고는 사비로 〈혁신공보〉를 매회 1천 부씩 제작해 대한민국 임시정부를 후원하며 항일 소식을 전했다. 3·1운동을 알리는 소식지 중 〈혁신공보〉가 발행 부수 3천 부로 전체 2위였다는 점에서 김상옥의 독립에 대한 의지와 역량을 엿볼 수 있다.

3·1운동을 진압하던 일제는 〈혁신공보〉 발간 명목으로 김상옥을 붙잡아 40여 일간 끔찍한 고문을 가했다. 이를 계기로 김상옥은 교육과 언론으론 독립을 이루는 데 한계가 있다는 걸 깨닫고, 조선 총독을 암살하고 식민기관을 파괴하는 의열투쟁으로 방향을 선회했다. 1920년, 미국의원단 방한 소식을 접한 김상옥은 조선 총독 암살 작전을 준비하던 중 일제에 발각되어 어쩔 수 없이 상하이로 망명했다. 그곳에서 김구를 비롯해 조소앙 등 여러 임시정부 요인들과 교류하면서 독립 방향을 두고 많은 고심을 했다.

김상옥은 고심을 하면서도 독립을 위한 행동을 멈추지 않았다. 조소앙이 창설한 '한살림당'의 혁명사령부장으로 활동하는 한편 의열단에도 가입했다. 하지만 대한민국 임시정부 분열 등으로 독립운동이 침체되자 힘을 불어넣고자 의거를 결심했다.

1922년 11월, 권총과 폭탄을 준비한 김상옥은 안홍한과 함께 압록강을 넘어 한국으로 돌아왔다. 사이토 총독을 죽이고 일제의 식민 통치를 상징하는 종로경찰서를 폭파하기 위해서였다. 의거 준비가 끝난 1923년 1월 12일 밤 여덟 시경 경찰서 서편 경무계 사무실에 폭탄을 던져 일본 경찰들을 혼비백산하게 만들었다.

김상옥은 조선 총독을 죽이기 위한 다음 작전을 실행하고자 용산 후암동에 거주하는 매부 고봉근 집으로 거처를 옮겼다. 그러나 고봉근 행랑에 세 들어 살던 여인이 친정 오빠에게 권총을 들고 있는 이상한 사람이 있다는 말을 전해 김상옥은 위험에 처한다. 여인의 친정 오빠가 이 사실을 친일 순사 조용수에게 알려 종로경찰서가 김상옥 체포 작전에 돌입한 것이다.

1천 대 1의 혈투

눈이 펑펑 쏟아지던 1월 17일 새벽 일본 경찰 수십 명이 고봉근의 집을 은밀하게 에워쌌다. 그중에는 종로경찰서의 호랑이로 불리며 격투기에 능했던 유도 사범 다무라도 있었다. 하지만 일본 경찰들은 김상옥의 상대가 되지 못했다.

김상옥은 일본 경찰들이 집을 에워싸는 걸 눈치채고 몸을 최대한 움츠렸다. 다무라가 방문을 여는 순간 힘차게 뛰어올라 한방에 거꾸러트리고 총으로 쏴 죽였다. 순간 당황해 움직이지 못하던 다른 일본 경찰 서너 명을 때려눕히고는 눈으로 뒤덮인 남산을 향해 뛰어 달아났다. 불과 2~3분 만에 벌어진 일로, 무장한 일본 경찰들은 날쌔고 용맹한 김상옥을 넋 놓고 바라만 볼 뿐이었다.

무릎까지 빠지는 눈길을 헤치며 남산을 오른 김상옥은 서빙고 채석장으로 가는 길에서 낭떠러지로 미끄러졌으나, 다행히 생명에 지장을 받지 않을 정도의 상처만 입었다. 그러나 맨발로 오랜 시간을 걷다 보니 발가락이 동상에 걸려 제대로 걸을 수 없었다. 그런 상황에서도 권총 두 자루를 장충단 다리 밑 돌담에 숨기고는 왕십리에 있는 안장사로 몸을 피했다.

안장사에서 허기를 채운 뒤 승복으로 변복한 김상옥은 살던 집 옆에 있던 이혜수의 집으로 향했다. 이혜수는 김상옥과 함께 〈혁신공보〉를 발간한 동지이자 애국부인 단원들이 모은 독립자금을 대한민국 임시정부에 보내는 일을 맡았던 인물이다. 김상옥은 몸을 추스르는 대로 강원도로 피신했다가, 훗날을 도모하고자 이혜수에게 장충단 다리에 숨겨놓은 총을 찾아달라고 부탁했다.

한편 낭패에 빠진 일본 경찰은 눈길에 난 발자국을 따라 김상옥을 추격했다. 이 과정에서 김상옥의 보폭이 5~10m 간격으로 나 있는 모습에 너무도 놀라 입을 다물지 못했다. 인간의 한계를 뛰어넘은 흔적에 두려움을 느낀 일본 경찰은 더 많은 인원을 동원해 김상옥을 찾아내 제거하려고 발버둥 쳤다.

김상옥의 동지인 전우진을 체포해 가혹한 고문을 가한 끝에 김상옥이 이혜수의 집에 있다는 사실을 알게 된 일본 경찰은, 1월 22일 새벽 다섯 시 중무장한 헌병대 1천여 명(400명이라는 주장도 있다)을 대동해 이혜수의 집을 포위했다.

주변이 고요한 가운데 일본 경찰들이 분주하게 움직이는 소리가 들리자 김상옥은 이곳에서 살아 돌아가기 어렵다고 판단했다. 사실 김상옥은 살기 위해 서울로 돌아온 게 아니었다. 일제 침탈에 맞서 한국인의 매서운 맛을 보여주고자 온 것이었다. 자신의 의거로 많은 한국인이 일제에 대한 두려움을 벗어던지고 독립을 향해 나아갈 걸 기대하고 온 것이었다.

깊은 숨을 내뱉은 김상옥은 마음의 정리를 끝내고 양손에 총 두 자루를 강하게 움켜쥔 채 일본 경찰의 움직임을 주시했다. 지붕에 올라가 김상옥의 동태를 살피던 일본 경찰이 마당으로 뛰어내리며 총을 발사하니 긴장된 정적이 깨졌다.

김상옥은 벽장 안에 있던 고서를 쌓아놓고 그 뒤에 숨어 있다가 마당으로 달려드는 일본 경찰을 향해 총을 발사했다. 동대문경찰서 구리다 주임이 김상옥이 쏜 총을 맞고 쓰러졌다. 김상옥은 일본 경찰들이 마구잡이로 총을 쏘아대는 상황에서 오래 버틸 수 없다고 판단해 옆집으로 몸을 옮겼다. 이때 김상옥의 동상 걸린 발가락 하나가 발에서 떨어져 나갔다.

일본 경찰의 눈을 속이고 옆집으로 몸을 숨기는 데 성공했지만, 그 집 주인 김학수가 도둑이 들어왔다고 소리치는 바람에 김상옥은 일본 경찰에 다시 발각되어 총격전을 벌여야 했다. 김상옥이 방아쇠를 당길 때마다 일본 경찰이 하나둘 쓰러지자, 이성을 잃은 일본 경찰들은 집을 향해 무차별 발포했다. 이 과정에서 집에 거처하던 노인 이진옥이 희생되었다.

김상옥은 이대로는 오래 버티지 못하리라 판단하고 적의 동태를 살피기 유리한 변소로 자리를 옮겼고, 그곳에서 일본 경찰과 마지막 총격전을 벌였다. 어느 정도의 시간이 지났을까? 김상옥은 여러 군데 총상을 입어 더는 거동을 옮기기 힘들었다. 더 큰 문제는 탄환이 세 발밖에 남지 않았다는 사실이었다. 마지막이 얼마 남지 않았다는 사실을 직감한 김상옥은 살아서 일본 경찰에 체포되지 않기 위해 자신의 몸에 총구를 겨누고 방아쇠를 당겼다.

마지막 총성이 울리고 한동안 적막이 흘렀다. 일본 경찰은 김상옥이 죽었으리라 짐작했지만, 두려움에 누구도 섣불리 걸음을 옮겨 다가가지 못했다. 그들은 김상옥의 죽음을 확인하고자 그의 어머니를 총알받이로 내세워 조심히 변소 문을 열었다. 그곳에는 눈을 감지 못하고 부릅뜬 채 순국한 김상옥이 있었다.

세 시간이 넘는 교전 끝에 열여섯 명의 일본 경찰을 사살한 김상옥의 마지막은 장렬했다. 김상옥의 죽음을 확인했음에도 일본 경찰들은 김상옥 곁으로 쉽게 다가가지 못했다. 어느 정도의 시간이 지나 김상옥의 죽음이 확실해졌다고 생각하곤 김상옥의 시신을 옮겼는데, 경악을 금치 못했다. 김상옥의 몸에는 무려 열한 발의 총상이 있었던 것이다.

김상옥이 밝힌 의거의 목적

몸에 총을 열한 발이나 맞으면서도 일본 경찰과 맞서 싸우는 게 가능했을까? 총상으로 많은 피를 흘렸고 고통으로 몸을 움직이기 힘든 상황에서 자결했다는 게 당최 믿어지지 않는다. 현실에서 일어나기 어려운 일이다.

영화에서나 가능해 보이는 교전을 벌인 김상옥에게 조금의 시간이 더 주어졌더라면 조선 총독 암살도 가능하지 않았을까? 뛰어난 상업 수단과 출중한 격투 실력 그리고 사격술로 무장 독립군을 지도했다면 독립을 앞당길 수 있지 않았을까?

여러 생각이 계속 떠오르는 건 김상옥의 죽음이 너무도 안타깝고 슬프기 때문이다. 그러나 일제는 김상옥의 죽음으로 분풀이를 끝내지 않았다. 김상옥이 죽은 이후에도 그의 가족은 물론 주변 지인들까지 체포해 심문하고 고통을 줬다.

"그대들은 중추원 참의니 고등관이니 하여 조선인으로서는 최고의 자리에 있지만 일인 동료는 물론 일인 급사들까지도 망국의 종족이라고 업신여김을 받고 모욕을 당할 것이니 그대들은 그 원한이 골수에 맺히지 않는가? 세계 각국의 혁명사를 펼쳐볼 때 심약한 아녀자들까지 일선에 나와 목숨을 바치고 싸웠거늘 남아로서 어찌 후세 자손이 노예로 전락하는 걸 수수방관하는가."

"나의 생사가 이번 거사에 달렸소. 만약 실패하면 내세에 만납시다. 나는 자결해 뜻을 지킬지언정 적의 포로가 되진 않겠소."라며 굳은 결의를 내비친 김상옥이 순국한 나이는 불과 서른넷, 삶을 충분히 즐길 수 있는 젊은 나이의 청춘이었다.

그래서 많은 청년이 꿈과 희망을 품고 찾아오는 마로니에 공원에 김상옥 동상이 있다는 사실이 반갑다. 김상옥은 주권을 되찾은 대한민국에서 행복해하는 젊은이들의 모습을 흐뭇하게 바라보지 않을까.

· 동상 위치 ·

서울시 종로구 대학로8길 1, 마로니에 공원

· 김상옥 연보 ·

1889.1.5.	서울 종로구 효제동 출생
1912	영덕철물상회 경영
1917	조선물산장려운동 전개 일화배척운동 전개
1919	혁신단 조직 <혁신공보> 발간 암살단 조직
1920	전라도 친일민족반역자 총살 오성헌병대분소 습격 사이토 암살 계획 상하이 망명 의열단 입단
1921	국내에서 독립운동자금 모금
1923.1.12.	종로 경찰서 폭탄 투척
1933.1.22.	일본 경찰과 총격전 도중 순국
1962	건국훈장 대통령장 추서

조국의 자유를 위해, 의열투쟁의 화신

식민수탈기관을 파괴하라,
나석주(羅錫疇, 1892~1926)

나석주 동상

동양척식주식회사에 폭탄을 던진 나석주는 학창 시절 역사
시간에 빼놓지 않고 배우던 독립운동가다. 그러나 시험문제를 맞
히고자 단순히 이름과 업적만 암기할 뿐이었다.

이를테면 의거 활동과 독립운동가를 올바르게 연결하는 문제
를 맞히고자 나석주의 '나'와 동양척식주식회사의 '동' 앞글자만
따서 '나도~옹 폭탄을 던져야지.'라며 꼼수로 역사적 사실을 외우
곤 했다.

그 시절을 생각하면 실로 부끄럽기만 하다. 역사를 왜 배우는
지 생각 한번 하지 않고, 그저 한 문제라도 더 맞히려고 무작정 외
우기만 했으니 말이다. 그래서일까? 예전 나의 부끄러운 모습 때
문에 의거 활동을 가르치는 시간이 되면 나석주를 유독 강조한다.

나석주는 1892년 황해도 재령군에서 가난한 소작농의 아들로
태어났다. 독자였던 나석주는 열한 살 어린 나이에 일찍 장가를 갔
고 슬하에 3남 2녀를 뒀다. 너무 어린 나이에 가장이 되어 가족의
생계를 책임져야 한다는 부담감이 억눌렀지만 공부하고 싶은 욕

구는 날로 커져만 갔다. 친구들로부터 공부를 포기하고 가족을 위해 농사나 지으라는 소리를 들을 때마다 공부하고 싶은 마음은 더욱 커져갔다.

가족의 생계를 책임지기에도 버거운 형편이었지만, 나석주는 열여섯 살 때 보명학교에 입학했다. 어린 시절에 제대로 된 공부를 하지 못해 다른 학생들에 비해 부족한 부분이 많았지만, 열심히 공부한 덕에 4년 만인 스무 살에 졸업할 수 있었다.

기초교육에 만족하지 못한 나석주는 공부를 더 하고자 인근 안악(安岳)의 양산학교를 찾아갔다. 그곳에서 나석주는 삶에 큰 영향을 미친 인물을 만났다. 백범 김구였다.

김구와 사제지간으로 연을 맺은 시간은 짧았지만, 누구보다 우리나라를 사랑했던 김구를 스승으로 만난 덕분에 나석주는 나라를 위해 배움을 써야 한다는 애국심이 크게 함양되었다. 그는 김구처럼 어떤 위치와 자리에 있든 나라를 위해 어느 것 하나 마다하지 않는 삶을 살겠다고 다짐했다.

독립군이 되어 나라를 되찾자

경술국치라는 청천벽력 같은 소식이 들려왔다. 나석주는 생각이 아닌 행동으로 나라를 위해 한 몸 던질 때가 되었다고 생각했다. 마침 서울 협성학교에서 공부하다가 고향으로 내려온 임재남이 나라를 위해 투신하겠다는 소식을 전해왔다. 서로의 뜻이 같다는 걸 알게 된 둘은 여러 동지를 규합해 총독을 죽이자고 결의한 뒤

권총을 구매했다. 그러나 함께 거사를 일으키기로 했던 이충건이 갑자기 사라지면서 총독 암살을 실행에 옮기지 못했다.

총독암살계획이 수포로 돌아갔지만 나석주는 포기하지 않았다. 열한 명의 동지와 중국 칭다오에 있는 안창호를 찾아가 독립운동을 펼치고자 했다. 나석주는 일행과 함께 어렵게 모은 독립자금 1,200원을 가지고 중국으로 건너가는 배를 타고자 황해도 장연 대진포로 향했다. 그러나 지나가는 길목에 있는 부호 등을 협박해 더 많은 독립자금을 마련하던 나석주는 그만 장연경찰서에 체포되고 말았다. 4개월 동안 옥고를 치렀지만 나석주의 가슴에는 독립을 위해 한 몸 던지겠다는 의지가 더욱 활활 타오를 뿐이었다.

1914년, 온 가족을 데리고 해외로 이주할 자금을 마련한 나석주는 독립군에 투신하고자 북간도 모아산으로 이주했다. 당시 북간도에는 이동휘가 독립군을 양성하기 위해 설립한 동림무관학교가 있었다. 나석주는 이것저것 가릴 것 없이 동림무관학교를 찾아가 입학하고 싶다고 강력하게 말했다. 이동휘는 결의에 찬 나석주의 눈빛을 보고 "우리 함께 독립을 이뤄봅시다."라며 그의 손을 힘껏 부여잡았다.

굵은 땀방울을 흘리며 군사훈련을 받던 나석주는 고향으로부터 날아온 소식에 고개를 떨군 채 모두에게 미안하다는 말을 남기고는 고향으로 되돌아왔다. 병든 어머니를 홀로 둘 순 없었기 때문이었다. 어머니를 부양하던 중 3·1운동이 벌어지자 나석주는 누구보다 먼저 태극기를 흔들며 거리로 나가 "대한독립만세!"를 힘차게 외쳤다. 하지만 생각과는 달리 독립을 향한 거대한 함성만으로 일제를 내쫓는 건 불가능했다. 일제는 만세를 부르는 군중에게 더욱 강하게 칼을 휘두르고 총을 발포했다.

나석주는 일제를 몰아내기 위해서는 무장투쟁밖에 없다고 생각해 대한독립단에 합류했다. 대한독립단의 일원이 된 나석주는 황해도 일대를 돌아다니며 군자금을 모금하고, 친일파 은률군수 최병혁을 사살하는 등 최선을 다해 활동했다. 하지만 구월산에서 행한 일본군과의 전투에서 큰 피해를 당해 활동이 어려워지자, 국내에서 군수품 모집 및 의열투쟁을 지도하고자 만들어진 군사주비단에 입단했다.

그러나 군사주비단의 일원으로 국내에서 활동하는 데도 많은 제약이 따랐다. 일제는 3·1운동 이후 친일파를 육성하는 데 심혈을 기울였고, 그 여파로 군사주비단 소속원들이 변절하는 일이 잦아진 것이 원인이었다.

나석주는 함께 활동하던 최세욱과 최호준이 밀정의 밀고로 일제에 체포되자, 군사주비단원이었다가 민족을 배반한 이수영과 오의제 그리고 김학범을 찾아가 사살한다. 이후에도 독립자금을 마련하고자 동분서주하던 나석주였지만, 국내에서 일본 경찰의 감시를 피해 활동하기가 점차 어려워졌다.

결국 1921년 독립운동을 효과적으로 펼치고자 상하이에 본부를 두고 있던 대한민국 임시정부를 찾아갔다. 하지만 당시의 대한민국 임시정부는 이승만이 위임통치를 청원하고 독립운동가들이 각기 다른 독립운동 노선을 주장하며 분열되고 있었다.

국민의 염원으로 만들어진 대한민국 임시정부가 해체되어서는 안 된다고 생각한 나석주는 임시정부 분열을 막고자 35세 이하의 청년들로 구성된 유호청년임시대회를 개최했다. 대회를 통해 나석주를 비롯한 청년들이 대한민국 임시정부 쇄신안을 제출했지만, 임시정부는 이를 수용할 만한 상황이 아니었다.

그럼에도 나석주는 대한민국 임시정부를 포기하지 않았다. 많은 이가 임시정부를 떠나더라도 자신만은 끝까지 자리를 지키겠다 다짐하고 옛 은사 김구가 조직한 한국노병회에 가입했다. 한국노병회는 10년 동안 1만 명 이상의 군인을 양성해 우리의 힘으로 나라를 되찾고자 김구가 만든 단체였다.

나석주는 한국노병회의 특별회원으로 나라를 되찾을 군인이 되고자 1922년 중국 군벌 중 하나였던 즈리파가 운영하는 한단군사강습소에 열세 명의 동료와 함께 입학했다. 1년여 동안 군사훈련을 받은 나석주는 실전을 익히고자 육군공병단 철도대에 파견되어 다시 1년간 훈련을 받았다. 그리고 마침내 1924년 중국군 순덕부에 배속되었지만, 그해 4월 모든 걸 내려놓고 상하이로 돌아왔다. 중국과 대한민국 임시정부가 일제 타도라는 하나의 목표를 공유하지 못한 상황이었기 때문이다.

우리의 독립이 아닌 중국 군벌 간의 알력 다툼에 희생될 생각이 추호도 없던 나석주는 임시정부로 돌아와 경무국 경호원이 되었다. 그날부터 나석주는 일본 경찰과 밀정으로부터 대한민국 임시정부를 보호하는 한편 상하이 교민단을 호위하는 일을 수행했다. 이 과정에서 나석주는 경호원 업무와는 별도로 민비의 인척 민정식을 구금해 독립자금을 마련하고자 애썼다.

비록 민정식으로부터 독립자금을 받아내는 데 실패했지만, 독립운동가들이 임시정부를 떠나가던 상황에서 나석주의 행동은 큰 힘이 되었다. 노력을 인정받은 나석주는 대한민국 임시정부의 안전을 책임지는 경무국장으로 임명되었다.

스스로 독립의 길을 찾다

경무국장이 된 나석주였지만, 궁핍한 재정 형편과 인력 부족으로 독립운동을 펼칠 기회가 좀처럼 주어지지 않는 현실에 답답함이 밀려왔다. 그러던 차에 김원봉을 만나 의열단에 가입했지만 상황은 크게 달라지지 않았다. 의열단도 대한민국 임시정부와 마찬가지로 재정 부족으로 독립운동을 마음껏 펼치지 못하고 있었다.

젊은 혈기로 하루빨리 나라의 독립이 이뤄지길 바라던 나석주에게 독립운동이 침체에 빠진 1920년대 중반은 너무도 힘든 시기였다. 독립이 멀어지는 현실에 조급함마저 밀려왔다.

결국 독립운동을 펼칠 기회가 주어지지 않는 상황에 답답해하던 나석주는 스스로 독립운동을 펼칠 수 있는 방법을 모색했다. 한국인들의 경제적 착취를 담당하던 일제수탈기구인 동양척식주식회사와 조선식산은행을 목표로 삼았다.

두 곳을 목표로 삼은 건 나석주의 집안이 가난한 소작농이었던 것도 한몫했다. 일제의 토지조사사업과 산미증식계획으로 평생 농사짓던 땅에서 쫓겨나 어려운 삶을 살아가는 농민의 아픔을 아는 나석주는, 수탈기구를 파괴함으로써 식민 통치에 힘들어하던 한국인에게 위로와 희망을 주고 싶었다.

목표가 생긴 나석주는 한시도 지체하지 않고 의열단 동지 이승춘을 찾아가 의거 활동을 같이하자고 제의했다. 아무런 준비 없이 제의한 건 아니었다. 권총과 폭탄 세 개, 투탄 대여섯 개를 마련해놓은 상태였다. 하지만 나석주의 제안을 흔쾌히 승낙하리라 생각했던 이승춘은 실패할 가능성이 크다는 이유로 반대 의사를 비쳤다. 성과 없이 희생만 있을까 봐 우려했기 때문이다.

냉정하게 보면 이승춘의 반대가 옳은 결정이었다. 나석주는 거사에 필요한 자금을 마련해보려고 했으나, 상황이 여의치 못해 결국 거사를 연기할 수밖에 없었다.

그러던 차에 김구와 이동녕은 김창숙으로부터 의거를 펼칠 자금이 마련되었으니 국내에서 의거 활동을 할 수 있는 인물을 추천해달라는 요청을 받았다. 그들은 평소 의지가 굳고 나라를 위해 한 몸 내던질 각오를 피력하던 나석주를 소개해줬다.

그토록 의거 활동을 펼칠 기회를 얻고자 염원하던 나석주는 김창숙에게 의거 활동비 1천 원을 받는 순간 감격의 눈물을 흘렸다. 드디어 의거 활동을 할 수 있게 되었다는 기쁨에 잠을 이루지 못했다. 나석주의 의거 활동을 반대하던 이승춘도 거사 자금이 마련되었다는 소식을 듣고 한걸음에 달려와 함께하겠다고 맹세했다.

하지만 나석주의 의거는 쉽게 이뤄지지 않았다. 의거를 준비하고 있다는 정보를 일제가 입수하면서 5개월이나 지연되고 말았다. 의거 활동비가 계속 줄어들자 조급해진 나석주는 자신이 먼저 국내에 들어가 의거 활동을 펼치겠다고 의사를 표명했다. 이승춘에겐 자금이 마련되는 데로 제2의 거사를 시행해달라고 부탁했다.

폭탄 불발로 실패한 의거

1926년 12월 26일, 권총 한 정과 실탄 70발 그리고 폭탄 두 개를 가지고 국내에 들어온 나석주는 의거 장소 주변을 이틀 동안 돌아다니며 동선을 짰다. 시나리오가 완성된 28일 오후 두 시경 지금의 남대문로2가에 있던 조선식산은행에 힘껏 폭탄을 던졌다. 하지만 어찌 된 영문인지 폭탄이 터지지 않았다.

나석주는 포기하지 않고 다음 의거 장소인 지금의 을지로2가에 있던 동양척식주식회사로 달려가 남은 폭탄 하나를 던졌다. 그러나 하늘도 무심하게 두 번째 폭탄마저도 터지지 않았다. 훗날 폭탄이 터지지 않은 이유를 살펴보니, 하나는 뇌관이 물에 젖어 있었고 다른 한 개는 오래된 폭탄이라 작동하지 않았던 것이었다.

나석주는 두 개의 폭탄이 모두 터지지 않자 참담한 심정을 감출 수 없었다. 폭탄의 성능을 점검하지 못하고 급하게 실행한 것에 대한 후회가 밀려왔다. 의거에 실패한 나석주는 자신에게 더는 기회가 없다는 걸 깨달았다.

지금 이 순간이 독립운동을 할 수 있는 마지막 기회라고 생각한 그는 달려드는 일본 경찰과 동양척식주식회사 관리들을 향해 권총을 발사했다. 일곱 명의 일본인을 죽인 나석주는 한 발 남은 총구를 자신의 가슴에 겨누고 방아쇠를 당겼다. 너무도 안타까우면서도 숭고한 죽음이었다.

일제는 나석주의 의거를 비하하고자 안전핀도 뽑지 않고 폭탄을 던졌다는 거짓 보도를 냈다. 독립운동가들이 얼마나 무능력하고 무지한지를 한국인들에게 각인시키고자 한 것이다. 그러나 나석주가 수년간 군사훈련을 받은 유능한 인물이었던 점을 알면 일제의 주장이 얼마나 터무니없는 왜곡인지 쉽게 알 수 있다.

나석주가 비록 의거에 실패했지만 그의 뜻과 염원이 사라진 건 아니었다. 많은 독립운동가가 나석주의 의거에 하나 되어 독립운동을 하지 못한 걸 반성했고 다시 시작하겠다고 다짐했다.

우리동네 인물 탐구

· 동상 위치 ·

서울시 중구 을지로 66, 하나금융그룹 명동사옥

· 나석주 연보 ·

1892.2.4.	황해도 재령군 북률면 진초리 출생
1910	황해도 봉산군에서 독립자금 모금으로 징역 4개월
1914	중국 지린성 북간도 모아산 망명 동림무관학교 입학
1916	모친 병으로 귀향
1919	대한민국 임시정부에 군자금 전달
1921	일제 밀정 세 명 처단 후 상하이 망명
1922	유호청년임시대회 발기인 참여 한국노병회 특별회원 참가 한단의 육군군사강습소 입학
1923	보정 육군공병단 철도대 파견
1924	중국군 순덕부 배속 대한민국 임시정부 경무국 경호원, 경무국장 역임
1925	의열단, 병인의용대, 다물단 등 의열투쟁 단체 참가
1926.12.28.	조선식산은행, 동양척식주식회사 폭탄 투척 후 교전 중 자결
1962	건국훈장 대통령장 추서

세상을 놀라게 한
일왕 폭탄 투척 의거

위기의 독립운동을 타개하다,
이봉창(李奉昌, 1901~1932)

이봉창 동상

3·1운동 이후 독립을 향한 우리 민족의 뜨거운 열정은 행동으로 이어졌다. 1919년 4월 11일 상하이에서 임시의정원을 구성하고 각 도를 대표하는 대의원 스물아홉 명이 모여 '대한민국임시헌장' 10개 조를 채택했다. 4월 13일에는 국내외 동포와 세계 각국의 정부에 대한민국 임시정부 수립을 알렸다(대한민국 임시정부 수립 기념일은 4월 11일).

대한민국 임시정부가 세워지자 그동안 결집되지 못했던 독립운동이 비로소 하나가 될 수 있었다. 이런 움직임에 부응하듯 북만주에서는 봉오동전투와 청산리전투에서 일본군을 상대로 큰 승리를 거뒀다. 그러나 승리의 기쁨은 오래가지 못했다. 간도참변으로 대변되는 일제의 가혹한 탄압에 독립운동은 주춤할 수밖에 없었다. 사회주의의 유입도 독립운동의 분열을 야기하는 하나의 요소로 작용했다.

결국 1920년대 중반부터 독립운동이 주춤해졌다. 그중에서도 가장 큰 타격을 입은 건 대한민국 임시정부였다. 초대 대통령으로 선출된 이승만은 독단적인 활동으로 임시정부를 개인 소유의 기관으로 만들려고 했다.

그런데 그보다 더 큰 문제는 대통령으로 선출된 이승만이 상하이에 오지 않는다는 점이었다. 대통령이 없는 임시정부는 의사결정을 내릴 수 없어 독립운동을 효과적으로 이끌지 못했다.

이에 신채호를 중심으로 한 일부 독립운동가들은 이승만이 1919년 국제연맹이 한국을 통치해 달라는 청원서를 미국 대통령 윌슨에게 보낸 사실을 문제 삼았다.

대한민국 임시정부는 창조파와 개조파로 나눠져 갈등과 대립을 겪었다. 당연히 독립을 향한 국민의 염원을 온전히 수용할 수 없었다. 임시정부에 들어오는 독립자금이 줄어들면서 임시정부를 끝까지 지키고자 한 요원들은 어려움을 겪었다.

1931년에는 일제가 대륙으로 진출하고자 만주에 거주하는 한국 농민을 이용해 만보산 사건을 일으켰다. 중국 지린성의 만보산 지역에서 수로 문제를 두고 중국인 농민 800여 명과 우리나라 농민 200여 명이 충돌해 많은 사람이 다치는 사건이 발생했다.

일제가 이 사건을 악의적으로 과대 보도하자, 한국에 거주하는 중국인들이 한국인에게 폭행을 당했고 중국에 있는 한국인들은 중국인에게 폭행을 당하는 일이 빈번하게 일어났다. 일제의 의도대로 대한민국 임시정부가 운용할 수 있는 활동의 폭이 좁아지는 결과를 가져왔다.

대한민국 임시정부는 국권을 잃어버린 상황에서 중국 도움 없이 독립운동을 이어가기 어렵다는 현실을 감안해 중국과의 관계 개선에 힘을 기울여야 했다. 또한 침체해 있는 독립운동을 다시 일으킬 계기도 필요했다.

임시정부는 중국 국민의회에 공문을 보내 한국인은 중국에 적대적인 감정을 가지고 있지 않다는 걸 강조했다. 또한 일제에 대항하기 위해서는 양국의 협력이 필요하다는 걸 강조했다.

이런 노력의 결과 중국으로부터 자금 지원을 받아 1931년 한인애국단을 조직할 수 있었다. 김구가 주도해 조직한 한인애국단은 대한민국 임시정부의 비밀결사구국단체로, 침체에 빠진 독립운동을 활성화하고자 일본의 주요 인물 암살과 시설 파괴를 목적으로 설립되었다. 국무령 김구를 단장으로 임명하고 모든 권한을 부여했다.

김구는 일련의 바람에 부응하고자 안공근, 유진만, 최흥식 등 80여 명을 결사대원으로 모집해 한인애국단이 한국민주당에 합류할 때까지 일제를 괴롭혔다.

한인애국단의 활동은 우리의 독립운동을 넘어 세계의 역사를 바꾸는 엄청난 결과를 가져왔는데, 한인애국단 소속으로 첫 의거 활동을 펼친 인물이 바로 이봉창이다.

밀정으로 오인받은 이봉창의 등장

이봉창의 등장은 우리의 예상과는 너무도 달랐다. 『백범일지』에 따르면, 기노시타 쇼조라는 일본 이름을 가진 젊은이가 한국말도 제대로 구사하지 못하면서 무턱대고 대한민국 임시정부의 위치를 물어보며 찾아왔다고 한다. 요원들은 기노시타 쇼조의 방문에 긴장하지 않을 수 없었다. 아무리 프랑스 조계지에 임시정부 청사가 있어도, 일제의 위협으로부터 완전히 안전한 건 아니었다.

이 수상한 젊은이는 김구를 만난 자리에서 독립운동을 하고 싶어 이곳에 왔으니 어떤 일이라도 맡겨달라고 당당하게 말했다. 요원들은 하나같이 이 청년은 일제의 밀정이 확실하니 돌려보내자고 주장했다.

김구도 청년을 의심스러운 눈길로 쳐다볼 수밖에 없었다. 그러나 아무 이유 없이 무턱대고 청년을 돌려보낼 수 없었던 김구는 청년의 신상부터 물어봤다.

청년은 서울 용산에서 태어난 이봉창으로 독립운동을 하고 싶은데 방법을 몰라 이곳으로 무작정 왔다고 답했다. 김구는 이봉창에 대해 좀 더 알기 전에는 일을 같이 하는 게 어렵다고 생각했다. 김구 자신이 이봉창을 믿더라도 주변 사람들이 의심하는 만큼, 일을 함께했을 때 조직이 와해될 가능성을 배제할 수 없었다.

김구는 이봉창에게 여력이 없어 현재는 일을 맡기기 어려우니 훗날을 기약하자며 돌아가 달라고 완곡하게 말했다. 그러자 이봉창은 근처에 있는 일본 철공장에서 일하면서 기다릴 테니 독립운동할 기회가 생기면 꼭 불러 달라며 돌아가지 않고 버텼다.

김구는 이봉창의 눈빛이 남다름에 김동우에게 명령해 이봉창에게 여관을 잡아주고 그의 활동을 보고하게 했다. 이봉창은 자신이 감시당한다는 사실을 알면서도 괘의치 않았다. 철공장에서 일하고 받은 월급으로 술과 국수를 사와 요원들과 술자리를 자주 가졌다. 술자리가 여러 차례 이뤄지자 이봉창의 살아온 과정이 알려지기 시작했다.

이봉창은 경부선 철도부설로 농지를 빼앗긴 부모가 일자리를 구하러 수원에서 서울 용산으로 올라왔을 때 태어났다. 가난한 환경으로 교육을 받을 수 없었던 이봉창은 열 살이 넘어서야 겨우 문창소학교에 입학해 4년간 공부한 게 배움의 전부였다.

이후 일본인이 경영하는 제과점에서 일했으나 한국인이라는 이유만으로 적은 월급과 부당한 대우를 받자, 더 큰돈을 벌고자 열아홉 살 때 남만철도회사 용산 정거장에서 운전견습생으로 일했다. 직업을 바꾸고 성인도 되었지만 한국인이라는 이유로 받는 부당한 처우는 변하지 않았다.

이봉창은 3·1운동 때 자신이 한국인이기에 차별받는다는 사실을 확실히 깨닫고는 일본으로 넘어갔다. 일본의 여러 곳을 돌아다니며 일본인을 양아버지로 삼는 등 일본 경찰의 눈을 피해 의거 활동을 계획하기도 했으나, 홀로 시행하는 게 어렵다는 사실만 확인할 뿐이었다.

깊은 고심 끝에 독립운동을 할 수 있는 기회를 얻고자 대한민국 임시정부를 찾아온 것이었다.

일왕 히로히토를 죽여라

이봉창은 대한민국 임시정부 요원들과 갖는 술자리에서 일왕이 거리 행진을 할 때 행인들과 함께 엎드려 있다가 폭탄을 던지면 쉽게 죽일 수 있다고 공공연하게 말했다. 김구는 이 말을 듣고 이봉창의 의기를 높게 평가하며 일왕 암살 거사를 준비했다.

우선 이봉창에게 한국인의 흔적이 아예 보이지 않도록 일본인처럼 행동하라고 주문했다. 이에 이봉창은 임시정부에 발길을 끊고 일본인처럼 말하고 행동했다. 얼마나 일본인처럼 행동했는지, 일본 영사관에 아무 검증 없이 자유롭게 드나들었고 일본에 반감이 있던 중국 상인에게 욕을 먹으며 쫓겨날 정도였다.

이봉창이 일본인으로 위장해 의심을 지우는 사이, 김구는 일왕 암살 거사 자금을 마련했다. 자금이 어렵게 모이자 김구는 왕웅을 시켜 병공창에서 폭탄을 하나 사들였다. 김현에게도 폭탄 하나를 더 구매하도록 했다.

1931년 12월 19일, 한인애국단에 정식으로 가입한 이봉창에게 김구는 어렵게 마련한 폭탄 두 개와 300원의 거금을 건넸다. 1년여 동안 주위 사람들에게 일본인으로 오해받고 미움받았던 게 마음에 상처가 되었는지, 이봉창은 김구를 향해 "블란서 조계지에서 한 걸음도 나서지 못하시는 선생께서는 제가 이 돈을 가지고 가서 마음대로 써버리더라도 돈을 찾으러 못 오실 테지요. 과연 영웅의 도량이로소이다. 제 일생에 이런 신임을 받은 건 선생께 처음이요 마지막입니다."라고 말했다. 이봉창의 인물됨이 매우 순수하고 솔직했음을 짐작하게 한다.

이봉창은 일본으로 떠나기 전 사진관에서 마지막 기념사진을 촬영하면서 "저는 영원한 쾌락을 향유코자 이 길을 떠나는 터이니, 우리 두 사람이 기쁜 얼굴로 사진을 찍으십시다."라며 오히려 김구를 위로했다.

그런데 이봉창이 떠난 지 10일이 되도록 아무런 소식도 들리지 않았다. 모두가 낭패에 빠져 있을 무렵 이봉창으로부터 잘 도착했다는 전보가 도착했다.

그리고 얼마 뒤 이봉창이 술을 마시며 향락을 즐기는 데 돈을 쓰고 있다는 정보가 들려왔다. 그럼에도 김구는 이봉창에게 200원을 더 보내주며 믿음을 놓지 않았다.

그 사실을 아는지 모르는지 이봉창은 200원을 더 받자 "돈을 미친 것처럼 다 써버려서 주인댁에 밥값까지 빚이 져 있었는데. 200원을 받아 다 갚고도 돈이 남겠습니다."라는 마지막 편지를 보내왔다. 이봉창이 일본인의 눈을 속이며 임시정부를 보호하기 위한 계책이었다.

1932년 1월 8일 2시, 이봉창은 김구에게 "상품은 1월 8일에 꼭 팔아버리겠으니 안심하소서."라는 암호를 보낸 뒤 관병식을 마치고 돌아가던 일왕 히로히토를 향해 수류탄을 던졌다.

하지만 일왕이 탄 마차를 정확히 알 수 없었고 거리 또한 멀어서 폭탄은 일장기를 든 사람과 근위병이 탄 말만 넘어뜨리는 데 그치고 말았다.

안타깝게도 일왕 히로히토는 아무런 상처를 입지 않았다. 이봉창은 의거가 실패하자 자결용 폭탄까지 일왕을 향해 던졌으나 터지지 않았다. 목숨 걸고 큰일을 도모했던 이봉창의 의거가 실패로 끝나는 안타깝고도 안타까운 순간이었다.

이봉창 의거가 가져온 국제 정세의 변화

이봉창의 의거는 실패했지만 장기적으로 성공을 불러왔다. 이봉창의 의거는 전 세계적으로 큰 이슈가 되었다. 특히 우리나라와 중국에 큰 충격을 줬다. 누구도 일왕을 향해 감히 폭탄을 던진다고 생각하지 못했기 때문이다.

당시 만주사변으로 일제에게 영토를 빼앗기며 위기감을 느끼던 중국에게 이봉창 의거는 너무도 고맙고 반가운 소식이었다. 중국 국민당 기관지 〈국민일보〉는 "한인 이봉창이 일본 천황을 저격했으나 불행히도 명중하지 않았다."라는 기사를 내보냈다. 이 기사를 따라 다른 중국 신문들도 "불행히도 명중하지 않았다."라는 문구로 이봉창 의거를 연거푸 게시하자 일제는 이를 문제 삼아 상하이사변을 일으켰다.

물론 상하이사변은 일제가 만주사변에 쏟아지는 세계 열강의 견제와 비난을 피하기 위한 꼼수였다. 그러나 상하이사변의 명목적인 이유는 이봉창 의거에 대한 중국의 태도를 문제 삼은 것이다. 이후 일제는 상하이사변에서 승리하고 훙커우 공원에서 승리를 축하하는 행사를 가졌다. 그리고 그 자리에서 윤봉길의 의거가 성공을 거둠으로써 대한민국 임시정부는 중국 국민당의 지원을 받으며 독립운동의 중심이 될 수 있었다.

체포된 이봉창은 다른 동지들이 피해를 당할까 봐 일본 경찰의 심문에 한인애국단원으로 일왕을 죽이려고 했다고만 답변했다. 그 후 9개월 동안 예심을 받지 못하다가 1차 공판에서 이봉창이 의기 있는 말과 행동으로 법정을 뒤흔들자 일제는 비공개로 재판을 열어 사형을 선고했다. 그리고 10월 10일 이봉창은 도쿄의 이치가야형무소에서 교수형으로 순국했다.

결혼하지 않아 유가족이 없었던 이봉창의 유해는 김구의 노력으로 1946년 7월 6일 효창원에 안장될 수 있었다. 나라를 위해 희생한 독립운동가를 기억하고 받들어야 한다는 김구의 의지와 노력이 있었기에 가능한 일이었다.

49년이 지난 1995년, 이봉창 의사의 애국정신을 선양하고자 김구의 손녀사위인 빙그레 회장 김호연을 중심으로 뜻있는 사람들이 '이봉창 의사 기념사업회'를 설립했다. 이후 매년 '이봉창 의사 마라톤 대회'와 '이봉창 의사 순국 추모식'을 진행하고 있다.

그래서일까? 이봉창의 동상이 그 자신이 태어나기도 한 용산구 백범김구기념관 앞에 서 있는 게 특별한 의미로 되새겨진다. 2020년에는 백범김구기념관에서 멀지 않으면서 이봉창이 어린 시절 살았던 서울시 용산구 백범로 281-9에 전통 한옥 구조로 만들어진 '이봉창 의사 역사 울림관'이 개관했다.

"제 나이가 서른하나입니다. 앞으로 다시 서른한 해를 더 산다고 해도 과거 반생 생활에 맛본 것에 비하면, 늙은 생활이 무슨 취미가 있겠습니까? 인생의 목적이 쾌락이라 하면 31년 동안 인생 쾌락을 대강 맛보았으니, 이제는 영원 쾌락을 도(圖)키 위하여 우리 독립사업에 헌신을 목적으로 상하이로 왔습니다."

기념사진을 찍을 때 내 낯에는 자연 회연(恢然)한 기색이 있는지 이씨는 나를 권한다. "나는 영원 쾌락을 향코저 이 길을 떠나는 터이니, 우리 양인이 희열한 안색을 띠고 사진을 찍읍시다." 나 역시 미소를 띠고 사진을 찍었다.

－『백범일지』 중에서

우리동네 인물 탐구

· 동상 위치 ·

서울시 용산구 임정로 26, 백범김구기념관

· 이봉창 연보 ·

1901.8.10.	서울 용산구 원효로 출생
1913	일본인 과자점 점원
1917	일본인 경영 화전 상점 점원
1920	용산역 만선철도 기차운전견습소 역부
1924	임금 격차 항의로 전철수와 연결수 해고 금정처연회 조직 일본 오사카 철공소 근무 일본 양아버지 두고 기노시타로 개명
1930	중국 상하이 도착
1931	한인애국단 입단
1932.1.8.	일왕 히로히토에게 수류탄 투척
1932.10.10.	이치가야형무소에서 순국
1946.7.6.	효창원에 유해 안장
1962	건국훈장 대통령장 추서

중국의 100만 대군도
하지 못한 일

한·중이 함께 일제에 맞설 수 있게,
윤봉길(尹奉吉, 1908~1932)

윤봉길 동상

이봉창 의거 이후 중국과 일본의 관계는 급속도로 악화일로를 걸었다. 반면 일제가 이봉창 의거에 대한 중국의 태도를 문제 삼아 상하이사변을 일으키자, 한국과 중국의 관계는 빠른 속도로 개선되어갔다. 하지만 중국은 일제의 침략에 효과적으로 대응하지 못해 상하이사변에서 연신 패배를 당했다. 대한민국 임시정부를 비롯해 중국에서 활동하는 독립운동가들에게 큰 위기로 다가왔다.

임시정부가 있는 상하이는 물론 가장 많은 독립운동가가 활동하고 있는 만주를 상실한다는 건 독립운동에 큰 타격으로 다가올게 불 보듯 뻔했다. 임시정부로서는 독립운동의 기반이 사라지는 불상사를 막기 위해 중국을 도울 수 있는 일을 찾아야 했다. 중국이 있어야 독립운동의 활로가 확보되는 만큼 임시정부는 일제에 큰 충격을 줄 수 있는 사건을 계획했다.

이런 중차대한 일을 맡아 성공시킨 인물이 바로 윤봉길이다. 윤봉길은 대한민국 임시정부 산하 한인애국단 소속으로 일왕의 생일을 축하하는 천장절 및 상하이사변 전승 기념식이 열리는 홍커우 공원에 수통형 폭탄을 던짐으로써 한·중이 연합해 일제와 맞설 수 있는 계기를 만들었다.

중국의 장제스는 "중국의 100만 대군과 4억 국민이 하지 못한 일을 조선의 한 청년이 해냈다."라고 극찬하며 한국을 일제 타도의 동반자로 여겼다. 이후 중국은 대한민국 임시정부를 적극적으로 지원해 한국광복군을 창설할 수 있는 뒷받침을 마련해줬다. 제2차 세계대전 전후 처리를 논의하는 과정에서도 한국의 독립 필요성을 주변 열강에 강력하게 피력했다.

교육과 농촌계몽운동으로 힘을 키우다

윤봉길은 충청남도 예산 목발이 마을에서도 일제의 손길이 닿기 어려운 목계천 건너 섬 속의 섬이라고 불리던 도중도(島中島)에서 태어났다. 어려서부터 큰아버지 윤경에게서 한학을 배운 윤봉길은 열한 살 때 덕산공립보통학교에 입학했다. 그러나 학교생활은 오래가지 못했다.

3·1운동 당시 덕산시장에서 700여 명이 만세를 부르는 걸 본 윤봉길은 그 즉시 일제의 식민지 교육을 거부하며 보통학교를 그만뒀다. 그리고는 인근에서 큰 존경을 받던 오치서숙의 매곡 성주록 선생을 찾아가 가르침을 받았다.

열아홉 살 되던 해에 성주록은 윤봉길에게 더는 가르칠 게 없다며 매헌(梅軒)이란 호를 내렸다. 거기엔 깊은 의미가 담겨있다. 자신의 호인 매곡(梅谷)과 윤봉길이 평소 존경하던 성삼문의 호 매

죽헌(梅竹軒: 한겨울 추위 속에서도 향기를 내뿜는 매화의 고고한 기품과 충의 정신을 간직하라)을 함께 묶음으로써 윤봉길이 잃어버린 나라를 위해 큰일을 펼칠 수 있길 바란 것이다. 스승의 마음을 아는 윤봉길은 한학 외에도 〈동아일보〉와 〈개벽〉 등 신문물을 전하는 신문과 잡지를 꾸준하게 읽으며, 나라를 잃어버린 현실에서 앞으로 해야 할 일이 무엇인지 오랫동안 생각했다.

그러던 어느 날 마을의 한 청년이 산에 있는 무덤의 묘비를 가슴에 한가득 안은 채 윤봉길을 찾아와선 통곡하며 "글을 몰라 부모의 묘를 찾을 수 없습니다. 제가 산에 있는 묘비를 모두 뽑아왔으니 제 부모님 묘를 찾아주세요."라고 부탁했다. 윤봉길은 청년의 어리석은 행동에 한동안 어떤 말도 하지 못했다. 답답함을 넘어 화가 치솟아 올랐지만 글을 모른다는 게 단순히 개인의 문제에 국한되지 않는다는 사실을 깨닫는 순간이었다.

"무지(無知)가 나라를 잃게 한 가장 큰 적이다."라고 생각한 윤봉길은 곧바로 야학을 설립하고 농촌계몽운동을 펼치기로 마음먹었다. 하지만 학생들을 대상으로 사용할 만한 교재가 마땅치 않았다. 윤봉길은 직접 『농민독본』 세 권을 만들어 교재로 활용했다.

『농민독본』의 내용을 살펴보면, 1권엔 한글을 가르치기 위한 내용이 담겨있고 2권엔 예절과 인사법 등 기본적인 생활 개선을 위해 필요한 내용이 담겨있으며 3권엔 농민이 나아가야 할 길이 담겨 있다. 이때 그의 나이가 스무 살로, 그 어린 나이에 어떻게 그런 큰일을 준비하고 실행했는지 믿기지 않을 정도다.

"조선에서 주인공인 농민은 이때까지 주인 대접을 못 받고 살아왔습니다. 그까짓 농군 놈들 촌놈들이라고 학대하고 멸시함이 정말 혹독했습니다. 온 세상이 다 농민을 사람으로 여기지 아니해 조금도 돌보지 아니했습니다. 따라서 조선의 주인인 농민은 도리어 헐벗고 굶주리고 불쌍한 가난뱅이가 되었습니다. 주인이 못살면 다른 사람도 따라서 못사는 법입니다. 우리 조선에서 농민이 이처럼 가난하다는 건 결국 전 조선이 못살게 되고야 마는 것입니다. 그러므로 우리는 모든 힘을 농민(農民)에게로 돌려야 합니다."

―『농민독본』3권 중에서

윤봉길은 수암체육회를 조직하고 인근의 황무지를 개간해 운동장을 만들었다. 건강한 정신과 건강은 따로 있는 게 아니라는 생각으로 인근에 사는 청년들을 모아 달리기와 축구를 했다. 청년들이 건강한 삶을 영위하는 데 도움을 주기도 했지만, '우리는 하나'라는 연대 의식을 심어주는 데도 큰 역할을 했다.

이뿐만이 아니었다. 집안 경사를 대비해 미리 목돈을 마련해 놓는 위친계를 만들었고 농촌계몽사상을 실천하기 위한 월진회도 조직했다. 특히 실질적인 농가소득을 높이기 위한 방법으로 목계농민회를 만들어 양돈과 양계 그리고 특용작물 재배를 권장했다. 예를 들어 돼지를 무료로 줘 기르게 한 뒤 새끼를 낳으면 절반은 갖고 나머지 돼지는 다른 농민에게 분양해, 청년들에게 일하고 싶은 동기를 제공하고 기반도 마련해줬다.

아들, 남편, 아버지로서

교육활동과 농촌계몽운동을 하던 윤봉길은 1929년 광주학생항일운동과 함흥수리조합의 일본인들이 한국인 세 명을 살해한 사건을 듣고 큰 충격을 받았다.

지금 당장 일제를 몰아낼 수 있는 행동이 필요하다고 생각한 윤봉길은 상하이 망명을 결심했다. 고향을 떠나는 날 윤봉길은 어머니에게 큰 수건과 과자를 사드렸다. 아직 잠이 덜 깬 큰아들의 볼을 비빈 윤봉길은 아내에게 차마 미안하다고 말할 수 없어 "물 한 잔 주오."라며 인사를 대신했다.

마지막으로 '장부출가생불환(丈夫出家生不還: 사나이가 뜻을 품고 집을 나서니 뜻을 이루기 전에는 살아 돌아오지 않겠다)'라는 글을 남기곤 1930년 상하이로 떠났다.

상하이로 가던 도중 선천역에서 붙잡혀 유치장에 갇히는 고역을 당했지만, 오히려 독립운동을 하겠다는 마음을 더욱 단단하게 만드는 계기가 되었다.

여러 고비를 넘긴 끝에 압록강을 넘어 중국 칭다오에 도착한 윤봉길은 우선 일본인이 경영하는 세탁소에서 일하며 일본문화와 습관을 배웠다. 이 와중에도 벌어들인 수입은 독립운동에 뜻이 있던 한일진에게 미국행 여비를 주는 등 주변 사람들에게 나눠줬다.

남은 돈을 모아 대한민국 임시정부가 있는 상하이로 넘어간 윤봉길은 모자공장에서 일하며 독립운동의 기회를 모색한다. 하지만 그 기간은 고향에 남겨둔 가족이 계속 눈에 밟혀 매우 힘든 시기이기도 했다. 노모와 사랑스러운 아내, 2남 1녀의 어린 자녀들이 계속 머리에서 맴돌며 떠나지 않았다.

큰아들 모순이가 아버지가 없어 슬퍼한다는 소식을 듣고 보낸 윤봉길의 편지에는 아버지로서의 미안함과 자신을 이해해주길 바라는 마음이 절절하게 담겨 있다.

"모순아. 너는 아비가 없음이 아니다. 너는 두순(육촌 형제)에게 '너는 아빠가 있어서 좋겠다'라고 했다는데 사실이냐? 너의 아비는 이상의 열매를 따기 위해 잠시적 역행을 할 뿐이지 영구적 전전(이리저리 옮겨 다님)이 아니다. 그리고 모순이는 눈물이 있으면 그 눈물을, 피가 있으면 그 피를 흘리고 뿌려가며 불변성의 의지력으로 훈련과 교양을 시킬 어머니가 있지 아니하냐? 후일에 따뜻한 악수와 따뜻한 키스로 만나자."

윤봉길은 나라를 되찾는 대의를 위해 자신의 생명과 가족을 포기하겠다고 굳게 다짐했지만, 가족을 향한 미안함을 지울 순 없었다. 무엇보다 아무것도 모른 채 천진난만하게 자신을 바라보며 헤어지던 아이들의 얼굴이 눈만 감으면 떠올랐다. 그럴수록 흔들리는 마음을 다잡아야 한다고 생각한 윤봉길은 두 아들에게 위로의 말과 함께 자기 뜻을 이해해주길 바라는 심정을 '강보에 싸인 두 병정에게'라는 편지에 남겼다.

"너희도 피가 있고 뼈가 있다면 반드시 조선을 위해 용감한 투사가 되어라. 태극의 깃발을 높이 드날리고 나의 빈 무덤 앞에 찾아와 한 잔 술을 부어놓으라. 그리고 너희들은 아비 없음을 슬퍼하지 말아라."

의거에 성공하다

1932년 4월 26일, 한인애국단 단원이 된 윤봉길은 가슴이 벅차올랐다. 드디어 조국 독립에 조금이나마 보탬이 된다는 사실에 말이다. 3일 뒤인 4월 29일 일제의 상하이사변 전승 행사 및 일왕 생일 축하기념식이 열리는 홍커우 공원에서 의거를 실행하기로 김구와 계획했다. 무슨 일이 있어도 꼭 성공하겠다는 마음으로 태극기 앞에서 선서문을 작성하곤 김구와 생애 마지막 사진을 찍었다.

거사 당일 윤봉길은 김구와 인생 마지막 식사를 마친 뒤, "제 시계는 선서식 후에 선생님 말씀 따라 6원을 주고 산 것입니다. 그런데 선생님 시계는 2원짜리에 불과하지 않습니까? 제게는 이제 한 시간밖에 소용이 없는 물건입니다."라며 자신의 시계를 김구에게 주고 홍커우 공원으로 향했다.

일본군 병력 1만 2천여 명을 포함한 3만여 명의 군중이 모인 홍커우 공원에 오전 7시 50분쯤 도착한 윤봉길은 폭탄 던질 기회를 포착하고자 장장 네 시간 동안 초조함과 불안감을 견디며 기다렸다. 드디어 2부 축하식이 진행 중이던 11시 40분경 윤봉길은 있는 힘을 다해 물병 폭탄을 단상 위로 던졌다. 폭탄은 윤봉길이 의도했던 장소에 떨어졌고 제대로 폭발하면서 총사령관 시라카와를 비롯해 거류민 단장과 주중 공사 시게미츠 등 일제의 고위 인물들이 죽거나 다쳤다. 한국인들의 가슴에 묵혀 있던 체증이 속 시원하게 뚫리는 순간이었다.

거사가 성공했음을 확인한 윤봉길은 곧바로 자결용 도시락 폭탄을 터트리려 했으나, 일본군에게 체포되어 실패하고 말았다. 큰 충격을 받은 일제는 윤봉길에게 심한 고문을 가하며 배후를 밝히려 했지만, 윤봉길의 굳게 닫힌 입을 열 수는 없었다. 그러자 일제는 상하이에 있는 16세 이상의 한인 남자들을 무차별 체포하기 시작했다. 이에 김구는 동포들의 피해를 막고자 신문에 윤봉길의 의거가 한인애국단의 계획에 따라 이뤄진 것이라고 밝혔다.

일제의 치졸한 복수

일제는 의거로부터 한 달도 되지 않은 시점인 5월 20일, 제대로 된 재판도 없이 윤봉길에게 사형 선고를 내렸다. 하지만 의거를 총계획한 김구를 잡는 데 윤봉길을 이용하고자 사형 집행을 계속 미뤘다. 밀정을 이용해 김구의 뒤를 쫓았으나 누구도 김구의 위치를 알리지 않았다. 모두가 윤봉길의 의거를 헛되이 할 수 없다는 공감대를 형성했기 때문이다.

일제는 계획대로 일이 진행되지 않는 데다가 중국과 정전협정이 맺어지자 윤봉길을 잡고 있는 게 무의미하다고 생각해 처형하기로 결정했다. 처형 장소는 사람들의 시선을 피하기 적합한 이카와현 가나자와 육군작업장의 서북쪽 골짜기였다.

12월 19일, 윤봉길은 "사형은 이미 각오해 이에 임해 하등의 할 말이 없다."라는 유언을 남기고 처형당했다. 일제는 윤봉길의 두 눈을 흰 천으로 가리고 양팔은 십자 형태의 형틀에 묶었다. 그걸로도 부족했는지 윤봉길의 무릎을 꿇리고 총살했다.

일제는 윤봉길을 죽이고도 분이 풀리지 않아 유해를 유족에게 돌려주지 않았다. 노다산 육군 묘지에 인접한 가나자와시 공동묘지 관리사무소에서 쓰레기 하차장으로 가는 통로에 봉분도 없이 윤봉길의 시신을 비밀리에 매장했다. 그곳을 지나는 일본인의 발에 밟히는 모욕을 당하라고 말이다.

그러나 정의와 대의는 살아있었다. 1945년 일제는 패망했고 한국은 독립했다. 패망 당시 일본의 전권대표로 항복 조인식에 서명한 사람이 윤봉길의 의거 때 상처를 입었던 주중 공사 시게미츠다. 그는 항복 조인서에 서명하면서 윤봉길을 떠올리지 않았을까?

광복 이후 김구는 윤봉길의 유해를 고국으로 모셔오기 위해 큰 노력을 기울였다. 1946년 3월 6일 윤봉길의 유해를 찾아낸 뒤, 7월 6일 대한민국 최초 국민장으로 효창원 삼의사 묘역에 안장했다. 스물세 살에 중국으로 망명 가서 스물다섯 살에 의거를 성공한 윤봉길의 귀환이었다.

그러나 윤봉길 유족의 고생은 계속되었다. 윤봉길 의거 이후 일제의 계속되는 감시와 탄압에 힘들어하던 유족들은 광복 이후에도 고통이 끝나지 않았다.

윤봉길의 차남은 두 살 때 죽었고 장녀는 1929년에 죽었다. 큰

아들만 살아남아 성인이 되었지만 가족의 생계를 꾸려가기란 매우 어렵고 힘든 일이었다. 특히 광복 반민특위 활동을 방해한 이승만 정부로부터 어떤 도움의 손길도 없었다.

유일하게 도움을 준 이는 김구의 아들 김신 장군이었다. 윤봉길의 큰아들은 김신 장군이 김포공항에 스낵코너를 열 수 있도록 도와줘 비로소 가난에서 벗어날 수 있었다. 이후 윤봉길의 아들이 1남 6녀를 낳으면서 후손은 늘어났고, 그들은 각자의 자리에서 대한민국 국민으로 맡은 역할을 충실히 해내고 있다.

윤봉길의 친손녀 윤주경이 인터뷰에서 밝힌 말은 우리의 고개를 떨구게 한다. 이제라도 잘못된 역사를 바로잡아야 한다고 다짐하게 한다.

"그래도 우린 축복받은 편이에요. 다행히 대학까지 교육을 받을 수 있었으니까요. 그 무엇보다 교육과 취업의 기회를 주는 게 정부가 해줄 일인 것 같아요. 제대로 배우기만 해도 자립할 힘이 생기잖아요."

우리동네 인물 탐구

· 동상 위치 ·

서울시 서초구 매헌로 99, 매헌윤봉길의사기념관
충청남도 천안시 동남구 목천읍 독립기념관로 1, 독립기념관
충청남도 예산군 덕산면 덕산온천로 183-5, 윤봉길의사기념관
충청남도 예산군 오가면 역탑리 64-2, 윤봉길나라사랑공원
대전시 중구 대종로 373, 한밭종합운동장

· 윤봉길 연보 ·

1908.6.21.	충청남도 예산 출생
1919	덕산보통학교 자퇴
1921	오치서숙 수학
1926	농촌부흥운동
1927	『농민독본』 저술
1929	부흥원 설립, 기사일기 작성 월진회 조직, 수암체육회 운영
1930	만주로 망명
1932.4.29.	훙커우 공원 의거
1932.12.19.	가나자와에서 순국
1946.7.6.	대한민국 최초 국민장 효창원 삼의사 묘역 안장
1962	건국훈장 대한민국장 추서

— 2부 —

독립운동에
모든 걸 걸다

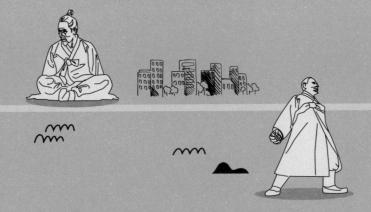

독립선언서를 인쇄하고
최초로 낭독하다

3·1운동의 숨은 주역,
이종일(李鍾一, 1858~1925)

이종일 동상

나라를 독립시키려고 모든 걸 희생한 수많은 독립운동가 중에 우리는 얼마나 많은 이를 기억하고 있을까? 많은 독립운동가가 가족과 친지들의 안위를 걱정해 거취를 감춘 채 독립운동을 했다. 광복 이후에도 분단과 전쟁 그리고 과거 청산이 제대로 이뤄지지 않았으면서 독립운동가를 기억하려는 노력도 없었다. 먹고살기도 힘든 시대적 상황으로 나와 가족 외에 주변을 둘러볼 엄두도 내지 못하고 살아왔다. 그렇다 보니 널리 알려진 몇몇을 제외하곤 이름조차 들어본 적 없는 독립운동가들이 많다.

무명의 독립운동가들 중 구한말부터 일제강점기에 이르기까지 자주적인 나라가 되길 바라는 마음으로 한평생 조국의 광복을 위해 몸 바친 이종일이 있다. 이종일이란 이름이 생소할 수 있지만, 독립운동사에서 반드시 거론되어야 하는 분이다. 이종일은 민족대표 33인 중 한 명으로 기미독립선언서를 인쇄해 민중에게 배부했고, 그 결과 거국적인 3·1운동이 시작될 수 있었다.

충청남도 태안에서 태어난 이종일은 매우 총명한 머리를 가지고 있어서 인근 사람들은 그를 두고 신동이라고 했다. 기대에 부응하듯 이종일은 1872년 열다섯 살 때 서울로 상경해 과거시험을 준비했다. 그때 이종일은 서구열강의 압력으로부터 나라를 보존하고 나아가 발전하고자 서양 문물을 수용하자던 김윤식과 이상재를 만났다.

서양 문물의 유입으로 모든 게 빠르게 변해가는 서울을 마주한 이종일은 그들의 말에 고개가 끄덕여졌다. 유학만으로는 현재의 혼란스럽고 위태로운 나라를 바로잡는 게 불가능하다는 걸 몸소 느꼈던 것이다. 이종일은 새로운 근대 문물을 배워 나라와 백성에 보탬이 되는 일을 하겠다고 맹세했다.

서울로 상경한 이듬해인 1873년 열여섯 살 어린 나이로 과거에 급제한 이종일은 많은 이의 관심과 기대를 한 몸에 받았다. 덕분에 일본으로 건너가 새로운 문물을 직접 보고 관찰하는 수신사의 일원이 될 수 있었다.

수신사를 책임지는 박영효를 따라 일본에 건너간 이종일은 큰 충격을 받았다. 일본은 과거 어른들로부터 말로만 듣던 낙후된 곳이 아니었다. 서양 문물이 들어와 조선에서는 볼 수 없는 건물과 물건들이 가득했다. 무엇보다 거리에 활기가 넘쳤다.

이종일은 그 모든 걸 기록해 조선에 적용할 방법을 모색해보고 찾으려 했다. 그러나 고국에 돌아와 바라본 조선의 현실에 깊은 탄식을 자아낼 뿐이었다.

교육과 언론으로 나라를 일으키다

열강의 침입에 속수무책으로 무너지던 조선의 운명을 거부하고 자주적인 나라를 만들겠다는 목표가 생긴 이종일은 우선 민중이 변화될 수 있도록 도와줘야겠다고 생각했다. 그 시작점으로 생각한 게 교육이다.

동학농민운동이 일어난 1894년, 이종일은 보성보통학교 교장으로 취임해 쓰러져가는 나라를 바로 세울 인재를 양성하는 데 힘을 기울였다. 그러던 중 서재필 박사가 미국에서 돌아와 설립한 독립협회가 민중의 계몽을 위해 〈독립신문〉을 발간한다는 소식이 들려왔다. 이종일은 기쁘고 반가운 마음에 가만히 있을 수 없었다.

학교 교육은 아무래도 한정된 학생을 대상으로 이뤄진다는 한계점이 있고 학생을 인재로 육성하는 데 너무 많은 시간이 걸린다. 하지만 독립협회에서 행하는 강연과 토론을 신문에 실으면 지역과 나이에 상관없이 전국적으로 우국충정을 지닌 사람을 많이 길러낼 수 있다고 믿었다. 그 중차대한 일을 돕고 싶었다.

이종일은 일본을 방문해 보고 들은 세상 소식과 관료이자 교육자로서 겪은 경험을 바탕으로 민권의식과 민권사상을 고취하는 논설을 〈독립신문〉에 기고했다. 논설을 보고 박은식을 비롯한 많은 사람이 이종일과 함께하고자 찾아오자, 1898년 이종일은 민중을 계몽하는 한편 정부의 잘못된 정책을 비판하는 목적으로 대한제국민력회를 설립했다.

이종일은 회장으로서 누구보다 적극적으로 앞장섰다. 회원 수십 명과 함께 만민공동회에 참여해 아관파천으로 이권을 침탈하려는 러시아를 내쫓자고 강력하게 주장했다. 다른 열강에게도 이권을 넘기지 말아야 한다고 소리 높여 외쳤다. 독립협회가 해산되면 대한제국민력회가 뜻을 계승하기로 결의하기도 했다. 그리고 민중 계몽과 정부 정책 비판 및 여성 인권 신장 등을 효과적으로 수행하고자 〈제국신문〉을 창간한다.

이종일이 사장 겸 기자로 활동한 〈제국신문〉은 우리나라 최초의 순한글신문이다. 이종일이 당시로서는 매우 파격적으로 느껴질 수밖에 없던 한글신문을 만든 건 한자를 배우지 못해 신문을 읽지 못하는 여성들과 서민들을 위해서였다. 100년 뒤인 1990년대까지도 신문에 한자가 많이 섞여 있었다는 걸 감안해보면 〈제국신문〉을 만든 이종일이 얼마나 깨어 있는 인물이었는지를 알 수 있다. '제국신문'이라는 이름에는 대한제국(고종이 1897년 바꾼 국호)이 세계 열강의 대열에 함께할 수 있는 강국이 되길 바라는 마음도 담겨 있다.

> "나는 말하길 사실 현세를 따지고 보면 대한제국의 시대인 까닭에 나의 의견으로는 제호를 제국신문이라고 붙이면 어떨까 한다. 듣는 사람들이 숙의한 끝에 모두 좋은 명칭이라고 말해 이에 제국신문으로 결정하고 제호를 한글로 하면 어떻겠느냐고 했더니 역시 모두 좋다고 했다. 그래서 한글전용의 신문을 발간할 걸 결정지었다."
>
> —『묵암비망록』 중에서

〈제국신문〉이 특별한 이유는 하나 더 있었다. 이승만이 〈제국신문〉에서 주필로 활동했기 때문이다. 이승만은 고종 폐위 음모 사건에 연루되어 한성 감옥에 투옥되었을 때도 〈제국신문〉에 논설을 남길 수 있었는데, 이종일의 역할이 매우 컸다. 역모죄로 갇힌 이승만의 글을 신문에 싣는다는 건 매우 위험한 일이었다. 자칫 역모죄로 이종일도 처벌받을 수 있었다. 하지만 나라를 위한 옳은 일이라고 생각한 이종일은 주변의 우려와 걱정을 뒤로하고 뚝심 있게 이승만의 글을 〈제국신문〉에 계속 실었다.

언론의 중요성을 인식하고 〈제국신문〉을 운영해오던 이종일은 〈황성신문〉〈만세보〉〈대한민보〉 등 다른 언론들에서도 활동했다. 한국인 모두가 하나 되어야 어려운 시기를 극복할 수 있다는 걸 언론을 통해 알려주고 싶었다.

하지만 이종일이 정부의 잘못된 정책을 비판하고 부정·비리를 저지르는 관리를 고발하는 논설을 쓸수록 수구파들은 화를 내며 불안해했다. 결국 그들은 고종황제 생일을 축하하는 기사에서 성수만세(聖壽萬歲)를 성수망세(聖壽亡歲)로 잘못 인쇄하게 만든 후 이종일을 투옥시켰다. 다행히도 모략이라는 게 곧 밝혀지면서 풀려난 이종일은 이 일로 위축되기보다 더욱 왕성한 활동을 펼쳤다. 언론인으로서만이 아니라 대한자강회 평의원으로, 대한협회의 회보 편집 겸 발행인으로 열강의 침략을 성토하며 대한제국의 이권을 지키고자 최선을 다했다.

1898년은 이종일에게 다사다난한 해였다. 중추원 의관직에 임

명되어도 정부의 방해로 무엇 하나 뜻하는 바를 추진할 수 없게
되자 자리에 연연해하지 않고 10개월 만에 그만뒀다.

그리고는 민영환과 함께 흥화학교를 세웠는데 영어, 토지 측량
등 실용적인 학문을 교육과정으로 편성해 기존의 학교들과 차별
된 모습을 보였다. 야간반을 운영하며 대구와 안동에 지교를 설립
해 교육 진흥에 힘썼다.

1902년에는 지석영과 함께 국문 학교를 설립해 한글 맞춤법
연구에 공헌했고, 1905년에는 보성학교 교장으로 취임해 의무교
육 시행을 주장했다.

천도교와의 만남으로 업적을 세우다

언론인이자 교육자로서 쉼 없이 나라의 국운을 붙잡으려던 이종
일은 1906년 천도교에 입교하면서 독립운동사에 큰 발자취를 남
긴다. 〈제국신문〉을 발행할 때부터 친분을 쌓으며 많은 교류를 나
눴던 천도교 제3대 교주 손병희는 이종일에게 〈천도교 월보〉 과장
에 이어 보성사를 맡겼다.

보성사는 60여 명이 근무하는 인쇄소로 당시 한국인이 운영하
는 인쇄소 중에서 규모가 가장 컸다. 이종일이 보성사 사장으로 임
명된 건 손병희가 그를 얼마나 신임했는지를 잘 보여주는 대목이
다. 손병희의 기대가 틀리지 않았음을 이종일은 결과로 보여줬다.

1907년부터 2년 동안 국문연구소 위원으로 활동한 이종일은
1910년 나라를 빼앗기는 경술국치를 보고 울분을 감추지 못했다.

그러던 차에 일제가 민족지도자들을 포섭해 반일 감정을 억누르려는 의도를 가지고 이종일에게 작위를 수여하겠다고 제의해왔다. 너무도 화가 난 이종일은 일제의 제안을 가차 없이 거절했다.

그리고는 천도교도들을 중심으로 하는 민족문화 수호운동본부와 천도구국단을 조직한 뒤, 회장 및 단장으로 취임해 나라를 되찾을 준비를 계획했다. 1894년 갑오동학농민운동, 1904년 갑진개화신생활운동을 벌였던 것처럼 1914년 갑인년에도 세상을 바로잡을 삼갑운동(三甲運動)을 벌이자고 주장했다.

특히 이종일이 환갑이던 1919년에는 나라를 위해 매우 중요한 일을 맡았다. 그해 2월 24일 천도교 측 최린과 기독교 측 이승훈·함태영이 일본에 독립선언서와 독립의견서를 보내고 미국과 파리강화회의에 독립청원서를 보내자고 합의했다. 이튿날인 25일에는 독립선언서·의견서·청원서에 서명할 민족 대표 명단을 결정하고 27일에는 최남선이 민족 대표 33인의 이름을 적어놓은 독립선언서를 보성사 사장 이종일에게 전달했다.

독립선언서를 인쇄하고 있다는 사실이 발각되는 날에는 결코 무사할 수 없는 매우 위험한 일이었다. 그러나 이종일은 자신의 안위를 걱정하기보다 민족의 국운을 건 독립운동이 수포가 될까 봐 두려울 뿐이었다. 이종일은 독립선언서를 인쇄하고 있다는 사실이 새나가지 않도록 직공들을 다 돌려보냈다. 믿을 수 있는 신영구와 김홍규, 장효근만 사무실에 남겨 독립선언서를 인쇄했다.

그러나 독립선언서를 인쇄하는 일이 순탄치만은 않았다. 민족

대표 명단이 여러 번 바뀌었고, 최남선이 가져온 활판이 인쇄 종이 규격에 맞지 않아 재인쇄에 들어가야 했다. 그보다 큰 문제는 친일 순사로 악명을 떨치던 신승희가 보성사를 급습해 독립선언서 인쇄를 목격했다는 사실이었다. 이종일은 눈감아 달라고 간절히 부탁했지만 신승희는 요지부동이었다. 결국, 이종일은 손병희에게 받은 5천 원을 신승희의 손에 쥐여주고 나서야 간신히 신승희를 입막음할 수 있었다.

어렵게 인쇄한 2만 5천여 장의 독립선언서를 비밀리에 배부하는 데 성공한 이종일은 이튿날인 27일에도 추가 인쇄한 1만여 장을 옮기기 위해 거리로 나섰다. 하지만 일본 경찰에 발각되고 말았다. 그때도 돈을 쥐여주면서 독립선언서를 족보라고 거짓말해 위기를 넘겼다. 당시 이종일은 손녀 이장옥에게도 독립선언서 배부를 맡겼는데, 일본 경찰에 발각되면 어떤 고초를 당할지 너무도 잘 알고 있음에도 나라의 독립을 위해 손녀를 거사에 참여시켰다. 그의 애국심이 얼마나 대단했는지 알 수 있는 대목이다.

최초로 독립선언서를 낭독하다

1919년 3월 1일, 이종일은 독립선언서를 무사히 인쇄해 배부했다는 사실에 안도의 한숨을 쉴 사이도 없이 민족 대표 33인의 한 명으로 태화관에 들어섰다. 자리에 앉아 식이 거행되길 기다리던 이종일에게 손병희가 독립선언서 낭독을 권유했다. 이번 거사에 이종일의 역할이 매우 컸음을 안 손병희의 배려였다.

이종일은 떨리는 마음을 진정시키며 힘 있는 목소리로 역사에 길이 남을 독립선언서를 읽었다. 이종일이 독립선언서를 읽는 순간 그 자리에 있던 모든 사람이 밀려오는 감정을 추스르기 위해 고개를 숙이거나 먼 곳을 응시했다. 대한민국을 넘어 인류 역사에 큰 영향을 준 3·1운동의 시작을 알리는 낭독이었다.

이종일이 독립선언서를 인쇄하고 낭독했다는 사실을 알게 된 일제는 3·1운동의 책임을 물어 그에게 3년 형을 구형했다. 일제는 감옥에 갇힌 이종일을 회유하려고 겁박하며 여러 차례 압력을 행사했지만, 나라를 향한 그의 굳은 의지는 변함이 없었다. 결국 이종일은 2년 6개월 만에 출소할 수 있었다. 3·1운동으로 투옥된 사람들 대부분이 영친왕의 결혼으로 감형되어 일찍 출소한 것에 비하면, 이종일이 일제에게 얼마나 미운 존재였는지를 여실히 보여 준다.

출소한 이종일은 노구의 나이에 투옥 생활을 한 결과 건강이 매우 악화되었다. 그럼에도 1922년 3월 1일 제2의 3·1운동을 준비했다. 제2의 독립선언문 '자주독립선언문'을 작성하고 인쇄하려 했으나, 이종일을 쫓아다니며 감시하던 일본 경찰에 의해 발각되어 실패하고 말았다. 이 일로 크게 충격을 받아 몸이 급격하게 약해진 이종일은 1925년 8월 31일 자택에서 죽음을 맞이했다.

지금 이종일을 기억하는 사람이 많진 않지만 그의 활동과 업적은 실로 위대했다. 무시와 억압받는 민중이 이 나라의 주인이라는 사실을 알리고 싶어 평생을 교육과 언론 활동에 매진했다. 한글이 체계화되고 보급될 수 있도록 노력했고, 1919년에는 목숨 걸고 독립선언서를 인쇄해 배부한 결과 3·1운동이 일어날 수 있는 토대를 마련했다. 또한 독립선언서를 최초로 낭독해 우리가 이 땅의 주인임을 전 세계에 알렸다.

　큰 업적을 쌓은 이종일의 동상이 옛 보성사 터에 있다. 종로에 있는 조계사나 우정국을 방문할 기회가 있다면, 시간을 내 보성사 터와 이종일 동상을 찾아가보면 어떨까. 이종일 동상이 조계사 뒤편에 있어 찾아가는 데 오랜 시간이 걸리진 않는 데다가, 그곳은 신흥대학·중동학교·숙명여학교의 옛터로 미래를 위한 인재를 양성하던 교육의 중심지이기도 하다.

우리동네 인물 탐구

서울시 종로구 수송동 80-7, 수송공원
충청남도 태안군 원북면 옥파로 199-7, 이종일선생생가지

· 이종일 연보 ·

1858.11.6.	충청남도 태안군 출생
1873	문과 급제
1882	수신사 일원으로 일본 방문
1896	<독립신문> 논설 기고
1898	대한제국민력회 조직, 회장 취임 중추원 의관 피임 곧 사직 흥화학교 설립 <제국신문> 창간
1905	보성학교 교장 취임
1914	삼갑운동 계획
1919	독립선언서 인쇄, 최초 낭독
1920	징역 3년 받고 옥고
1922	제2의 3·1운동 기념식 계획, 실패
1925.8.31.	서거
1962	건국훈장 대통령장 추서

타지에서 독립을 외치다
순국한 열사

독립을 위해 다방면을 뛰어다니다,
이준(李儁, 1859~1907)

이준 동상

대한민국 역사를 살펴보면 나라가 위기에 봉착했을 때 수많은 위인이 등장했다. 그들 중에는 모든 역량을 다 쏟아부으며 나라를 위해 희생했음에도 위기를 막지 못한 책임을 스스로에게 물으며 자책한 분도 계신다. 그중에서도 많은 이가 기억하는 독립운동가로 이준이 있다. 그래서일까? 일제에게 나라를 빼앗기는 일을 막고자 다방면에서 노력하다가 머나먼 타국에서 순국한 이준의 업적은 우리에게 많은 울림을 준다.

이준은 함경도 북청에서 알아주는 학자 집안의 자제로 태어났지만, 세 살이 되던 해에 아버지가 죽었다. 얼마 지나지 않아 어머니마저 세상을 떠나면서 이준은 고아가 되었으나, 다행히 할아버지와 숙부가 잘 돌봐주면서 큰 어려움 없이 자랄 수 있었다.

이준은 따뜻하게 감싸 안아줄 부모가 없음에도 반듯하게 자라며 집안의 큰 기대를 받았다. 비단 능력과 재주 그리고 성품만 인정받은 게 아니었다. 최익현 선생은 서울로 상경한 열여덟 살의 이준을 만나고는 그의 재주와 굳건한 심성에 크게 놀라며 칭찬을 아끼지 않았다.

하지만 당시 조선은 부정·비리로 인재를 선발하는 과거시험을 비롯해 무엇 하나 제대로 돌아가는 상황이 아니었다. 특히 조선 시대 내내 차별받던 함경도 출신의 이준이 조정에 들어가 나랏일을 한다는 건 매우 어려운 일이었다.

이준은 스물다섯 살이 되던 1884년에 함경도시에서 장원급제하고 2년 뒤인 1887년 초시에 합격해 세상에 자신의 능력을 보여줬지만, 그에게 주어진 일은 종9품 최말단직인 순릉참봉이 전부였다. 그때가 과거에 합격한 지 여러 해가 지나 그의 나이 서른다섯 살이 되던 1894년이었다. 하지만 이준이 그 나이까지 벼슬을 기다리며 허송세월한 건 아니었다. 가재를 털어 북청에 경학원을 세워 나라에 필요한 인재를 육성하는 교육사업을 펼쳤다.

이준은 참봉이라는 낮은 관직으로는 기울어가는 나라를 바로 세우는 데 한계가 있음을 인지하고, 1895년 서른여섯 늦은 나이지만 법관양성소에 입학했다. 법관양성소는 갑오개혁 이후 새로운 근대적 사법제도를 운영할 법관을 양성하고자 세워진 기관으로 조선이 새로운 사회로 발돋움하는 데 있어 꼭 필요했다.

공부를 마친 이준은 1회 졸업생으로 한성재판소 검사보가 되었으나, 비리를 저지른 고관 대신을 탄핵한 일로 한 달여 만에 그만둘 수밖에 없었다. 더 많은 공부가 필요하다고 느낀 이준은 일본 유학길에 올랐다. 와세다대학 법과에서 공부를 마치고 졸업한 그는 나라에 조금이라도 보탬이 되고 싶다는 심정으로 부리나케 귀국했다.

　마침 1898년은 미국에 건너갔던 서재필이 돌아와 많은 애국 지사와 함께 독립협회를 만들어 운영하던 때였다. 일본에서 공부하는 동안 국내를 넘어 세계 정세를 접한 이준은 서재필과 뜻을 함께하기로 결심하고 독립협회에 가입했다.

　독립협회 평의원이 된 이준은 독립문 건립과 〈독립신문〉 발행에 참여하는 등 조선이 자주적인 나라를 만들 기회의 장만 있으면 어디든 참여했다. 특히 만민공동회에서 열변을 토한 이준의 연설은 많은 이에게 깊은 인상을 심어줬고 그들의 생각까지 바뀌게 했다. 하지만 기득권을 잃을까 봐 두려워한 보수세력과 고종의 탄압으로 독립협회가 해산되는 과정에서 투옥된 이준은 개혁에 한계를 느꼈다. 나라를 위해 해야 할 일이 더 많다는 사실을 깨닫는 동시에 지식인으로서 막중한 책임감을 느끼는 순간이기도 했다.

　이준은 1902년 이상재, 민영환, 이상설 등과 함께 개혁당 운동을 벌였다. 특히 러시아의 남하정책을 막는다는 명분으로 영국과 일본이 영·일 동맹을 맺자 큰 위기라고 여겼다. 조선에 대한 일본의 배타적 권리를 영국이 인정하는 꼴을 가만히 두고 볼 수는 없었다. 개혁당의 일원으로 독립회관에서 영·일 동맹 비판 연설을 하며 국민이 이 문제를 인식해 문제 해결에 나서는 계기를 만들고자 노력했다.

나라를 위해 다방면으로 뛰어다니다

이준의 노력이 국민에게 조선의 위기를 알리는 데 일조한 건 사실이나 국제 사회의 변화를 가져오지는 못했다. 여전히 일본은 조선을 식민지로 삼고자 압력을 행사했다.

1904년, 조선의 지배권을 두고 벌인 러일전쟁에서 일본은 제1차 한일의정서를 강제로 체결해 조선을 군사기지로 활용했다. 또한 토지 수탈을 목적으로 50년 동안 전국의 황무지개척권을 위임하라고 조선 정부를 협박했다.

이준은 황무지개척권을 통해 조선을 노골적으로 침탈하는 일본을 저지하고자 이상설, 송수만 등과 함께 보안회를 조직했다. 총무를 맡은 이준이 연일 반대 상소와 시위를 주도하자 위기의식을 느낀 일제는 보안회를 해산시켰다.

그러나 이준은 포기하지 않았다. 보안회를 계승한 대한협동회를 만들어 이상설을 회장으로 모시고 자신은 부회장에 취임했다. 이상재, 이승만, 이동휘, 양기탁 등 당시 내로라하는 유명 인사와 지식인들이 참여해 황무지개척권을 적극 반대하자 일제는 결국 황무지개척권을 포기하고 말았다.

하지만 조선을 식민지로 만들려는 일제의 수많은 정책 중 하나만을 저지시켰을 뿐이었다. 이준은 일제의 침략이 여기서 멈추리라고 생각하지 않았다. 특히 이준이 일제의 침략행위 중에서 가장 무서워하고 두려워한 건 친일분자를 육성하는 것이었다. 그 대표적인 사례가 송병준을 필두로 하는 친일단체 일진회였다.

이준은 러일전쟁 중 일본군을 위해 함경도에서 군수물자 수송을 담당하는 등 매국 행위를 적극적으로 행하는 일진회에 대항하고자 1904년 보부상이던 윤효정, 나유석 등이 세운 공진회의 회장으로 취임했다. 그리고 전국의 보부상들에게 일본군의 군수물자를 수송하지 못하도록 협조를 요청했다.

이후 이준은 민영환과 힘을 합쳐 공진회를 일반 정당으로 전환하고 '정부의 명령은 법률과 규칙이 정한 범위 내에서 복종할 것, 인민의 권리는 법률 내에서 자유로이 신장할 것' 등을 담은 3대 강령을 발표했다. 연설회를 통해 국민 의식을 깨우치는 활동을 펼치면서 일진회의 이용태, 김가진 등에게 탈퇴 종용의 공개장을 보내기도 했다.

그러나 친일파가 대한제국의 주요 관직을 장악한 상황이어서 이준과 윤효정 등 공진회 집행부 대다수가 구속당하고 말았다. 이에 공진회 회원들이 거리로 나와 시위를 벌이고 경무사를 찾아가 이준을 비롯한 집행부 석방을 요구했다. 이준의 부인 이일정이 소속된 여성단체도 규탄에 참여했으나 돌아온 건 일본 기마 헌병대에 의한 강제 해산뿐이었다. 결국 이준은 황주의 철도(鐵島)로 3년형의 유배를 선고받았다.

그럼에도 이준은 약해지지 않았다. 오히려 자신에게 더 막중한 책임이 주어졌다고 여기며 새로운 일을 계획했다. 다행히 민영환의 도움으로 6개월 만에 유배지에서 풀려난 이준은 1905년 윤효정, 양한묵과 함께 헌정연구회를 조직해 국민의 정치의식을 고취하는 한편 입헌정치 체제를 수립하기 위해 앞장섰다.

평리원 검사를 거쳐 특별법원 검사로 임명된 이준은 부정되고 잘못된 걸 바로잡을 기회를 얻었지만 기쁨도 잠시였다. 1905년 11월 17일, 일본에 의해 강제로 을사늑약이 체결되면서 주권이 무너졌기 때문이다.

일본에 의해 외교권이 박탈되면서 세계의 모든 나라와 조약을 맺을 수 없게 된 조선은 더 이상 국제사회의 일원이 아니었다. 외국과의 조약 등 모든 외교 업무를 일본을 통해 해결해야 하는 만큼 식민국가로 전락한 것과 다를 바 없었다. 거기에 이준과 오랜 세월 뜻을 같이했던 민영환이 을사늑약을 막지 못했다는 죄책감으로 자결했다는 소식은 이준에게 큰 충격을 안겼다.

이준은 국민의 비통함과 절망감을 해소하고자 상동교회에서 이동녕, 전덕기 등과 을사늑약 폐기 상소 운동을 벌이기로 계획했다. 우선 을사늑약을 철회해달라는 상소문을 작성해 을사늑약에 분개하는 시민들과 함께 고종이 머무는 덕수궁 대한문과 서울 시내에서 가두 시위를 벌였다. 일본 경찰과 투석전을 벌일 정도로 격렬한 시위를 벌였으나 을사늑약을 되돌리기에는 너무나 미약한 힘이었다.

이준은 을사늑약을 바로잡을 힘이 조선에 없다는 걸 파악하고 훗날을 대비하고자 교육 진흥과 경제 살리기에 힘을 쏟았다. 1906년, 유성준·전덕기 등과 함께 국민교육회를 조직하고 회장으로 취임한 이준은 서울에 중등교육 기관인 보광학교를 설립했다. 보광학교는 나라를 바로 세울 인재를 빠른 시간에 양성하고자 18~35세 청년들만 입학시켰다.

또한 유진호 등과 함께 한북흥학회를 조직해 함경도 지역 사립학교에 재정적 지원을 하는 한편 계몽 강연 등도 꾸준히 전개했다. 1907년에는 일본에 진 채무를 갚기 위한 국채보상운동이 일어나자 국채보상연합회의소 소장이 되어 서울에서 모금 운동을 벌였다. 대한자강회와 비밀결사단체 신민회에 참여해 독립의 힘을 기르는 애국계몽운동에도 온 힘을 기울였다.

나라의 국운을 바로잡고자 헤이그로 떠나다

앞일을 대비하던 이준에게 네덜란드 헤이그에서 제2회 만국평화회의가 개최된다는 소식이 들려왔다. 일제의 침략 행위와 을사늑약의 부당성을 세계에 알림으로써 도움을 받을 수 있는 절호의 기회라고 여겼다.

이회영과 전덕기 등의 도움으로 고종을 만난 이준은 헤이그 특사단의 부사가 되어 1907년 4월 22일 서울을 떠나 부산을 거쳐 러시아 블라디보스토크로 들어가 정사 이상설을 만났다. 둘은 5월 21일 시베리아 철도를 타고 러시아의 수도 상트페테르부르크로 건너가 영어, 프랑스어, 러시아어에 능통했던 이위종을 만났다.

셋은 무슨 일이 있어도 국제사회에 일제의 침략을 알려 쓰러진 국운을 바로 세우겠다고 굳게 다짐했다. 그러나 6월 25일에 도착한 헤이그는 그들이 생각했던 것과 온도 차가 너무 심하게 났다.

전폭적인 지원을 약속했던 러시아는 그 사이 입장을 바꿔 일본 편에 섰다. 러시아 대표이자 의장 넬리도프 백작은 네덜란드 정부의 소개가 없다는 이유로 특사단을 만나주지 않았다. 네덜란드 전 외무대신이자 부의장 포포로도 특사와의 만남을 거절했고 네덜란드 외무대신 테츠는 평화회의에 특사단의 참석이 불가함을 알려왔다.

다행히 평화회의를 취재하고자 모여든 세계 언론인들이 특사단에 관심을 보였다. 덕분에 〈평화회의보〉에 을사늑약의 부당성을 게재하고 협회 회합에서 이위종이 불어로 연설할 기회를 얻을 수 있었다.

영국과 일본은 세계 여러 나라가 특사단에 관심을 두자 특사단의 활동에 노골적으로 방해를 걸어왔다. 그 결과 이준을 비롯한 특사단의 활동폭이 좁아지면서, 헤이그에서 할 수 있는 일이 더는 존재하지 않게 되었다.

뜻대로 일이 이뤄지지 못하는 상황에서 이준은 갑작스럽게 순국하고 말았다. 마흔여섯 살 젊은 나이에 갑자기 죽은 이준을 두고 '할복자살을 했다' '종기가 악화되어 죽었다' 등 여러 추측이 흘러나왔다.

그러나 이준이 할복자살했다는 근거로 제시된 1908년 〈대한매일신보〉 기사가 민족의 공분을 끌어내기 위한 허구였음이 1956년 국사편찬위원회에 의해 밝혀졌다. 당시 〈대한매일신보〉 주필이던 양기탁이 신채호, 베델과 협의해 이준의 죽음을 할복자

살로 쓰게 했다는 증언이 나왔기 때문이다. 또한 이위종이 〈만국 평화회의보〉와 가진 인터뷰에서도 이준이 할복했다는 언급은 나오지 않았다.

이준이 죽은 이유를 찾는 것보다 중요한 건 이준이 나라를 살릴 수 있는 작은 불씨라도 잡고자 모든 에너지를 쏟아붓다가 순국했다는 사실이다.

네덜란드의 에이켄무이넬에 매장된 이준의 유해는 순국 55년 만인 1963년 10월 4일 대한민국으로 돌아왔다. 정부와 국민은 나라를 지키고자 머나먼 타국에서 순국한 이준을 위해 국민장으로 애도를 표했다. 그리고 서울 수유리 선열묘역에 이준의 유해를 안장했다.

이듬해인 1964년에는 장충단 공원에 이준 동상을 건립해 많은 이가 이준의 뜻과 노력을 기억하도록 했다. 1972년에는 네덜란드 헤이그 묘소에 이준 열사의 흉상과 기념비이 건립되는 뜻깊은 역사가 만들어지기도 했다.

이준 열사의 애국 활동은 후대의 독립운동가들에게 큰 영향을 미쳤고, 그의 교육과 경제진흥을 위한 노력은 대한민국이 선진국으로 진입하는 초석이 되었다.

개인적으로 그보다 더 기쁜 건 이준 열사의 유해가 고국으로 모셔져 많은 이가 그 뜻을 기릴 수 있게 되었다는 점이다. 일제강점기 동안 수많은 독립운동가가 타국에서 죽음을 맞이했고, 상당수의 유해가 아직도 고국으로 돌아오지 못하고 있는 게 오늘날의 현실이다. 안중근 의사의 유해조차도 찾아오지 못하는 현실을 고려했을 때, 이준 열사의 유해가 돌아온 건 매우 중요한 의미를 갖는다.

친일파를 밝히고 처단하는 것도 중요하지만 독립운동가와 그 후손들을 국가가 인정하고 보호하는 일도 중요하다. 지금 당장 시급히 해야 할 일은 나라를 위해 순국한 독립운동가의 유해를 모셔오는 일이다. 그리고 그분들을 기려야 한다. 역사를 바로잡는 첫 번째 단추가 될 것이다.

우리동네 인물 탐구

서울시 중구 동호로 257-10, 장충단공원
서울시 관악구 관악로 1, 서울대학교

· 이준 연보 ·

1859.12.18.	함경남도 북청군 출생
1894	함흥 순릉참봉 임명
1896	한성재판소 검사보 임명
1897	와세다대학 법과 입학
1898	독립협회 활동
1899	비밀결사 개혁당 조직
1904	대한보안회 조직, 일본 황무지개척권 저지 공진회 조직, 황해도 철도로 유배
1905	헌정연구회 조직 평리원 검사 거쳐 특별법원 검사 임명
1906	국민교육회 조직 보광학교 설립
1907.7.14.	국채보상연합회의소 설립 신민회 활동 네덜란드 헤이그특사 파견, 순국
1962	건국훈장 대한민국장 추서

을사늑약에 개란하며
죽음으로 사죄하다

을사늑약의 부당함을 죽음으로 알리다,
민영환(閔泳煥, 1861~1905)

민영환 동상

민영환은 명성황후의 조카이자 당대 권력을 장악하고 있던 민씨 척족으로 많은 권력과 부를 누릴 수 있는 위치에 있었다. 그러나 민씨 척족 중 상당수가 부당하게 얻은 권력으로 호화로운 생활을 하다가 나라를 팔아먹는 것과 달리 민영환은 쓰러져가는 나라의 국운을 걱정하며 자결했다.

그의 죽음에 많은 이가 슬퍼하고 안타까워하며 나라를 지켜야 한다는 의식을 갖고 독립운동에 참여했다. 비단 을사늑약에 반대하다가 목숨을 끊은 사람이 민영환만이 아닌데 유독 그의 죽음에 언론이 관심을 갖고 많은 국민이 슬퍼했던 건 무슨 이유였을까?

민영환은 서울 견지동에서 흥선대원군의 처남 민겸호의 아들로 태어났다. 흥선대원군의 아내 여흥부대부인이 친족 여자아이를 고종의 비로 추천했고 민영환의 숙부 민승호가 민비의 부친인 민치록의 양자로 들어갔던 만큼 민영환 집안은 고종 즉위 후 권력의 중심에 있었다. 흥선대원군과 민비의 조카 민영환은 마음만 먹으면 모든 권력과 부를 마음껏 누릴 수 있었다.

민치구
- 여흥부대부인(흥선대원군 부인)
- 민태호
- 민승호(민비 부친 민치록 양자)
- 민겸호(임오군란 때 피살) ─ 민영환(민승호 양자로 입양)
- 女

그러나 민영환은 권력과 부를 탐한 가족들하고 달랐다. 물론 개인의 역량과 집안 배경으로 남들보다 일찍 관직에 들어설 수 있었다.

열일곱 살의 나이로 정시문과에 병과로 급제한 민영환은 홍문관 정자, 수찬 등을 거쳐 20세에는 정3품에 해당하는 당상관으로 승진해 동부승지가 되었다. 이듬해인 1882년에는 최고의 교육기관인 성균관을 책임지는 성균관 대사성에 올랐다.

승승장구하던 그때, 민영환은 가족을 잃는 아픔을 겪었다. 물론 아버지를 비롯한 가족의 죽음은 탐관오리로서 잘못된 행동을 한 대가였지만, 그에게는 큰 슬픔이었다.

친부 민겸호는 선혜청 당상으로 있으면서 구식 군인들의 봉급을 횡령했다. 군인들의 계속되는 항의에 13개월 치의 밀린 봉급을 주는 과정에서 썩은 쌀에 겨와 모래를 섞었다. 화가 난 군인들이 창덕궁에서 민겸호를 죽였다. 임오군란이다.

황현의 『매천야록』에 의하면, 민겸호의 시신은 개천에 수일간 버려져 살이 물에 불어 하얗고 흐느적거렸는데 고기를 썰어놓은 것 같았다고 한다.

양부 민승호도 민씨 척족의 수장으로 온갖 뇌물을 받으며 권력을 횡행하다가, 1874년 뇌물로 받은 선물에 들어 있는 폭탄이 터지면서 죽었다.

친부와 양부의 죽음은 20대 초반의 민영환에게 큰 영향을 미쳤다. 가족의 죽음으로 모든 관직에서 물러나 3년간 복상하는 과정에서 올바른 삶이 무엇인지 고민하고 또 고민했다. 그렇게 얻은 결론은 부친들의 잘못을 되풀이하지 않고 백성과 나라를 위해 일해 부친들의 잘못을 갚는 것이었다.

우리나라 최초로 세계일주하다

1884년 고종의 부름에 다시 조정에 나간 민영환은 이조참의를 시작으로 친군 전영사, 전환국 총판, 기기국 총판 등 여러 기관에서 일했다.

능력을 인정받아 스물일곱 살 때 예조판서에 오른 이후 국방을 책임지는 병조판서, 올바른 법 집행이 이뤄질 수 있도록 관리 감독하는 형조판서를 두루 역임했다.

그러나 이 시기에 외세의 침략이 노골적으로 이뤄지고 있었다. 더욱이 중앙 및 지방 관료들의 탐욕과 무능력이 기울어가는 나라를 더욱 위태롭게 만들고 있었다. 민영환은 높은 관직에서 관리들의 기강을 바로잡으며 여러 개혁을 시도했지만 번번이 수구파들에 의해 좌절되고 말았다.

그런 가운데 1894년 청일전쟁이 벌어졌다. 전쟁에서 승리한 일본이 조선의 막대한 이권을 빼앗으려 하자, 민비를 중심으로 한 조정은 러시아를 끌어들여 일본을 견제하고자 했다. 이에 일본은 경복궁에서 민비를 시해하는 만행을 저질렀다. 두려움을 느낀 고종은 러시아 공사관으로 피신한 뒤, 러시아의 도움을 끌어내고자 주미 전권대사 민영환을 1896년 러시아 황제 니콜라이 2세 대관식에 보냈다.

민영환은 학부협판 윤치호와 참서관 김득련 등 여러 수행원과 함께 제물포항을 떠나 상하이로 건너갔다. 상하이에서 프랑스 선박을 타고 홍콩을 지나 러시아로 가려고 했으나, 배에 자리가 없는 바람에 동쪽 대신 서쪽으로 경로를 변경했다.

도쿄를 거쳐 캐나다 밴쿠버, 미국 몬트리올, 미국 뉴욕, 영국 리버풀, 네덜란드, 독일, 폴란드를 거쳐 모스크바에 도착하는 두 달 가까운 여정이었다. 민영환은 우리나라 최초로 세계 일주를 한 인물로 기록된다.

민영환은 여러 나라를 거치며 빠르게 변화하는 세상을 마주했지만, 수백 년간 지속되어온 조선의 풍습과 사고방식에 젖은 모습을 바꾸는 건 쉽지 않았다.

한 예로 대관식이 열리는 러시아 크렘린궁 예배당은 관모를 벗어야 입장이 가능했는데, 민영환 일행은 관모를 벗는 건 예법에 맞지 않다며 누각에서 먼발치로 대관식을 지켜만 봤다.

그 결과 민영환은 러시아로부터 차관 제공과 조·러 전신 가설,

궁궐 호위 병사 파견 등 계획했던 바를 이루지 못했다. 그러나 러시아에서 3개월 동안 머무르며 조선소와 영화관, 조폐 공장 등을 방문해 대한제국에 신문물 도입이 매우 필요하다는 사실을 절실하게 느꼈다.

이후 시베리아를 거쳐 조선에 도착하기까지 6개월 21일 동안 11개국을 방문한 일정을 『해천추범』으로 정리해 말로만 전해 듣던 세상 밖 소식을 사람들에게 전했다.

이듬해에도 민영환은 영국 빅토리아 여왕 즉위 60년 축하식에 참석하고자 다시 한번 유럽으로 향했다. 싱가포르, 인도, 지중해를 거쳐 러시아 황제에게 고종의 친서를 전달한 민영환은 영국에 도착해 빅토리아 여왕 즉위 60주년 기념식에 참석했다.

민영환이 고종의 친서를 가지고 주요 국가를 방문한 건 조선에 주요 관직을 두루 거치며 행정실무 능력을 갖춘 사람이 그밖에 없었기 때문이다.

민영환은 2년 동안 제국과 식민지로 전락한 여러 나라를 방문하며 조선의 현실을 냉철한 눈으로 바라봤다. 도저히 희망이 보이지 않았다. 인도나 이집트처럼 열강의 식민지로 전락할 수도 있다는 위기감이 몰려왔다.

그런 시점에 미국에서 돌아온 서재필이 독립협회를 설립해 자주독립과 내정개혁을 부르짖었다. 서재필의 뜻에 동감한 민영환은 군부대신 겸 내무대신으로서 독립협회에 참가해 활동을 지지했다.

독립협회의 자주국권·자유민권·자강개혁의 필요성을 누구보다 절감한 민영환의 전폭적인 지지에 독립협회는 중추원 설치와 헌의 6조를 통해 국가 운영 방안을 제시할 수 있었다. 그러나 기득권을 빼앗길까 봐 두려웠던 수구파와 고종의 변심으로 독립협회는 강제 해산당하고 말았다.

민영환도 반대 세력에 의해 관직에서 쫓겨났으나, 정부에 믿을 만한 사람이 없는 고종은 그를 다시 조정으로 불렀다. 고종에게 서운함이 있었지만 나라와 국민이 우선인 민영환은 재무행정을 관장하던 탁지부 대신과 헌병 사령관 등 재정과 국방을 담당하는 주요 요직에서 활동했다.

당시 민영환의 가장 큰 업적은 원수부 설치였다. 강한 군대 없이는 자주적인 나라를 운영할 수 없다고 판단한 민영환은 강병을 육성하고자 고종으로 하여금 원수부를 통해 군권을 일원화하도록 만들었다. 열악한 국가 재정과 방만해진 관직 체계에서 최대의 성과를 끌어내기 위한 고육지책이었지만 효과는 대단히 컸다.

훗날 일제에 의해 원수부가 폐지되었을 때 해산된 군인들이 의병이 되어 일본군에 맞서 싸웠다. 나라를 빼앗긴 이후에는 원수부에서 배운 전략 전술로 독립군을 양성하는 간부가 되었다.

죽음으로 국민에게 사죄하다

민영환의 노력에도 불구하고 대한제국은 크게 변화되지 못했다. 대내적으로는 고종의 무능력과 친일파 득세가 있었고, 대외적으로는 미국과 영국이 일본의 조선 지배를 지지했다. 결국 러일전쟁 이후 대한제국은 일본에 의해 강제적으로 을사늑약을 체결했다.

을사늑약에 따라 통감부가 설치되고 외교권이 박탈된다는 건 대한제국의 멸망을 의미했다. 민영환이 을사늑약을 무효화하고자 동분서주할수록 그의 입지는 더욱 좁아져 갔다. 결국 민영환은 일본과 친일파 관료들에 의해 관직에서 쫓겨나고 말았다.

민영환이 할 수 있는 일이라곤 고종에게 무슨 일이 있더라도 을사늑약을 파기해야 한다고 주청 드리는 것밖에 없었다. 당시 79세의 고령이던 조병세가 서울로 상경해 을사오적을 내쫓고 늑약을 폐지하자는 상소문을 올렸다. 이에 일본 헌병은 조병세를 체포하고 그를 따르는 이들을 강제 해산시켰다.

민영환은 일본 헌병이 조병세를 체포할 권한이 없다고 주장하며 본인이 소두(상소문에서 가장 먼저 이름을 적은 사람)가 되어 상소문을 재차 올렸다. 그러자 일본 헌병이 이번에는 민영환을 평리원에 구속했다.

정상적인 방법으로는 상소문의 참뜻이 전달되지 않을 거라고 생각한 민영환은 목숨으로 뜻을 전달하기로 마음먹었다. 을사늑약이 체결된 지 12일이 되던 날인 1905년 11월 30일 민영환은 2천만 동포와 각국 공사에게 보내는 유서를 남기고 칼로 자신의 몸을 찔러 순국했다. 민영환의 나이 45세였다.

민영환의 죽음으로 사회에 큰 파장이 일었다. 공개된 그의 유서가 많은 이의 마음을 흔들었다.

"오호! 나라의 치욕과 백성의 욕됨이 이에 이르렀으니 우리 인민은 장차 생존 경쟁 가운데서 모두 사라지게 되었다. 대개 살기를 바라는 사람은 반드시 죽고, 죽기를 기약하는 사람은 도리어 삶을 얻는 걸 어찌 알지 못하는가. 단지 민영환은 한번 죽음으로 황은에 보답하고 우리 2천만 동포 형제에게 사죄하려 하노라. 그러나 영환은 죽어도 죽지 않고 저승에서라도 제공을 기어이 도우리니 다행히 동포 형제들은 천만 배 더욱 분려해 지기를 굳게 하고 학문에 힘쓰며 한마음으로 힘을 다해 우리의 자유 독립을 회복하면 죽어서라도 마땅히 저세상에서 기뻐 웃으리라."

– 민영환 유서

나라를 운영한 관료로서 국운이 이 지경에 이를 때까지 막아내지 못한 자신의 죄를 성토하면서, 이 나라를 포기하지 말고 독립을 이룰 수 있도록 노력해달라는 당부에 많은 이가 눈물을 흘렸다.

왕과 관료들 그 누구도 자신의 잘못이라며 국민에게 사죄하지 않았다. 다수의 관료가 핑계와 변명으로 일관하거나 을사늑약이 좋은 일이라고 거짓말하는 상황에서 많은 이가 민영환의 유서에 진정성을 느끼고 공감했다.

조병세, 송병선, 홍만식 등 전·현직 관료들이 민영환을 뒤따라 나라를 지키지 못한 책임을 통감하며 자결했다.

순국의 장소에서 혈죽이 자라다

민영환이 자결한 후 8개월이 지난 1906년 7월 〈대한매일신보〉와 〈황성신문〉에서 민영환의 죽음에 관한 기사를 보도했다. 〈대한자 강회월보〉〈대한학회월보〉에도 민영환과 혈죽(血竹)에 관련된 기 사들이 등장했다. 민영환이 자결하며 흘린 피에 젖은 옷과 칼을 봉 안한 뒷방에서 대나무가 자라났다는 소식과 함께 민영환을 추도 하는 시와 글이 실렸다.

1906년 7월 5일 〈대한매일신보〉는 "어제 민영환 집안사람이 본사에 와서 그 집에서 녹죽(푸른 대나무)이 절로 자라난 사실을 알 리니 대체로 충정공 생시에 항상 의궤를 두던 방돌 아래에 녹죽이 문득 자라나서 빼어나 곧장 올라온 것이었다. 예전에 정포은이 목 숨을 잃은 곳에 선죽(善竹)이 절로 자라났기에 그 다리를 이름하여 선죽교라 하더니 지금 민충정공 집 안에서 녹죽이 또 자라니 대체 로 이는 두 공의 정충대절이 오랜 세대에 한 가지 이치이기 때문 이다."라는 기사를 실었다.

박은식은 「혈죽기」에서 민영환 집에 자란 대나무를 두고 "이 대나무는 민충정공의 피다. 대체로 민영환의 피 묻은 옷과 검이 침 실 뒤의 협실에 간직되어 그 문이 닫힌 것이 250일이 지났다. 하 루는 가인(家人)이 열고서 그곳을 보니 대 네 줄기가 마루의 틈서 리로 자라나 있었다. 첫 번째 대는 길이가 3척이었고, 두 번째 대 는 길이가 2척, 세 번째 대는 길이가 1척, 네 번째 대는 길이가 반 척이었다. 모두 네 줄기 아홉 가지에 잎은 마흔하나였다."라고 표현했다.

이후 사람들은 민영환의 집에서 발견된 대나무를 혈죽이라고 불렀다. 고려 말 정몽주의 죽음과 관련된 선죽과 민영환의 혈죽을 연관시킴으로써, 일본 침략에 맞서 모두 하나 되어 싸우자는 의미가 담겨 있었다.

혈죽 이야기가 전국에 널리 회자하자, 많은 이가 민영환의 집을 찾아와 혈죽을 칭송하는 시를 남겼다. 또한 민영환의 죽음을 애도하며 쓴 글들이 연이어 신문에 기고되었다.

그중 하나인 최병헌의 「민공혈죽가(閔公血竹歌)」를 보면 민영환의 순국이 얼마나 많은 이에게 긍정적인 영향을 미쳤는지 알 수 있다.

公死死於義	공의 죽음 의에서 죽었으되
竹生生不宜	대나무의 생장 마땅치 않은 곳에서 자랐도다
山河獨立節	산하(산과 강)가 독립할 마디이고
宇宙長生枝	우주가 장생(오래 살)할 가지이다
萬年帝國無疆兆	만년 제국이 끝없을 조짐이니
竹色四時也不移 竹色	사시사철 변하지 않으리
長令志十 士 歌公竹	길이 지사로 하여금 공의 혈죽을 노래하게 하니
烈血千秋有所思	매서운 피 천추토록 생각할 바 있으리

혈죽으로 민심이 들썩이자, 일제는 헛소문이라고 일축하면서 민영환의 집을 무단 침입해 혈죽을 뽑아버렸다. 그러나 다행히 민영환의 부인 박수영 여사가 뽑힌 혈죽을 잘 보관하고 있다가 광복 이후 고려대학교 박물관에 기증했다. 일제에 의해 허무맹랑한 거짓말로 치부될 뻔한 역사를 바로잡을 수 있었다.

그러나 민영환 동상이 있는 장소를 가보면 아쉬움을 넘어 안타까움을 준다. 현재 민영환 동상은 우정총국 건물 뒤쪽에 딸린 작은 공원 옆에 세워져 있다. 일부러 찾아가지 않는 이상 보기가 어렵다. 민영환 동상이 원래부터 그곳에 있었던 건 아니다. 누구나 잘 볼 수 있는 종로구 안국동 사거리 로터리 한복판에 있었으나, 1970년 도로를 확충하면서 창덕궁 돈화문으로 옮겨졌고 2003년 다시 옮겨졌다.

현재 동상이 있는 자리가 민영환 생가터라는 명분은 있지만, 외딴곳에 버려졌다는 인상을 지울 수 없다. 다행히 서울시 서대문구에서 민영환 동상을 충정로 사거리 교통섬(충정로 3가 414)으로 옮긴다고 발표했다. 충정로 사거리에서 서대문역 교차로에 이르는 800m 도로가 민영환의 시호에서 따온 만큼 많은 이에게 민영환의 우국충정이 전달되길 희망해본다.

· 동상 위치 ·

서울시 종로구 우정국로 59, 우정총국

· 민영환 연보 ·

1861.7.2.	서울 종로구 견지동 출생
1878	대과에서 장원 급제
1882	성균관 대사성
1896	러시아 황제 대관식 참석 한국인 최초 세계일주 독립협회 활동
1897	영국 여왕 즉위 60주년 축하식 참석 독립협회 후원
1904	내부·학부대신에서 시종무관으로 좌천
1905.11.30.	을사늑약 반대하는 자결로 순국
1962	건국훈장 대한민국장 추서

독립운동의 모든 곳에서
발휘된 통합 리더십

독립운동의 큰 어른,
양기탁(梁起鐸, 1871~1938)

양기탁 동상

40대 이상 되는 성인들이 학창 시절 영어를 공부하기 위해 없어선 안 될 존재가 영어사전이었다. 당시 학생 대부분은 책상 한편에 놓인 영어사전을 수없이 넘기며 부지런히 공부했다.

하지만 영어사전을 누가 만들었는지 궁금해하지 않았다. 영어사전을 만든 사람이 얼마나 뛰어난 능력을 갖추고 있었고 그 노고가 얼마나 컸는지를 말이다. 그리고 영어사전 제작이 우리나라 역사에서 얼마나 큰 역할을 했는지 말이다.

우리나라 최초의 영어사전인 『한영자전』(1897)을 만든 사람은 캐나다 선교사 제임스 S. 게일(James S. Gale)이다. 물론 게일 혼자서 『한영자전』을 만든 건 아니다. 완전히 다른 문화권에서 넘어온 게일이 한국어와 한자를 제대로 알고 구사하는 게 어려운 만큼 국문과 한문 그리고 영문에 능통한 이가 도와줘야 제작이 가능했다. 이때 뛰어난 재주와 능력으로 게일을 도와 『한영자전』을 만든 이가 바로 양기탁이다.

양기탁은 베델과 함께 영자신문 〈코리아타임즈〉와 〈대한매일신보)를 발간해 한국인 모두가 나라의 위급함을 깨닫고 스스로 역량을 키워 애국 활동을 할 수 있도록 독려했다. 경술국치 이후에는 중국으로 망명해 수많은 독립운동단체가 하나의 힘으로 일제에 맞서 독립을 이룰 수 있도록 통합에 노력을 기울였다. 또한 정당이라는 정치기구 아래 행정기관과 군대를 둬 국가 조직의 형태로 효과적인 독립운동을 꾀했다. 1934년에는 이봉창·윤봉길의 의거로 일제의 거센 압박을 받아 어려움에 빠진 대한민국 임시정부의 주석을 맡아 어려움을 헤쳐나갈 수 있도록 지도했다.

양기탁은 1871년 평양에서 태어났다. 1866년 미국 상선 제너럴셔먼호가 평양에서 교역을 강요하며 행패를 부리면서 평양 사람들이 고초를 겪기는 했어도 다른 지역보다 개화사상이 빠르게 널리 퍼질 수 있었다.

그런 평양에서 성장했기에 양기탁은 새로운 학문을 배우는 데 걸림돌이 적었다. 뛰어난 한학자 나현태로부터 유학과 충효를 배웠고, 외국어 학원에서 영어를 공부하며 다방면으로 뛰어난 능력을 갖출 수 있었다. 물론 양기탁이 다양한 학문과 사상을 접할 수 있었던 데는 선각자였던 부친의 전폭적인 지원도 한몫했다.

독립운동의 모든 곳에 양기탁이 있다

양기탁이 세상에 널리 알려진 건 독립협회 일원으로 활동하면서부터다. 양기탁은 독립협회가 추구하는 자주국권·자유민권·자강 개혁 사상의 필요성을 누구보다 먼저 이해하고 절감했기에 앞장서서 큰소리로 외쳤다. 노력을 인정받아 만민공동회 간부가 된 양기탁은 독립협회가 추구한 열강의 이권 침탈 저지와 함께 서구의 문물과 민주주의가 정책에 시급히 반영될 수 있는 토대를 마련하는 데 크게 일조했다.

그러나 고종과 수구파들은 의회가 설립되면 기득권이 뺏길지도 모른다는 불안감에 독립협회를 강제로 해산시켜버렸다. 조선의 밝은 미래를 기대하며 독립협회 일원으로 활동하던 양기탁의 실망감은 어떤 말로도 표현할 수 없었다.

양기탁은 순간 좌절했지만 멈추지 않았다. 더 큰 세상을 돌아다니며 역량을 키우기로 한 양기탁은 게일의 도움으로 일본과 미국에 3년 동안 머물렀다. 그때 대한제국이 바람 앞의 등불처럼 매우 위태로운 상황임을 확인했다. 그리고 앞으로 해야 할 일이 무엇인지 더 명확하게 알게 되었다.

양기탁은 귀국하자마자 이상재·이준·이상설 등과 함께 비밀결사단체인 개혁당을 결성했다. 하지만 일제의 거센 압력과 탄압으로 큰 성과를 거두지 못하고 해체되고 말았다. 그런 가운데 1904년 러시아와 일본은 대한제국을 식민지로 만들기 위한 전쟁을 일으켰다. 일본은 러시아와의 전쟁 중에도 황무지개간권을 시작으로 조선 약탈을 본격화했다.

양기탁은 나라의 이권을 빼앗기는 게 곧 나라를 잃어버리는 일이라고 생각했기에 이 사태를 그냥 지켜볼 수만은 없었다. 즉시 보안회에 가입해 일제의 만행과 의도를 널리 알리며 이권 침탈을 저지시키는 데 온 힘을 기울였다. 양기탁의 노력이 민중의 반일 감정을 자극해 일본의 황무지개간권을 저지시킬 수 있었다. 양기탁은 자신감을 얻었다.

영국 출신으로 한국에 온 기자 베델(1872~1909)과의 만남이 무엇보다 큰 소득이었다. 언론이 가진 힘을 인식한 양기탁은 베델과 뜻을 같이하기로 약속하고 〈대한매일신보〉를 창간했다. 영국인 베델을 사장에 앉혀 〈대한매일신보〉는 일본의 통제와 압력에서 벗어나 언론의 자유를 누릴 수 있었다. 양기탁은 〈대한매일신보〉의 총무이자 주필로서 우리에게 꼭 필요한 이야기를 신문에 마음껏 실었다.

이듬해에는 열강들에게 우리의 의견을 전달할 수 있는 영문판 〈코리아 데일리 뉴스(Korea Daily News)〉를 발행했다. 국내외로 우리의 소식을 알릴 수 있는 기반이 마련되자, 양기탁은 을사늑약으로 나라의 외교권을 빼앗긴 현실을 규탄했던 장지연의 「시일야방성대곡」을 영문으로 옮겨 〈대한매일신보〉에 실었다. 우리에게 필요하고 옳은 글이라면 주저하지 않고 신문에 기재해 세상에 알린 것이다.

양기탁은 여기에서 그치지 않고, 민중을 깨우치고 나라의 위급함을 알리고자 국한문으로만 발행되던 〈대한매일신보〉를 한글판으로 발행했다. 신문사를 신민회(1907~1911) 본부로 활용할 수 있도록 내준 뒤 자신도 신민회 일원으로 활동했다.

양기탁은 국채보상운동에도 깊이 관여했다. 일제는 을사늑약

이후 대한제국을 경제적으로 예속시키고 대한제국의 돈으로 식민 통치에 필요한 기간산업을 만들고자 차관을 강제로 제공했다. 그렇게 빌려준 금액이 대한제국 1년 예산에 해당하는 1,300만 원이었다. 이 소식을 들은 많은 한국인은 나라에 대한 근심과 걱정으로 잠을 이루지 못했다.

그런 가운데 1907년 대구에서 서상돈을 중심으로 국채보상운동이 일어났다. 대구라는 한정된 지역에서 그칠 수도 있었던 국채보상운동이 전국적으로 확산될 수 있었던 건 양기탁의 〈대한매일신보〉가 중추적 역할을 했기 때문이다.

양기탁은 국채보상기성회 총무로서 국채보상운동의 취지와 활동을 〈대한매일신보〉에 연신 기사로 내보내며 많은 이의 관심과 호응을 이끌어냈다. 더불어 신문사에 국채보상지원금총합소를 만들어 국채보상운동의 중심 역할을 수행했다.

전국에서 순식간에 230여만 원이 모금되자 일제는 당혹감을 감추지 못했다. 차관 1,300만 원을 다 갚을지도 모른다는 생각에 급박해진 일제는 국채보상운동으로 모인 돈을 횡령했다는 죄목으로 양기탁을 구속해버렸다. 다행히 베델이 양기탁의 횡령죄가 일제의 허위 조작이었음을 밝히는 증거를 제시하면서 2개월 만에 석방되었지만, 국채보상운동은 양기탁이 없는 동안 추진력을 잃어버리고 무산되었다.

만주 독립운동단체의 통합을 꿈꾸다

일제의 방해로 국채보상운동은 실패로 끝나버렸지만, 양기탁은 자주적인 나라를 만들기 위한 노력을 멈추지 않았다. 오히려 1910년 일제에 의해 나라가 망하자 나라를 되찾기 위해 더욱 분진했다.

양기탁은 자신의 집에서 열린 신민회 간부회의에서 이동녕·김구 등과 함께 서간도에 독립운동기지를 건설하기로 결정했다. 서간도가 일제와 중국의 통치력이 미약한 데다 국내와 가까워 독립운동을 펼치기에 가장 적합하다고 판단했기 때문이다.

양기탁은 전국 각지로 신민회 회원을 보내 자금과 이주자 모집을 추진했고, 이회영 형제를 비롯한 많은 이가 동참의 뜻을 알렸다. 그 결과 서간도에 토지를 매입해 경학사와 신흥무관학교를 세울 수 있었다.

하지만 양기탁은 일제의 주요 감시대상이 되었고, 결국 안명근의 군자금 모금사건과 안악사건 그리고 보안법 위반 등의 죄명으로 구속되어 4년 동안 옥살이를 해야 했다.

감옥에 있는 동안 양기탁은 서간도에 마련된 독립운동기지가 제대로 운영될지 걱정 또 걱정으로 하루하루를 보냈다. 다행히 많은 민족지도자의 헌신으로 서간도에 세워진 독립운동기지가 잘 운영된 덕분에 양기탁은 1915년 석방되자마자 바로 서간도로 망명할 수 있었다.

일제보다 경제력과 군사력에서 너무도 열세인 여러 독립운동단체가 독자적으로 운용되는 게 바람직하지 않다고 생각한 양기탁은 서간도에 도착하자마자 난립해 있는 독립운동단체들을 통합하려는 계획을 세웠다. 특히 연해주 지역은 1917년 일어난 러시아혁명으로 매우 불안한 상황에 사회주의까지 유입되면서 독립운동단체들이 여러 개로 분열되어 있었다.

양기탁은 연해주의 독립운동단체 통합을 위해 연해주로 거처를 옮겨 무장독립단체를 양성하고자 김자두와 의병 모집에 나서는 한편, 〈한인신보〉를 발간해 자치권을 확보하는 데 주력했다. 또한 서간도의 청년 쉰다섯 명을 하바롭스크 사관학교에 편입시키는 등 독립군 양성 확보에도 힘을 기울였다.

그러나 러시아 내전에 간섭하려는 일제가 블라디보스토크에 대규모 병력을 파병하는 바람에 양기탁의 노력은 소기의 성과를 거두지 못했다.

다시 서간도로 돌아온 양기탁은 중국 혁명당 소속 주사형으로부터 만주 군벌 장쭤린을 몰아내는 데 힘을 보태달라는 제의를 받았다. 양기탁은 동지들과 이 문제를 논의하고자 상하이로 향하던 중 1918년 천진에서 체포되고 말았다. 일제는 양기탁이 한국독립운동의 중심임을 잘 알고 있었기에 곧바로 국내로 송환해 전라남도 고금도에 1년간 가둬버렸다.

이 시기 3·1운동이 거족적으로 펼쳐졌고 만주에서는 봉오동·청산리전투에서 일본군을 상대로 큰 승리를 거뒀다. 하지만 승리의 기쁨을 누릴 새도 없이 '간도참변'으로 서간도가 초토화되고 말았다. 이 소식을 들은 양기탁은 한시라도 빨리 서간도로 달려가서 힘들어하는 동포들을 위로하고 독립운동기지를 재건하고 싶었다. 서간도의 독립운동단체들도 그 막중한 일을 맡아줄 사람이 양기탁밖에 없다는 사실을 잘 알고 있었다.

서간도로 다시 망명한 양기탁은 독립운동단체를 통합하고자 통의부를 결성하는 등 동분서주했다. 하지만 대한제국을 다시 건설해야 한다는 복벽을 외치던 세력에 의해 양기탁이 습격을 받은 '서간도사변'으로 통의부는 와해하고 말았다.

그럼에도 양기탁은 포기하지 않았다. 중국 지린에 근거를 둔 독립운동단체인 의성단의 총재 고문과 군무참모총장직을 맡아 지지 기반을 넓히는 노력 끝에 1924년 독립운동연합체인 '정의부'를 결성했다.

여기서 끝이 아니었다. 독립운동을 효과적으로 운영하기 위해서는 주먹구구식으로 각자의 방식대로 활동해서는 안 된다고 생각했다. 그래서 모든 독립운동단체를 통합한 뒤 전문성을 고려한 역할 분담이 필요하다는 판단하에 '고려혁명당'이라는 정당을 결성했다. 그 결과 고려혁명당 아래 정의부는 정치이념을 실현하는 행정기관으로, 정의부 소속의 독립군은 당군으로 활동하게 되었다. 어느 이념에도 치우치지 않고 중도를 지키던 양기탁이었기에 가능한 일이었다.

하지만 타국에서의 독립운동은 많은 제약과 어려움이 따랐다. 고려혁명당의 강령과 당략 등 주요 문서가 외부에 노출되면서 창당 8개월 만에 해체되고 말았다. 일제의 감시와 탄압이 해체의 가장 큰 이유였겠지만, 내부적으로 이념과 지역 그리고 독립운동 방향 등이 일원화되지 않았던 것도 큰 이유로 작용했다. 양기탁은 죽는 순간까지 독립운동단체를 하나로 통합해 일제로부터 나라를 되찾는 일에 일조하는 데 모든 걸 바치기로 결심했다.

임시정부를 중심으로 통합에 나서다

시대적 상황은 더욱 나빠져만 갔다. 1930년대 일제가 만주를 점령하면서 독립운동 기반이 사라지자, 양기탁은 어쩔 수 없이 중국 관내로 이동했다. 마침 한인애국단의 이봉창·윤봉길 의거로 대한민국 임시정부의 위상이 높아졌지만, 독이 오를 만큼 오른 일제에 의해 매우 위태로운 상황이었다.

양기탁은 위태로워진 임시정부를 외면할 수 없었다. 그가 대한민국 임시정부 국무령에 취임하는 순간 많은 요인이 두 손 들고 환영의 인사를 보냈다. 양기탁은 1934년부터 1년여간 국무령으로 활약하며 가장 어려운 시기에 대한민국 임시정부를 이끌었다.

양기탁은 독립을 위한 대통합을 강조하고 또 강조했다. 그런 노력에 힘입어 1935년 한국독립당, 대한독립당, 의열단, 조선혁명당, 신한독립당이 하나로 통합한 '민족혁명당'이 결성되었다. 하지만 모든 게 열악한 상황에서 눈에 보일 만한 성과가 나오지 않자 다시 삐거덕대기 시작했다.

민족성의 문제가 아니었다. 가진 게 없어 힘들어하는 우리와 달리 일제는 날로 강해져 갔다. 상황을 반전시킬 수 있는 성과를 내야 한다는 중압감이 민족혁명당을 분열시킨 것이었다.

이 모든 걸 아는 양기탁이었기에 누구를 탓하기보다 다시 통합을 위해 발 벗고 나섰다. 그에게 포기란 없었다.

1937년 중일전쟁이 발발한 이후에는 조선혁명당, 한국독립당, 한국국민당과 함께 미국에서 활동 중이던 대한인독립당, 애국부인회 등 여섯 개 단체를 연합한 '한국광복진선'을 결성해 일제에 맞서고자 했다.

하지만 1938년 68세의 고령으로 객지에서 몸을 너무 혹사한 탓에 중국 강소성 율양에서 죽고 말았다. 양기탁의 일생을 살펴보면 삶 자체가 우리나라 독립운동사다.

독립협회, 보안회, 〈대한매일신문〉, 국채보상운동, 신민회, 105인 사건, 〈동아일보〉, 정의부, 3부 통합, 대한민국 임시정부 주석, 민족혁명당 등 독립운동사의 거의 모든 곳에 양기탁은 빠지지 않고 등장한다. 또한 그는 자리에 연연해하지 않고 수많은 독립운동단체를 하나로 통합시켜 일제로부터 독립을 이뤄내는 데 평생을 바쳤다.

대한민국 정부는 양기탁의 공로를 인정해 1962년 건국훈장 대통령장을 추서했다. 그리고 2008년 중국 국적으로 살아오던 양기탁의 외손녀 황대순 씨에게 특별귀화증서를 수여함으로써 양기탁이 우리에게 준 은혜에 조금이나마 보답했다.

"무릇 어느 사회를 개조코저 하는 자는 반드시 그 사회의 사정을 잘 알아야 할지니 조선의 사업을 경영하는 자 조선의 사정을 모르고서 어찌 가하리오"

"무릇 천하의 사(事)는 다 사상에 있나니, 아무쪼록 조선의 사정을 잘 아는 청년들이 많이 생겨 먼저 조선이라는 사상으로 기초를 축(築) 하고 그 위에 여러 외국 문물의 식(飾)할지어다"

양기탁은 우리가 우리 스스로를 잘 알고 있어야 한다고 강조했다. 그리고 청년들에게 희망을 잃지 말라고 가르쳤다. 그렇기에 양기탁의 말은 오늘날 우리에게도 많은 울림을 준다.

· 동상 위치 ·

서울시 중구 세종대로 124, 한국프레스센터
충청북도 청주시 상당구 문의면 청남대길 646, 청남대

· 양기탁 연보 ·

1871.4.2.	평안남도 평양 출생
1895~97	『한영자전』 편찬 사업 참여
1902	개혁당 조직
1904	궁내부 예식원 영어통역관 <대한매일신보> 창간
1907	국채보상지원금총합소 개설 신민회 창립
1910	신흥학교 설립
1911	안명근 군자금모금사건으로 체포 105인 사건으로 투옥
1916	신흥무관학교, 광복회에서 활동
1920	<동아일보> 고문 추대 통천교 창시
1922	대한통의부 최고 고문
1923	무장단체 의성단 조직

1924	동우회 조직 정의부 최고 고문 의용군 국내 파견
1926	고려혁명당 위원장 조선혁명자후원회 결성
1928	3부 통합으로 국민부 결성
1932	한국대일전선통일연맹 결성
1934	대한민국 임시정부 국무회의 주석
1935	한국독립당 이사장 민족혁명당 감찰위원
1937	조선혁명당 중앙위원 한국광복진선 결성
1938.4.19.	서거
1962	건국훈장 대통령장 추서

자주독립을 위해
민족의 실력을 키워라

'조선의 간디'라고 불린 사나이,
조만식(曺晩植, 1883~1950)

조만식 동상

우리가 기억하는 독립운동가의 대부분은 독립하기 전에 돌아가셨거나 광복 이후 북한이 아닌 남한에서 활동했다. 북한에 머물며 활동했거나 공산주의자였다면 아쉽게도 독립운동의 가치가 축소되거나 제대로 알려지지 않았다.

그러나 1990년대 냉전체제가 무너지자 그동안 감춰졌던 독립운동가들이 재조명되고 사람들에게 알려졌다. 대표적인 인물로 김원봉이 있다. 반면 북한에서 죽어 잘 알려지지 않은 독립운동가도 있다. 바로 북한 공산당에 의해 삶을 마감해야 했던 조선의 간디, 조만식이다.

조만식은 1883년 평양에서 태어났다. 그의 집안은 양반이었지만 관서 지역이 조선 시대 차별받던 지역이었던 만큼 그의 아버지는 과거시험을 준비하지 않고 농사와 객주를 운영하며 가족의 생계를 꾸려나갔다.

자연스럽게 조만식은 공부보다 장사에 일찍 눈을 떴고 장사 수완도 좋아 큰돈을 벌었다. 하지만 그의 키는 5척(150cm)에 불과할 정도로 작아서, 어려서는 주변 사람들로부터 무시를 당하는 일도 종종 있었다.

하지만 그에겐 거대하고 위대한 사상과 의지 그리고 반드시 실천으로 옮기는 결단력이 내재되어 있었다. 그래서 성인이 된 이후로는 누구도 조만식을 깔보거나 업신여기지 못했다.

조만식이 본래부터 조선의 간디라고 불릴 정도로 자신에게는 엄격하면서 타인에게 호의를 베푸는 성인처럼 살았던 건 아니다. 열다섯 살부터 지물상과 포목상을 운영하면서 많은 돈을 만진 조만식은 술과 담배를 늘 달고 살았으며 밤만 되면 기생집에 출입하는 등 방탕한 생활을 이어갔다.

하지만 세상에 일찍 나와 성공을 맛보고 하고 싶은 대로 마음껏 살아가던 조만식의 달콤한 시간은 그리 오래가지 못했다. 흥청망청 돈을 쓰며 폭음한 결과 그의 건강은 급속도로 나빠졌고 사업도 점차 기울어갔다. 조만식은 큰 충격을 받았지만 고통을 느낄 새도 없었다. 러일전쟁으로 평양을 떠나 피난길에 올라야 했다.

삶의 터전을 떠나는 피난 과정이 한없이 고통스러웠지만 조만식에겐 삶의 방향이 180도 바뀌는 전환점이 되었다. 오랜 시간에 걸친 피난길에서 지난날을 후회하고 어떻게 살아가야 할지 고민하는 시간을 갖은 것이다. 그리고 친구 한정교의 전도로 기독교를 접하면서 예전 삶을 모두 버리고 완전히 다른 삶을 살게 되었다.

만학도에서 독립운동가로

피난 이듬해 사업을 정리한 조만식은 1905년 스물세 살 늦은 나이에 숭실중학교에 입학해 배움의 길로 나아갔다. 그가 학교에 입학한 가장 큰 목적은 하나님의 일을 하기 위함이었다. 수입도 없고 늦은 공부로 배움의 진척이 느려도 조만식은 행복했다. 술과 담배 그리고 사치스러운 생활을 하며 느꼈던 즐거움과는 비교도 할 수 없을 만큼 행복했다.

당시를 두고 조만식은 "그 당시 나는 너무 방탕했던 관계상 처음으로 학생도 되고 신앙생활도 하게 되매 즉 방향을 아주 전환하매 참말 새 생활 새 분위기에서 호흡하게 되어 그 재미와 그 맛을 무엇이라고 다 말할 수가 없었다."라고 회고했다. 그토록 즐겁게 학교를 다녀서일까? 조만식은 늦은 나이에 입학했음에도 5년 교육과정을 3년 만에 마치고 졸업할 수 있었다.

숭실중학교는 졸업을 앞둔 조만식에게 교원직을 권유했다. 하지만 공부가 부족하다고 생각한 조만식은 교원 제의를 뿌리치고 일본으로 유학을 떠나 메이지대학 법학과에 입학했다. 이 과정에서 조만식은 다른 유학생들과의 교류를 통해 하나님의 길이 독립의 길과 다르지 않다는 걸 깨달았다.

특히 간디의 무저항주의에 큰 감명을 받은 조만식은 우리가 독립을 이루기 위해 하나로 단결해 힘을 기르는 게 중요하다고 생각했다. 우선 일본 한인 장로교회와 감리교회를 연합해 재일본도쿄조선예수교 연합교회로 통합했다. 또한 지방별로 독자적으로 운영해오던 유학생회도 조선유학생친목회로 통합했다.

1913년 서른한 살에 메이지대학 법학과를 졸업한 조만식은 미국 유학을 계획했지만 상황이 여의치 않아 고국으로 돌아왔다. 조만식에게는 아쉬운 순간이었지만, 이승훈에게는 조만식을 오산학교 교사로 초빙할 수 있어 기쁜 순간이었다.

교사로서 새출발하게 된 조만식은 학생들과 매 순간을 같이했다. 학생들과 같은 시간에 일어나고 땔감을 직접 구하러 다녔다. 우리가 한국인이라는 사실을 잊지 않고 독립할 힘을 기르고자 노력해야 한다는 사실을 학생들에게 몸소 보여줬다. 강의 시간에 중절모가 외국산이라는 이유로 찢어버린 조만식은 말총모자를 쓰고 다녔고, 소금으로 이를 닦고 팥비누로 세수를 하는 등 검소한 생활을 이어나갔다. 그가 평소 강조하던 실천궁행(實踐躬行: 계획만 세우는 데 그치지 않고 모든 일에 앞장서서 실제로 행동함)의 모습이었다.

조만식의 모범적인 생활은 많은 학생을 감동시켰고 시나브로 그들을 변화시켰다. 노력을 인정받은 조만식은 2년 뒤인 1915년 오산학교 교장으로 취임했다. 타인을 위해 재능을 쓰겠다고 한 맹세를 지키고자 3·1운동으로 교장직에서 물러나기 전까지 무보수로 일했다.

조만식이 무보수로 나라를 위한 인재 양성에 힘을 기울일수록 일제의 감시와 압력은 더욱 심해졌다. 그러나 조만식은 일제의 탄압에 굴하지 않았다. 압력이 들어올수록 제자들에게 민족정신과 지식을 하나라도 더 알려주고자 노력했다.

그러던 중 3·1운동이 일어나자 오산학교에 피해를 주지 않고자 교장을 그만두고 만세 시위를 주도했다. 조만식은 평안남도 강서군 사천장에서 목청이 떨어질 정도로 크게 만세를 부르고, 이승훈과의 약속을 지키기 위해 중국 상하이로 망명을 시도했다. 하지만 강동에서 일본 헌병대에 보안유지법 위반 혐의로 체포되면서 1년간의 옥고를 치렀다.

출소한 조만식은 오산학교 교장으로 복직하고자 했으나 일제가 교장 승인을 내주지 않았다. 결국 교단으로 돌아가지 못한 조만식은 평양 YMCA 총무를 맡아 젊은이들에게 민족정신을 심어주는 일을 이어나갔다. 특히 일제의 신사참배와 궁성요배를 반대하며 민족정신을 지키는 데 애썼다.

조만식이 평양 YMCA 총무를 맡았던 1920년대 초는 민족의 힘을 기르자는 실력양성운동이 활발하던 시기였다. 실력양성운동이 활발하게 전개된 데는 조만식의 역할과 공로가 컸다.

조만식은 1922년 민족 자본을 육성하고자 조선물산장려회를 조직하고 회장으로 취임해 국산품애용운동을 주도했다. 한국 사람이 만든 물건을 사용하면 한국인이 운영하는 기업은 더 큰 이익을 얻을 것이고, 한국 기업이 이익을 재투자하는 과정에서 한국인을 더 나은 조건으로 채용하리라 생각했다.

조만식은 누구보다 조선물산장려운동이 성공하길 바라며 노력했으나 결과는 만족스럽지 않았다. 일부 친일 기업가들이 애국심 마케팅으로 큰 이득을 보면서도 정작 한국인 노동자 채용을 늘리

거나 근무환경을 개선하지 않았기 때문이다. 또한 1910년대 회사
령으로 민족 자본이 무너진 상황에서 소비자들이 구매할 만한 한
국 제품이 많지 않았던 것도 요인으로 작용했다.

조만식은 포기하지 않고 다방면으로 독립에 필요한 힘을 기르
기 위해 노력했다. 1924년 기근구제발기회를 조직하고 1928년에
는 평양상공협회를 설립해 상공업자 간의 단합을 도모하고 발전
을 꾀했다. 1929년 평양소비조합을 창립했고 이듬해엔 상공식산
조합을 발기하며 한국인의 자립을 위한 일에 발 벗고 나섰다.

조만식이 그토록 경제 분야에 힘을 쏟은 건 일제 치하에서 한
국의 경제 상황을 합법적으로 개선해 독립 기반을 마련하고자 하
는 데 있었다. 그렇기에 조만식의 구국 활동은 해외 독립군에게 필
요한 자금을 마련해줬다는 점에서 큰 의미가 있다.

조만식의 의지가 반영된 유언

오산학교 교장으로 취임하지 못한 조만식이 경제 활성화에만 치
중한 건 아니었다. 교육으로 인재를 양성하는 일에도 심혈을 기울
이며 최선을 다했다.

한국인에게도 고등교육의 기회를 주고자 1923년 민립대학기
성회를 조직했다. 민립대학기성회가 주도했던 민립대학설립운동
은 많은 성금을 걷으며 좋은 출발을 했으나 일제의 간섭과 방해로
결과가 좋지 못했다. 일제는 한국에 거주하는 일본 학생들을 위해
경성제국대학을 세우며 민립대학설립운동을 좌절시켜버렸다.

그러나 교육의 중요성을 누구보다도 잘 알았던 조만식은 현실적인 대안으로 숭인중학교 교장에 취임해 한국인이 자립할 수 있는 기술을 가르치는 상업학교로 바꿨다.

다시 교단에 선 조만식은 학생들에게 "우리는 먼저 조선 사람임을 알아야 하고 자신을 분명하게 인식해야 한다."라며 교육을 받아야 하는 이유와 목표를 제시했다.

조만식의 교육활동은 학교에만 국한되지 않았다. 신간회가 출범하자 중앙위원이자 평양시 지회장을 맡아 언론의 자유, 근검절약운동 등을 펼치며 끊임없이 젊은이에게 다가갔다.

1930년에는 관서체육회 회장으로 건강한 정신과 체력을 가진 청년 육성에 힘을 기울였고, 1932년에는 어려움을 겪던 〈조선일보〉의 사장이 되어 경영을 회복시켰다. 이후에도 을지문덕장군수보회를 설립하고 백선행기념관과 인정도서관을 건립하는 등 여러 방면으로 청년에게 민족정신을 심어줬다.

조만식의 합법적인 활동도 일제강점기 막바지에는 허용되지 않았다. 조만식이 설립한 조선물산장려회를 비롯해 모든 단체가 일제에 의해 강제 해산되었다. 일제는 거기에서 그치지 않았다. 재조선군 일본인 사령관 이타가키 세이시로는 조만식에게 학도병 지원 유세를 강요했다. 하지만 조만식이 만남조차 거부하자 구금시켜버렸다.

조만식은 살아생전 "애국 애족하는 길에 언제 죽을지 모른다만, 내가 죽은 뒤에 누구 있어 비석을 세우려거든 거기에 비문은 쓰지 마라. 그 대신 큰 눈을 두 개 새겨다오. 그러면 저승에 가서 한 눈은 일본이 망하는 것을 보고, 또 한 눈으론 조국의 자주독립을 지켜보리라."라는 유언을 남기며 무슨 일이 있어도 일제에 굴복하지 않겠다는 의지를 보였다.

조만식의 안타까운 죽음

조만식은 일제강점기 내내 강조하고 강조하던 절제운동과 금주·금연을 통한 생활개선운동에 매진했다. 1936년 〈삼천리〉에 기고한 "절제라 하면 흔히 금주나 단연만을 의미하는 줄로 오해하는 이가 많다. 여기서 말하고자 하는 바는 청년들의 허영적이고 화려한 차림, 향락적이고 타락적인 심리, 안목·기분·행동 등 일체를 보기에 너무 통분해 단연히 절제 생활의 길을 밟아 각자의 모든 결함과 과오를 대청산하길 바라는 바다. 환경이며 세태야 어떠하든지 우리 조선 청년으로서는 깊은 잘못을 뉘우쳐야 한다."를 보면 절제운동이 단순히 물건을 아껴 쓰는 게 아니라는 걸 알 수 있다. 생활 태도 개선이 개인을 넘어 나라를 위한 건설적인 행동으로 이어지길 바란 것이다.

조만식은 술과 담배는 우리 모두를 망하게 하는 것이며 인간의 도덕적 작용을 방해해 스스로는 물론 가정·사회·국가까지 망치는 망물이라고 했다. 여기에는 조만식의 젊은 시절의 경험이 크게 반영되어 있었다. 〈조선일보〉 사장에 취임하고선 소비 절약, 생활 검소, 허례 폐지 등 생활개선을 전국 단위로 확대하고자 노력했다.

이런 활동에 많은 이가 공감하며 동참했던 건 조만식이 말만 내세우지 않고 남들보다 먼저 실천하는 모범을 보였기 때문이다.

몇 개의 예를 들어보자. 조만식은 늘 무명 두루마기에 말총모자를 쓰고 다녔다. 두루마기의 아랫단이 헤지면 자르고 또 잘라서 입었다. 두루마기의 길이가 너무 짧아져 무릎 위로 올라가자 사람들은 두루마기가 짧은 게 아니라 조만식의 다리가 긴 거라고 말했다. 조만식의 키가 매우 작았다는 점을 감안하면 사람들이 조만식을 얼마나 좋아했는지 알 수 있다.

또한 조만식은 늘 조선산 백지로 만든 명함을 갖고 다녔다. 상대방이 양지로 만든 명함을 건네면 헤어질 때 반드시 돌려줬다. 명함 한 장을 만들려면 일 전 이상의 비용이 들어가는데, 만나서 상대방의 이름을 알았으니 재사용하라는 의미였다.

일제 치하에서 고통받는 한국인들의 아픔을 보듬어주고 삶의 기반을 마련해주고자 조만식은 평생을 바쳤다. 각자가 잘할 수 있는 일이 따로 있는 만큼, 자신은 국내에 남아 활동하는 게 소명이라고 믿었던 가치관처럼 말이다.

그러나 안타깝게도 조만식은 광복 이후 희생된 독립운동가 중 한 명이 되었다. 소련은 일제가 물러난 후 평안남도 건국준비위원회 위원장이었던 조만식의 영향력을 알고 공산당과 함께 연립정권을 세우자고 제안했다.

그러나 조만식은 소련 군정이 제시한 북조선인민정치위원회 위원장 취임을 거부하고 조선민주당을 창당해 반탁운동을 전개했다. 이에 소련군과 공산당은 조만식을 고려호텔에 가둬 모든 정치 활동을 금지시켰다. 그리고는 6·25전쟁 때 평양에서 철수할 때 죽여버렸다. 조만식이 풀려났을 때 동요할 민심의 여파가 두려웠기 때문이다. 너무도 안타까운 죽음이었다.

독립운동사에서 실력양성운동은 크게 인정받지 못하는 게 현실이다. 일제의 제약 때문에 거둔 성과가 크지 않기 때문이다. 또한 실력양성운동에 참여했던 사람 중 일부가 친일파로 변절한 것도 큰 이유다.

그러나 조만식은 독립운동의 성과가 나오지 않고 동료들이 친일파로 변절하는 와중에도 끝까지 신념을 버리지 않고 독립을 향해 뚜벅뚜벅 나아갔다. 아무나 할 수 있는 일이 아니다. 누구보다 한국을 사랑했고 한국인이 행복하게 살길 바랐고 그 일에 조금이나마 일조하길 희망했기에 가능한 일이었다. 그런 분이 동족상잔의 비극으로 희생되었다는 사실이 가슴을 아프게 한다.

· 동상 위치 ·

서울시 광진구 능동로 216, 서울어린이대공원
경기도 파주시 탄현면 필승로 369, 오두산통일전망대

· 조만식 연보 ·

1883.2.1.	평안남도 강서군 출생
1905	숭실학교 입학
1906	세이소쿠 영어학교 입학
1913	메이지대학 법학과 졸업, 오산학교 교사
1915	오산학교 교장
1919	교장직 사퇴 상하이로 망명하려다 1년 옥고
1921	평양 YMCA 총무
1922	평양에 조선물산장려운동회 조직
1923	조선민립대학설립운동 참여
1927	신간회 중앙위원, 평양시 지회장
1932	<조선일보> 사장
1937	수양동우회 운동으로 옥고
1945	조선건국준비평남위원회 조직 조선민주당 창당 반탁 성명 발표
1950	전쟁 중에 피살
1970	건국훈장 대한민국장 추서

언론의 힘으로
민족의 빛이 되다

언론이 나아갈 길을 보여주다,
송진우(宋鎭禹, 1890~1945)

송진우 동상

어린이대공원에는 다른 어느 곳보다 동상이 많다. 그중에는 언론인으로서 독립운동에 힘썼고 광복 이후에는 자주 국가를 꿈꿨던 고하 송진우의 동상도 있다. 송진우는 일생에 걸쳐 나라와 민족을 위해 살아왔지만 많은 이가 기억하지 못한다.

하나의 예로 인터넷에 '송진우'를 검색하면 출생연도가 각기 다르게 나온다. 1887년, 1889년, 1890년으로 말이다. 이 글에선 '고하송진우선생기념사업회'의 1890년을 출생연도로 표기했다.

송진우는 전라남도 담양의 한적한 동네에서 4남 4녀 중 넷째로 태어났다. 담양은 예로부터 충절이 살아 있어 나라를 위해 모든 걸 바친 위인을 많이 배출한 지역으로, 송진우가 태어날 당시에도 기울어가는 조선을 위해 일어선 의병장과 의병들이 많았다. 그래서였을까? 송진우는 의병장 기삼연, 김직부에게서 한학을 배우면서 스승들의 우국충정의 마음과 자세를 자연스레 함양했다.

그러나 송진우는 스승들의 사상과 학문에만 갇혀 있지 않았다. 한학만으로는 급변하는 세상을 제대로 이해하고 대처할 수 없다고 생각했다. 자신을 비롯한 청년들이 새로운 학문을 익혀야 일제의 침략을 막아낼 수 있다고 생각한 송진우는 창평에 있는 영학숙에 입학했다. 그곳에서 신학문을 익혔으나, 서양 문물을 제대로 알려줄 선생이 적었던 시대적 상황으로 배움에 한계를 느꼈다.

송진우는 서양 문물을 가장 많이 받아들인 일본으로 유학을 결심하고 와세다대학에 입학했다. 열심히 공부하던 송진우에게 1910년 청천벽력과 같은 경술국치 소식이 들려왔다. 송진우는 지금까지 해온 공부가 아무런 의미가 없어졌다는 사실에 모든 게 허무해졌다.

공부해야 할 목적이 사라진 송진우는 어느 것 하나 손에 잡히지 않았다. 나라 잃은 슬픔에 목숨을 끊고 자유로워지고 싶을 뿐이었다. 오랜 시간 고민하고 고민한 끝에 송진우는 일본이 아닌 사랑하는 조국에서 죽어야겠다고 결심하고는 고향으로 돌아왔다.

다행히도 이를 눈치챈 아버지의 긴 설득으로 송진우는 죽음을 선택하지 않을 수 있었다. 대신 다시 얻게 된 삶을 나라를 되찾는 일에 모두 쏟아붓기로 결심하고 다시 일본 유학길에 올랐다.

당시 송진우가 백관수에게 유학의 이유로 "적을 치자면 먼저 적을 알아야 한다는 이치지. 그들에게 지지 않으려면 먼저 그들을 알 필요가 있어. 그래서 우리는 그들이 생각하는 이상을 생각해서 앞질러야 하지 않겠는가."라고 밝혔듯, 끓어오르는 치기로 일제에 맞서기보다 역량을 키워 나라와 민족에 보탬이 되어야 한다는 생각이었다.

송진우는 일제의 수탈과 탄압에 힘들어하는 한국인을 합법적으로 보호할 수 있는 법을 배우고자 메이지대학 법학과로 전과했다. 그는 학업에만 매달리지 않았다. 조선유학생연합 친목회 총무를 맡아 유학생들과 함께 나라 되찾는 방법을 논의해, 가족제 타파 및 실리 교육 등 잘못된 사회구조를 개선하고 자립할 능력을 키워야 한다는 내용을 담은 잡지 〈학지광〉을 편찬하기도 했다.

민족정기를 바로 세우고자

1916년 학업을 마치고 고국으로 돌아온 송진우는 교육과 언론으로 나라를 되찾는 일에 힘썼다. 김성수와 함께 중앙학교를 인수한 뒤 교장에 취임해 학생들과 거리를 두기보다 학교 숙직실에서 숙식을 해결하며 학생들과 매 순간 같이했다. 학생들은 감명을 받고 독립에 보탬이 되는 사람이 되고자 학업에 매진했다.

또한 송진우는 민족정신 함양의 구심체를 역사적 인물에게서 찾고자 했다. 많은 나라가 자국의 시조나 훌륭한 인물을 내세워 국민을 하나로 통합하는 것에 비해 그러지 못하는 우리의 현실에 송진우는 안타까움을 느꼈다.

한 예로 일본만 해도 아주 긴 시간 유명무실했던 왕을 천황으로 내세우며 일본 국민에게 자긍심을 심어주고 단합을 이끌어냈다. 그리고 이를 바탕으로 서양 세력의 침탈을 막아내고 근대화에 성공할 수 있었다.

송진우는 1917년 우리 민족의 시조인 단군과 성군의 상징인 세종대왕 그리고 일본의 침략을 막아낸 이순신을 함께 받드는 삼성사를 세우고자 삼성사건립기성회를 조직했다.

하지만 한국인의 구심체가 될 수 있는 삼성사 건립을 일제가 가만히 둘 리 없었다. 삼성사를 세우려던 자리에 일본 건국신화에 나오는 태양신 아마테라스 오미가미와 메이지 왕을 모시는 조선신궁을 먼저 세워버렸다. 민족정기를 세우고자 했던 송진우의 계획은 실패하고 말았다.

비록 일제의 비열한 방법으로 계획이 수포로 돌아갔지만, '이제 시작'이라는 오기를 갖게 되는 계기가 만들어지는 순간이기도 했다. 그러던 찰나 3·1운동이 일어났다. 송진우는 만세운동이 독립할 절호의 기회라고 생각해 학생들의 연락반을 만드는 등 누구보다 적극적으로 시위를 지원했다.

일제는 송진우가 학생들을 돕고 있다는 사실을 알자마자 민족대표 48인 중 한 명으로 간주해 체포했다. 내란죄와 보안법 위반으로 송진우를 서대문형무소에 1년 7개월 동안 구금했다.

서대문형무소에 있는 동안 현재의 교육 시스템만으로는 한국인에게 독립사상을 고취해 행동으로 끌어내는 데 한계가 있다고 생각한 송진우는 출소 후 1921년 〈동아일보〉 제3대 사장으로 취임했다. 신문을 잘 이용하면 더 효과적으로 일제의 만행을 낱낱이 고발해 한국인의 독립의식을 고취할 수 있다고 생각했다.

송진우는 〈동아일보〉에 「민립대학의 필요성을 제창하노라」라는 사설을 실어 조선민립대학설립운동의 당위성을 피력하며, 온 국민이 성금을 내도록 독려했다. 또한 나라를 잃어버리고 민족적 자긍심이 매우 낮아진 상황을 타개하고자 도쿄-오사카 왕복 우편 비행대회에서 우승한 안창남(1901~1930)을 서울에 초청했다. 안 창남이 비행기를 몰아 여의도에 도착하는 순간, 그곳에 모여있던 5만여 명의 인파를 비롯한 모든 한국인의 가슴에 우리도 할 수 있 다는 자신감과 자부심이 새겨졌다.

언론을 통해 한국인에게 희망을 줬다는 소기의 성과를 거둔 송 진우는 신이 났다. 이듬해에도 우리 민족의 경제적 자립을 돕기 위 한 물산장려운동을 신문에 보도함으로써 큰 호응을 얻었다.

한국인이 열등하다는 일제의 식민사관에 맞서고자 전국 우량 어린이 선발대회를 열기도 했다. 이 대회는 훗날 1950~1970년대 어린이날에 열리는 우량아 선발대회로 계승되었다. 또한 여성의 지위를 향상하는 방안으로 여자정구대회를 개최해 여성을 무시하 고 멸시하던 사람들의 인식 변화를 꾀하는 동시에 여성의 사회참 여를 유도했다.

미국 망명을 거부하다

1923년에는 일본에 거주하는 많은 한국인을 살리고자 온 힘을 쏟 았다. 그해 일본에 관동대지진이 발생해 도쿄를 비롯한 요코하마 등 주요 도시들이 파괴되었다. 그 피해가 엄청났는데, 사망자와 행 방불명자 14만여 명에 이재민이 340만여 명에 달했다.

일제는 재난에 제대로 대처하지 못한 정부를 향한 국민의 불만을 해소하고자 '조선인이 우물에 독을 넣었다' '조선인이 폭동을 일으키다' 등의 유언비어를 퍼트렸다. 그 때문에 자경단과 경찰관에 의해 아무런 잘못도 없는 6천여 명의 한국인이 살해당했다.

더는 한국인의 피해가 발생하지 않도록 사실을 바로 전달해야 한다고 생각한 송진우는 일본 현지로 이상협 기자를 파견했다. 그리고 이재동포구호운동을 전개해 지진으로 고통받는 한국인들에게 도움을 줬다.

이외에도 종로경찰서를 폭파한 뒤 1천여 명의 일본 경찰과 싸우다 순국한 김상옥의 아들을 〈동아일보〉에 입사시켜 생계를 이어나갈 수 있도록 도왔다.

하지만 이런 성과들이 쌓일수록 일제는 잦은 검열로 기사를 삭제하는 불이익을 줬다. 그럼에도 송진우는 자신이 행하는 일이 옳다고 믿으며 멈추지 않았다.

결국 일제와 친일파들은 눈엣가시처럼 불편함을 주는 송진우를 제거하기로 했다. 1924년 사주를 받은 박춘금이 〈동아일보〉가 친일파를 모욕하는 사설을 실었다며 송진우를 찾아와 권총 테러를 가했다. 다행히 하늘이 도와 송진우가 목숨을 잃지 않자, 조선총독부는 송진우가 언론 활동을 하지 못하도록 〈동아일보〉 사장 자리에서 끌어내렸다.

그런 가운데 제1회 범태평양민족회의에서 만난 이승만이 송진우에게 미국 망명을 제의했으나, 송진우는 국내에서 해야 할 일이 많다며 거절했다.

송진우는 〈동아일보〉 사장에서 해임된 이후에도 독립운동을 꾸준하게 펼쳤다. 김구의 모친 곽낙원 여사가 중국으로 건너갈 수 있도록 도왔고, 1926년 순종이 서거하자 6·10운동을 신문에 실어 제2의 3·1운동으로 확대하려는 노력을 기울였다.

일제는 모스크바 국제농민회본부 기념사로 「국제농민본부로부터 조선 농민에게」를 게재한 사실을 명분 삼아 송진우에게 보안법 위반죄로 6개월 실형 선고를 내렸다. 그러나 송진우의 행보를 막을 수 없었다.

다시 〈동아일보〉 사장에 취임한 송진우는 국민 성금으로 충청남도 아산에 현충사 중건(박정희 정부가 건립한 현재 현충사와 다름)을 추진해 민족의 자긍심을 높였다. 송진우의 노력은 이순신 후손들의 마음을 움직여, 현충사에 이순신 장군의 검과 『난중일기』 같은 보물을 기증케 했다.

이외에도 1926년 김좌진에게 수만 원의 독립자금을 전달하고, 1928년 문맹퇴치운동을 벌였다. 1929년에는 광주학생항일운동을 대대적으로 보도하며 학생들을 물질적으로도 도왔다. 1930년 동아마라톤대회를 창설하고, 1931년에는 권율을 추모하는 기공사를 행주산성에 세웠으며, 한산도 제승당 등 이순신 유적지들을 보수했다. 그리고 브나르도운동을 전개해 한국인의 생활개선과 한글 보급 등 국민의식이 성장하는 데 크게 일조했다.

손기정 선수의 일장기를 지우다

송진우가 일제강점기 시절 많은 한국인의 꽉 막힌 가슴을 뚫어준 커다란 사건이 있었다. 1936년 제10회 베를린 올림픽 마라톤 경기에서 우승한 손기정 선수 가슴에 붙어있던 일장기를 삭제한 사진을 신문에 게시한 것이었다. 당시 누구도 생각지 못한 일을 〈동아일보〉가 과감히 해낸 것이었다.

이런 행동이 어떤 결과를 가져올지 뻔히 알면서도 일장기를 지운 신문을 발간할 수 있었던 건 송진우만이 내릴 수 있는 결정이었다. 송진우가 〈동아일보〉 사장이 아니었다면 이런 역사적 사건은 일어나지 않았을지도 모른다.

당황한 일제는 〈동아일보〉를 무기 정간시키고 송진우를 사장 자리에서 강제로 끌어내렸다. 이후 〈동아일보〉를 자진 폐간하도록 종용했으나 송진우는 따르지 않았다. 결국 일제는 송진우를 강제 구금한 1940년에야 〈동아일보〉를 폐간시킬 수 있었다.

송진우는 우리 이야기를 전달할 신문사가 사라졌다고 해서 애국 활동까지 멈추지 않았다. 1943년 일제강점기의 실상을 밝히고 독립을 꿈꿀 기회를 주는 〈동아일보〉를 되살리고자 동본사를 설립했다. 그러나 상황이 좋지 않았다. 결국 일제에 의해 모든 활동이 다 막힌 송진우가 할 수 있는 일이라고는 일제의 끈질긴 친일 행위 요청을 거부하는 일뿐이었다.

송진우는 "〈동아일보〉는 내 입이요 내 귀며 호흡하는 코요 손과 발인데, 그 전부를 잘려버린 사람이 어떻게 행동할 수 있는가!"

라며 병을 핑계로 일제와의 만남을 회피했다. 당시 많은 언론인과 문화예술인이 변절했던 것과 비교하면 송진우의 저항이 결코 작다고 말할 순 없을 것이다.

남북 분단에 희생되다

1945년 8월 11일, 일제는 송진우에게 치안권을 넘겨줄 테니 한국에 거주하는 일본인의 안전한 철수를 도와달라고 제의했다. 그러나 우리 민족에게 차마 입으로 담기 어려울 정도의 패악을 저지른 일본이 아무렇지도 않게 돌아가겠다고 말하는 걸 송진우는 용납할 수 없었다. 그는 일본의 제의를 단칼에 거부했다.

기다리고 기다리던 광복이 찾아오자, 송진우는 누구보다 먼저 대한민국 임시정부와 연합군 환영준비위원회를 조직해 그들의 노고를 위로하며 고국의 귀환을 환영했다.

이후 김성수, 김병로 등이 만든 한국민주당의 중앙집행위원회 수석총무가 되어 분단된 조국을 하나의 통일된 나라를 만들고자 노력했다. 또한 자신의 인생이라고 말할 수 있는 〈동아일보〉가 복간되자 제8대 사장으로 취임했다.

그러나 나라를 되찾은 한국의 상황은 날이 갈수록 위태로워지고 불안해졌다. 한반도를 둘러싼 강대국들에 의해 신탁통치 문제가 불거지자, 송진우는 신탁통치 반대 시위가 정당한 의사 표명임을 강조했다. 그리고 미군정 장관 아놀드에게 반탁 의사를 확실하게 전달하는 한편 대한민국 임시정부 요인들과 공동으로 신탁통치 반대 운동을 펼치기로 논의했다.

송진우의 거침없는 행보에 큰 위협을 느낀 한연우, 유근배 등 여섯 명의 무리가 12월 30일 송진우 자택을 찾아와 송진우를 살해했다.

분단된 조국에서 해야 할 일이 너무도 많이 남아 있던 송진우는 56세의 한창 나이로 생을 마감했다. 정의가 무엇인지 아는 언론인이자 교육인, 독립운동가였던 송진우의 안타까운 죽음이었다.

요즘 대한민국 언론이 제 기능을 하지 못한다는 소식을 접할 때마다 송진우가 자주 거론된다. 그래서일까? 언론인으로서 모범을 보였던 송진우가 〈동아일보〉 사원들에게 강조했던 다섯 가지가 떠오른다.

1. 제삼자의 악평을 하지 말고, 될 수 있는 대로 좋은 사실만을 들어서 호평할 것
2. 남을 대할 때 면박을 주지 말 것
3. 거짓말하지 말 것
4. 맡은 일을 정성껏 처리할 것
5. 돈에 깨끗할 것

 # 우리동네 인물 탐구

· 동상 위치 ·

서울시 광진구 능동로 216, 서울어린이대공원
서울시 도봉구 도봉로 552, 창동역사문화공원

· 송진우 연보 ·

1890.5.8.	전라남도 담양 출생
1910	와세다대학 입학 후 귀국
1911	메이지대학 법과 입학 동우회 조직 및 <학지광> 기관지 발행
1916	중앙학교 교감 및 교장 취임
1919	3·1운동 관련 옥고
1921	<동아일보> 사장 취임
1922	물산장려운동, 민립대학설립운동 추진
1924	<동아일보> 3대 사장 사임
1925	제1회 범태평양회의 참석
1927	<동아일보> 6대 사장 취임
1931	이충무공유적보존운동 일으켜 현충사 중수 브나로드운동 전개
1936	손기정 일장기 관련 <동아일보> 사장 사임
1943	동본사 사장 취임
1945	국민대회준비회 조직 한국민주당 수석총무 추대 <동아일보> 8대 사장 취임 반탁 시위 지지
1945.12.30.	피습으로 사망
1963	건국훈장 독립장 추서

그날이 오면,
그날이 오면

일제에 저항한 만능 엔터테이너,
심훈(沈熏, 1901~1936)

심훈 동상

일제강점기에는 어느 때보다 뛰어난 문인들이 많았다. 훌륭한 문학적 소질로 일제의 편에 서서 민족을 팔아먹은 김동인, 서정주, 최남선 등 친일 문인도 있지만, 일제에 저항하는 문학작품을 쓴 문인도 많았다.

일제에 저항했던 작가 중에서도 윤동주와 이육사는 영화와 방송에서 많이 다뤄지면서 널리 알려져 있다. 그러나 방송에서 자주 다뤄지지 않아 안타깝게도 사람들의 기억에서 사라지고 있는 분들도 많다.

그렇게 점차 잊히는 저항 작가로 심훈이 대표적이다. 1961년에 신상옥 감독이 심훈의 소설 『상록수』를 영화로 제작하면서 예전에는 많은 이가 알고 있었지만, 지금의 젊은 세대는 작가와 작품 모두 생소하게 느끼는 경우가 많을 것이다.

일제에 저항한 작가 심훈은 다방면으로 재주가 많은 인물이었다. 시인이자 소설가였고 언론인이면서 영화감독이자 주연배우로 활약했다. 20대의 혈기 왕성한 시절에는 독립운동에 투신하고자 유학으로 위장해 중국에 갔다가 돌아오기도 했다.

서른여섯 살이라는 짧은 삶을 살다간 심훈이지만, 작품에 대한 열정으로 살아생전 엄청난 양의 작품을 남겼다. 그중에서도 대표작을 꼽으라면 시 「그날이 오면」과 소설 『상록수』가 있다.

「그날이 오면」은 우리 민족의 독립을 염원하는 심훈의 굳은 의지가 담겨 있고, 소설 『상록수』는 일제의 우민화 정책과 수탈로 피폐화되어가는 농어촌의 현실을 고발하면서 젊은 청년들이 나아갈 바를 제시했다.

평생 항일의지를 담은 작품을 썼던 심훈은 1901년 경기도 시흥군 신북면 흑석리(현재 서울특별시 동작구 흑석동)에 거주하던 심상정의 3남 1녀 중 막내로 태어났다.

어렸을 적부터 총명했던 심훈은 가족들의 큰 기대를 받으며 성장했고, 무탈하게 경성고등보통학교(현 경기고등학교)에 입학했다. 특별한 일이 없는 한 심훈의 일생은 큰 어려움 없이 평탄한 삶을 살아갈 수 있을 정도로 안정되어 있었다.

그러나 심훈은 학업을 이어갈수록 일제하에서 우리 민족이 겪는 차별과 억압에 분개감을 감출 수 없었다. 나라를 빼앗겼다는 사실만으로 이토록 많은 걸 희생하며 고통에 신음해야 한다는 사실이 답답했다. 더욱이 심훈 개인의 문제에서 끝나는 게 아닌 한국인 모두의 문제였고, 언제까지 감내해야 할지 모르는 상황에 화가 치솟아 올랐다.

심훈의 울분을 터트린 일이 경성고등보통학교 3학년 때 발생했다. 일본 교사가 수업 시간에 한국인을 노골적으로 비하하고 모욕하자 심훈은 수학 시험 답안지를 백지로 내며 저항했다. 그 때문에 과목 낙제를 받아 유급되었지만 심훈은 후회하지 않았다.

4학년이 되던 1919년에는 3·1운동에 얼마나 적극적으로 참여했는지, 3월 5일 남대문역 만세 시위 현장에서 헌병대에 잡혀 8개월 동안 서대문형무소에 수감되어야 했다.

심훈이 수감되어 있는 동안 독립에의 희망을 말하면서 어머니의 걱정을 덜어주고자 쓴 「감옥에서 어머님께 올리는 글월」은 그가 앞으로 어떤 길로 나아갈지를 확실하게 보여줬다.

"마음을 합치는 것처럼 큰 힘은 없습니다. 한데 뭉쳐 행동을 같이하는 것처럼 무서운 건 없습니다. 우리는 언제나 그 큰 힘을 믿고 있습니다. 생사를 같이할 것을 누구나 맹세하고 있으니까요… 아아! 육체의 고통을 뛰어넘는 정신의 맑음이여. '콩밥'을 먹는다고 끼니 때마다 눈물겨워하지도 마십시오. 어머님이 마당에서 절구에 메주를 찧으실 때면 그 곁에서 한 주먹씩 주워 먹고 배탈이 나던, 그렇게도 삶은 콩을 좋아하던 제가 아닙니까…"

— 「감옥에서 어머님께 올리는 글월」 중에서

중국으로 망명하다

출소 이후 학교에서 제적당한 심훈은 일신에 대한 걱정보다 나라를 위해 할 수 있는 일이 무엇인지 깊이 고심했다. 우선 국문학자

이희승을 찾아가 민족의 정기가 어려 있는 한글을 배웠다. 그때 우리의 뜻을 올바르게 표현하고자 배운 한글로 심훈은 위대한 문인이 될 수 있었다.

이후 심훈은 중국으로 망명했다. 명목상으로는 유학이었지만, 실제로는 여러 독립운동가와의 만남을 통해 가고자 하는 길이 옳다는 확신을 갖기 위해서였다.

중국 베이징에서 상하이, 난징을 거쳐 항저우에 있는 지강대학에 입학하기까지 심훈은 이회영, 신채호, 이동녕 등 독립운동의 큰 어른들을 만났다.

일제의 감시를 피해 독립운동을 하던 이들을 만날 수 있었던 건 심훈이 단순하게 학업 목적으로 중국에 간 게 아님을 보여준다. 또한 열아홉 살에 불과한 어린 심훈에게 기라성 같은 독립운동가들이 나라의 장래를 위한 조언과 가르침을 준 것 또한 심훈이 얼마나 대단한 독립 의지를 가지고 있었는지를 보여준다.

특히 이회영 선생의 집에서 머문 한 달은 심훈이 독립을 위해 할 수 있는 일이 무엇인지 깊이 생각하는 계기를 마련해줬다.

심훈의 회고록 중에 "부모의 슬하를 떠나 보지 못했던 열아홉 살의 소년이 우당장(이회영)과 그 어른의 영식인 규룡 씨의 친절한 접대를 받으며 월여(한 달 정도)를 묵었다. 아침저녁으로 좋은 말씀을 많이 듣고 북만에서 고생하시던 이야기며 주먹이 불끈불끈 쥐어지는 소식을 들었는데, 선생은 나를 막내아들만치나 귀여워해 주셨다."라는 대목에서 심훈이 이회영으로부터 독립의 당위성을 재확인했다는 사실을 알게 해준다. 또한 이회영도 독립을 향한 심훈의 행보에 기대가 컸음을 알 수 있다. 심훈은 이회영과의 만남으로 지친 한국인을 위로해주고 독립에의 희망을 잃지 않게 하는 글을 써야겠다고 다짐했다.

하지만 중국에서의 생활은 힘들었다. 독립운동이 여러 갈래로 나뉘어 힘을 내지 못하고 있는 현실에서 할 수 있는 게 아무것도 없다는 사실이 괴로웠다. 또한 베이징대학 학생들의 무기력함과 부실한 교육과정으로 하루하루 소용없이 흩어져 지나가는 시간이 아까웠다.

그래서 심훈은 프랑스에서 더 공부해 나라를 되찾는 일에 보탬이 되고자 했으나, 유학을 떠날 상황이 여의치 않아 항저우의 지강대학 국문학과 입학으로 만족해야 했다.

일련의 과정이 얼마나 힘들었는지 심훈은 아내에게 보낸 편지에서 "그동안 지난 일과 모든 형편은 어찌 다 쓸 수 있으리까 마는 고통도 많이 당하고 모든 일이 마음 같지 않아 실패도 더러 했소. 지금도 마음 상하는 일은 많으나 그 대신 많은 경험도 했고, 다 일시의 운명이라 인력으로 어찌 하리까 마는 그대의 간곡한 말씀과 같이 결코 낙심하거나 실망할 리 없으며 또는 그리 의지가 박약한 사나이는 아니니 아무 염려 말아주시오."라며 고통을 호소하면서도 좌절하지 않겠다는 의지를 확고히 보였다.

저항문학으로 독립 의지를 표출하다

지강대학에서 2년여의 공부 끝에 귀국한 심훈은 글과 연극 그리고 언론으로써 독립운동을 하기로 결심했다. 일본군과 직접 맞붙어 싸우는 것도 중요하지만 잘할 수 있는 일을 하는 게 낫다고 판단했기 때문이다.

우선 신극연구단체인 '극문회'를 조직해 활동했다. 1924년에는 〈동아일보〉 사회부 기자로 일제의 만행을 알리는 일에 적극적으로 나섰다.

이뿐만이 아니었다. 이 시기 심훈은 영화 〈장한몽〉에서 남자 주인공 이수일 역을 맡는 등 바쁜 일정을 소화해내면서도 저항문학 작품을 발표했다.

이 시기에 쓰인 「나의 강산이여」의 "할아버지 주무시는 저 산기슭에 할미꽃이 졸고 뻐꾹새는 울어예네. 사랑하는 그대여, 당신도 돌아만 가면 저 언덕 위에 편안히 묻어드리고 그 발치에 나도 누워 깊은 설움 잊으리라. 바가지쪽 걸머쥐고 집 떠난 형제, 거친 벌판에 강냉이 이삭을 줍는 자매여, 부디부디 백골이나마 이 흙 속에 돌아와 묻히소서. 오오 바라다볼수록 아름다운 나의 강산이여."라는 문구를 보면, 심훈이 일제로부터 되찾은 나라에서 모든 이가 아름다운 생활을 영위하길 간절히 바라고 있다는 걸 알 수 있다.

심훈은 비단 글로만 독립을 말하지 않았다. 할 수 있는 일이라면 망설임 없이 즉시 행동으로 옮겼다. 그 결과 1926년 각 신문사

사회 기자들이 만든 언론운동단체인 '철필구락부'에 가입해 일제의 언론탄압에 항의하다가 해고당했다.

그럼에도 심훈은 굴하지 않았다. 순종의 국장을 준비하는 돈화문에서 쓴 「통곡 속에서」를 〈시대일보〉에 발표했다. 이 시가 얼마나 큰 파장을 일으켰는지 훗날 6·10운동의 도화선이 되었다는 평가를 받을 정도였다.

하지만 심훈의 행동이 일제의 심기를 건드리면서 활동에 많은 제약이 따르자, 새로운 매체인 영화를 통해 독립운동을 도모하겠다는 목표를 가지고 일본으로 유학을 떠났다.

영화를 공부하고 돌아온 심훈은 「먼동이 틀 때」를 집필한 뒤 직접 감독과 주연을 맡아 영화를 제작했는데 엄청난 인기에 힘입어 흥행에 성공했다.

그러나 영화라는 장르는 심훈이 독립을 말하는 또 다른 방법이었을 뿐이어서 흥행에 큰 의미를 두진 않았다. 영화를 통해 많은 이가 희망을 잃지 않길 바랄 뿐이었다.

1928년 다시 〈조선일보〉 기자로 입사한 심훈은 일제의 만행과 사회 부조리를 밝히는 데 힘을 기울이는 한편 저항 시와 소설을 꾸준히 집필했다.

이때 쓰인 시 중 하나가 바로 「그날이 오면」이다. 한 몸 희생해서라도 독립을 이룰 수만 있다면 무슨 한이 남겠냐는 심훈의 독립에의 열망이 선명하게 드러나 있다.

그날이 오면, 그날이 오면은

삼각산이 일어나 더덩실 춤이라도 추고

한강 물이 뒤집혀 용솟음칠 그날이,

이 목숨이 끊기기 전에 와 주기만 할 양이면,

나는 밤하늘에 나는 까마귀와 같이

종로의 인경을 머리로 들이받아 울리오리다.

두개골은 깨어져 산산조각이 나도

기뻐서 죽사오매 오히려 무슨 한이 남으오리까…

- 「그날이 오면」 중에서

하지만 이 시로 일제의 압력을 받은 심훈은 〈조선일보〉에 연재 중이던 장편소설 『동방의 애인』과 『불사조』를 완성하지 못했다. 일제는 여기서 멈추지 않고 심훈의 문학 활동을 방해하고자 〈조선일보〉에 게재 정지 처분을 내렸다.

결국 심적 부담을 느낀 심훈은 〈조선일보〉를 퇴사해 경성방송국 문예 담당으로 자리를 옮겼다. 하지만 그곳에서도 오래지 않아 쫓겨난 심훈은 부모님이 계신 충청남도 당진으로 내려갔다. 그동안 쓴 시를 모은 시집 『그날이 오면』을 출간하려 했으나 그마저도 일제의 검열로 무산되고 말았다. 그렇다고 저항문학을 포기할 심훈이 아니었다.

〈동아일보〉가 브나로드운동을 촉진하고자 농촌 배경의 장편소설을 공모하자 심훈은 『상록수』를 응모했다. 『상록수』는 당진 부곡리의 공동경작운동과 농촌계몽운동가로 활동하다가 죽은 최용신을 모티브로 만든 소설이었다.

심훈은 일제의 검열을 피하고자 '국가'를 '고향'으로 변형하는 방법으로 일제 치하의 현실에서 우리가 해야 할 일이 무엇인지를 분명하게 제시했다. 작가의 위명이나 돈이 중요하지 않았던 심훈은 『상록수』로 받은 상금을 야학당에 기부하는 모범을 보였다.

이외에도 1936년 손기정 선수가 베를린 올림픽 마라톤에서 우승한 것에 감격해 쓴 「오오, 조선의 남아여!」를 발표하는 등 한국인에게 희망과 자긍심을 심어줄 수 있는 작품을 계속 집필했다.

누더기 단벌 옷에 비를 흠뻑 맞으면서
늙은이 전대 차고 집집마다 동냥하네.
기나긴 원수의 봄을 무얼 먹고 산단 말요.

당신이 거지라면 내 마음 덜 상할걸
엊그제 떠나갔던 박첨지가 저 꼴이라
밥 한술 얻어먹는 죄에 얼굴 화끈 다는구료.

－「원수의 봄」 중에서

일제 치하에서 거지보다 못한 삶을 사는 우리의 현실을 거침없이 비판하고 있다. 우리가 일제의 지배를 받을 이유가 없음을 강조하면서도 나라를 잃고 힘들게 살아가는 우리의 모습을 안타까워하며 부끄러워하고 있다.

그러나 현실을 꼬집는 것에 그치지 않았다. 앞으로 어떻게 살아가야 할지를 독자가 스스로에게 물어보도록 유도함으로써 독립의 필요성을 스스로 인식하게 했다.

일제에의 저항 의식을 가지고 집필활동을 활발히 이어가던 심훈은 1936년 9월 전국적으로 유행하던 장티푸스에 걸려 죽고 말았다.

일제의 감시와 탄압에서도 거침없는 문체로 독립을 말하던 심훈이 질병에 죽지 않았다면 어땠을까? 항일의식이 투철했던 심훈이기에 일제강점기 말에 변절한 문인들과 함께하지 않았을 것이다. 민족의 독립을 위해 용기와 희망을 제시하는 시와 소설 그리고 예술 활동을 계속 펼쳐나가지 않았을까?

· 동상 위치 ·

서울시 동작구 현충로 55, 효사정
충청남도 당진시 송악읍 상록수길 105, 심훈기념관

· 심훈 연보 ·

1901.9.12.	서울 동작구 흑석동 출생
1919	3·1운동 참여로 징역 6개월 선고
1921	항저우 지강대학 국문학과 입학
1923	신극연구단체 극문회 조직
1924	<동아일보> 사회부 기자
1925	<장한몽> 남주인공 이수일 연기
1926	철필구락부 사건으로 <동아일보> 퇴사 우리나라 최초 영화소설 「탈춤」 연재 순종을 위한 「통곡 속에서」 발표
1927	일본 유학 <먼동이 틀 때> 영화 제작(주연, 감독)
1928	<조선일보> 기자
1930	「그날이 오면」 집필 『동방의 애인』『불사조』 연재 중단

1931	<조선일보> 퇴사
1932	충청남도 당진으로 낙향
1933	장편소설『영원의 미소』연재 <조선중앙일보> 학예부장
1935	『상록수』<동아일보> 당선
1936.9.16.	「황공의 최후」「오오, 조선의 남아여!」 발표 장티푸스로 사망
2000	건국훈장 애국장 추서

— 3부 —

독립운동을
이끌다

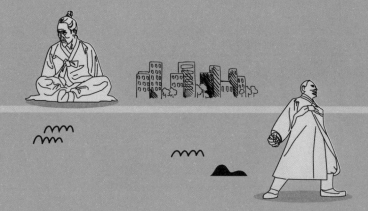

민족의 힘을 하나로
모을 수 있는 유일인

날카로운 풍자로 일제를 비난하다,
이상재(李商在, 1850~1927)

이상재 동상

종묘 앞에 이상재의 동상이 있다. 100년 전 나라를 잃은 한국인에게 이상재는 이념, 종교, 지역을 넘어 민족의 힘을 하나로 모을 수 있는 토대를 만든 분으로 기억된다. 그렇기에 이상재 선생이 돌아가셨을 때 많은 이가 매우 슬퍼하며 그의 죽음을 받아들였고, 그의 마지막 모습이라도 지켜보기 위해 10만 명이 넘는 사람이 사회장으로 치르는 장례행사에 참여했다.

이상재는 충청남도 한산(서천) 출신으로 어려서부터 매우 총명했다. 주위 사람들은 어린 이상재를 보고 고려 시대 원나라 과거시험에 합격한 뒤 고려의 성리학을 발전시켰던 목은 이색이 돌아왔다고 할 정도였다. 이색이 고려를 끝까지 지키려 한 충신이었던 만큼 이상재가 세도정치로 신음하던 조선 사회를 바로잡아주길 바라는 기대감이 담겨 있었다.

이상재도 이색처럼 잘못된 세상을 바로잡아 새로운 사회를 만들고자 하는 포부를 지니고 있었다. 그러나 세상을 바꾸기 위한 첫 번째 관문으로 과거를 보러 서울로 상경한 순간, 그동안의 노력이 헛된 일이었음을 깨달았다. 과거시험에서 힘 있고 돈 있는 사람만 부정행위로 급제하는 현실을 보고 이상재는 입신양명을 깨끗하게 포기했다.

대신 아홉 살 많은 박정양의 집에 머물면서 앞으로 무엇을 해야 할지 고민했다. 이상재는 10년 동안 박정양 집의 대소사를 돌보면서 수많은 인사를 만나고 견문을 넓혔다.

박정양은 신문물을 조선에 도입하려던 인물로 새로운 세상을 꿈꾸던 이상재에게 많은 정보와 기회를 제공했다. 그는 강화도조약 이후 일본을 시찰하는 신사유람단 단장에 선임되자 이상재에게 수행원으로 같이 가자고 제의했다.

일본을 방문한 이상재가 가장 먼저 취한 행동은 얼빠진 모습이었다. 그는 조선보다 낙후되었다고 생각했던 일본이 서양 문물을 받아들여 과거의 악습을 철폐하고 발전해가는 모습에 큰 충격을 받았다. 조선도 빠르게 변화하는 국제정세를 따라가기 위해서는 구습에서 벗어나 많은 개혁이 필요하다고 인식했다.

귀국한 후 적극적으로 조선의 현실을 개혁하려던 홍영식과 김옥균을 만나 의견을 나누면서 자신의 생각이 틀리지 않음을 확신했다. 평소 이상재를 눈여겨보던 홍영식은 우정국 총판이 되자 기다릴 것도 없이 이상재를 우정국 주사로 인천에 파견했다. 근대화로 나아가는 데 있어 꼭 필요한 우체 업무가 자리 잡기 위해서는 이상재만 한 인재가 없었다.

그러나 홍영식과 김옥균 등 급진개화파가 일으킨 갑신정변

(1884)으로 이상재의 관직 생활은 오래가지 못했다. 정부가 홍영식을 비롯한 급진개화파와 친분이 있는 이상재를 같은 무리로 판단하고 체포했기 때문이다. 다행히 이상재는 혐의없음으로 풀려나기는 했지만, 조선을 자주적이고 부강한 나라를 만드는 데 뜻을 함께했던 지인들의 죽음에 큰 충격을 받고 고향으로 내려갔다.

관료로서 한계를 느끼다

박정양은 이상재의 낙향을 매우 안타깝게 생각하다가 초대 주미 대사로 미국에 가게 되자 이상재를 2등 서기관으로 데려갔다. 이상재가 미국에서 머문 시간은 짧았지만 미국의 모습은 일본과는 비교도 되지 않을 만큼 신세계였다.

이토록 광대한 영토에서 엄청난 속도로 변화하며 발전하는 미국의 모습에 이상재는 경이감을 느끼면서도 두려움이 몰려왔다. 갑신정변으로 많은 걸 내려놓았던 이상재가 다시 세상에 나가야겠다고 결심하는 순간이기도 했다.

한국으로 돌아온 이상재는 갑오개혁이 이뤄지던 1894년 내무독판이 된 박정양의 추천을 받아 우부승지 겸 경연참찬으로 본격적인 관료 생활을 시작했다. 이후 특출한 능력과 일본, 미국을 시찰하고 온 경력을 인정받아 학문 국장이 되어 조선을 바로잡을 인재 양성을 책임졌다.

그러나 이상재가 인재를 키우는 시간보다 일본을 비롯한 여러 열강의 침탈이 더욱 빨랐다. 특히 1896년은 러시아 공사관으로 고종이 피신한 아관파천으로 러시아의 정치·경제적 침탈이 매우 거셌다. 이에 이상재는 미국에서 돌아온 서재필과 함께 그해 4월 7일 〈독립신문〉을 창간한다. 7월 2일에는 독립협회를 결성하고 서대문에 독립문과 독립공원을 건립하고 조성해 조선이 자주국임을 국내외에 보여주는 데 온 힘을 기울였다.

1898년에는 러시아의 국정 간섭과 이권 침탈이 너무 심해지자 만민공동회를 개최했다. 이를 토대로 러시아 군사교관과 재정고문 및 러한은행 철수 등을 요구하는 결의안을 고종에게 제출해 승낙을 받아냈다. 그러자 수구파들은 국정 공개와 재정의 투명한 집행 등을 요구하는 독립협회에 위기를 느끼고 고종을 통해 황국협회를 만들어 독립협회를 해산시켰다. 만민공동회에서 러시아를 비난하며 민중을 선동했다는 죄명으로 이상재도 체포되어 감옥에 갇혀야 했다.

하지만 이상재는 나라를 위해 뭐라도 해야 한다는 마음으로 1902년에도 정부의 무능을 규탄하며 변화 촉구의 상소를 올렸다. 그러나 이번에도 기득권을 지키는 데만 급급한 관료들에 의해 아들과 함께 국체 개혁 음모죄로 체포되어 감옥에 3년여 동안 수감되어야만 했다. 감옥에 수감된 동안 게일 목사가 넣어준 『신약전서』와 『성경문답』 등 기독 서적을 접한 이상재는 54세가 되던 1903년 기독교로 개종했다. 당시를 두고 이상재는 "좁은 공간에서 해방되어 거침없고 걸림이 없는 자유를 얻기에 이른다."라고 말할 정도로 심정에 큰 변화가 있었다.

마지막 순간까지 나라를 걱정하다

형기를 마치고 감옥에서 출소한 이상재는 연동교회에서 세례를 받고 언더우드와 게일 등 선교사들이 창설한 황성기독교청년회(YMCA)에 가입했다. 비단 심신의 안정을 얻기 위함은 아니었다. 기독교를 통해 국민의 의식변화를 끌어내 위기에 처한 조국을 구하기 위한 과정이었다. 이상재에겐 기독교보다 한국인의 안정과 발전이 우선이었다.

이상재는 YMCA 산하에 청년회 학관을 개설해 청년들에게 신지식을 가르치는 데 전념했다. 우국정신과 우리가 나아가야 할 바를 제시하는 이상재의 강의를 듣기 위해 많은 학생이 몰려들었다.

인기가 얼마나 대단했는지 1910년 YMCA에서 이상재가 노동야학을 연다는 소식에 엄청난 수의 학생이 몰려들자 부득이하게 입학시험을 치러야 할 정도였다. 이때 이상재는 담배공장에서 일하는 아이, 상점 사환, 물지게꾼 등 어려운 환경으로 공부할 수 없는 청년들만 받아들였다. 1911년 5월에는 성경반을 통해서라도 이상재의 강의를 들으러 찾아온 학생이 4,208명이나 될 정도였다.

이상재가 1910년 연설한 내용을 보면 젊은이들이 무엇에 열광했는지 알 수 있다. '청년이여'라는 연설에서 "과거의 역사만 논하면 과거의 흥망성쇠, 옛 인물들의 우열 평가에 치우쳐 현재의 삶을 개선하는 데 별 영향을 주지 못한다. 그러나 미래의 역사를 논하면 우리 민족과 국가의 장래사를 예견하며 이를 꿈꾸며, 이에 걸맞은 인물이 되려고 전심전력하지 않겠는가? 지금이 혁명의 시대

며, 혁명이란 과거의 혁명이 아니라 장래의 혁명을 하겠다는 의미
이니 그 책임은 청년에게 있다."라며 작금의 현실에 불평과 불만을
제기하기보다 청년 스스로 주체가 되어 원하는 세상을 만들라고
강조했다.

　나라를 잃은 1910년, 이상재는 환갑이 넘은 나이였지만 나라
의 주체임을 자처하며 식민지 현실에서 벗어나는 데 앞장섰다.
1913년에는 전국 10여 개의 YMCA를 통합해 조선기독교청년회
연합회를 조직하고 청년들의 의식 변화와 교육에 힘을 기울였다.
한국 YMCA를 일본 YMCA와 별도로 세계 YMCA에 가입시켜 한
국이 독립된 나라임을 세계에 보여줬다.

　1919년 3·1운동 당시에는 민족 대표가 다 체포되면 일본 정
부와 직접 담판할 수 있는 인물이 이상재밖에 없다며 민족 대표에
참여하지 말아달라는 부탁에 어쩔 수 없이 발길을 돌려야 했다.

　민족 대표들의 바람대로 이상재는 1920년 조선교육협회를 창
립해 조선민립대학설립운동을 벌였다. 1921년에는 미국 워싱턴
에서 열린 5대 열강 회의에 대한민국대표단 대표로 참석했다.

　이때 이상재가 작성한 건의서에는 '한국은 한 번도 이민족을
침략하고 통치한 적이 없는 평화를 존중하는 문화국가인데 일본
이 한국을 유린하고 있다. 일본의 한국 합병은 무효이며 세계 평화
를 가져오기 위해서는 한국의 독립이 꼭 필요한 만큼 열강에게 도
움을 요청한다'는 내용이 담겨 있었다.

　1922년에는 건강한 정신과 체력을 가진 청년을 육성하고자

보이스카우트를 창설했고, 1925년에는 물산장려를 통해 군자금을 모금하고 독립운동을 지원하는 항일비밀결사단체인 '흥업구락부'를 조직했다.

하지만 1920년대 중반 독립운동이 침체기로 접어들자 새로운 변화가 필요했다. 특히 사회주의 사상의 유입으로 독립운동이 분열되자 많은 독립운동가가 불안을 느꼈다. 그 결과 독립을 이루기 위해서는 이념에 상관없이 하나로 뭉쳐야 한다는 공통 인식이 만들어졌고 그 시작이 '신간회' 창립이었다.

그러나 신간회 회장 자리를 두고 좌우익 간에 알력 다툼이 벌어졌다. 이를 해결할 방안이 좌우익을 넘어서는 인물, 모든 이가 존경하고 따를 수 있는 인물, 짧은 시간에 신간회를 국민에게 각인시킬 수 있는 인물인 이상재를 회장으로 추대하는 것이었다.

당시 이상재는 일어나지도 못할 정도로 몸이 쇠약해진 상태였다. 거동도 하기 힘들 정도로 건강이 악화되었지만 나라를 위하는 마음만은 태산 같았다. 이상재는 비록 신간회 회장으로 실질적인 대외활동을 할 순 없지만 자신이 조금이나마 도움이 되길 바란다며 회장직을 수락했다. 그 결과 신간회는 이념의 차이를 극복하고 출범할 수 있었다.

이상재는 마지막 일을 끝마쳤다는 듯 신간회 창립 한 달 뒤에 78세의 나이로 숨을 거뒀다. 이상재의 염원을 기억하는 신간회는 이후 140여 개의 지회와 4만 명에 가까운 회원을 확보해 광주학생운동 등 독립운동을 이끌고 지도하는 역할을 다했다.

이상재에게 누구도 반박하지 못했다

모든 이가 큰 어른으로 받들던 이상재는 살아생전 늘 밝았다. 하지만 그의 말과 행동에는 아주 깊은 뜻이 담겨 있었다. 그렇기에 이상재와 대화를 나눈 청년들은 앞으로 무엇을 해야 할지 쉽게 이해했고, 일제 관료나 친일파들은 아주 오랫동안 모욕감을 견디지 못해 괴로워했다. 그래서일까? 이상재의 말은 나라를 잃어버린 설움을 해소시켜주는 청량제 역할을 톡톡히 했다.

이상재와 관련된 유명한 일화 몇 가지를 소개해본다. 궁궐에 있을 때 매관매직을 일삼던 김홍육을 욕보인 사건이 있었다. 김홍육이 뇌물을 보자기에 싸서 고종에게 몰래 바치려고 하자 이상재는 "상감 계신 방이 왜 이리 추운가?"라며 뇌물이 들어 있는 보자기를 난로에 넣어 태워버렸다. 당황한 김홍육은 어버버 거리며 어찌할 바를 몰라 발만 동동거렸다.

일제에게 나라를 빼앗긴 시절 이상재는 조선미술협회 발기식에 참석했다가 마주친 이완용과 송병준을 공개적으로 망신 주기도 했다. 이상재가 대뜸 이완용과 송병준에게 "대감들께서도 도쿄로 이사 가시지요."라고 말하자 그들은 어리둥절하며 무슨 말이냐고 되물었다. 이에 이상재는 "대감들은 나라 망하게 하는 데 천재들이니 도쿄로 이사하시면 일본도 망할 게 아니겠소."라고 대답했다. 이완용과 송병준은 공개석상에서 제대로 항변도 못 한 채 얼굴만 시뻘겋게 달아올랐다.

이상재는 3·1운동 당시 만세 시위를 지도한 배후 인물로 잡혀

들어갔을 때도 심문하는 일본 검사에게 "2만 명이나 되는 경찰과 형사들이 전국에 거미줄처럼 깔렸으면서도 너희가 그걸 몰랐다니 말이 되는가? 이제 와서 흑막 운운하는 건 이토록 문제가 커지니까 책임을 회피하려고 그러는 게 아닌가?"라며 다그쳤다.

서울기독교청년회 강당에서 연설할 때는 "때 아닌 개나리꽃이 이리도 많이 피었을까?"라고 말했다. 사람들이 무슨 말인지 이해하지 못하고 주위를 둘러보다가 곧 개나리꽃의 의미를 알아채고 큰소리로 박장대소했다. 당시 강연장에는 이상재를 감시하고자 일본 경찰이 많이 있었는데, 이상재는 그들을 '개(犬) 같은 나리'라고 비꼬며 풍자했던 것이다.

일제와 친일파는 말로 이상재를 이길 수 없었다. 또한 많은 이에게 존경받는 이상재를 해코지할 경우 불어닥칠 후폭풍을 두려워했다. 그걸 잘 아는 이상재는 그들의 잘못을 꼬집는 말과 행동을 보여줌으로써 나라를 잃고 힘들어하는 한국인에게 용기와 희망을 불어넣고자 했다.

대한민국 임시정부의 수반이 되어달라는 요청을 받았으나 자신마저 조국을 떠나면 조선 동포가 불쌍하다며 한국에 남은 이상재는 청년들에게 "결국 세상은 선으로 악을 이기는 것이니… 이 불량한 것을 능히 다 통일해서 안정되게 만들 사람은 조선 청년에게 있으니 그것에 내가 제일 큰 희망을 가지고 있다."라는 말을 남겼다. 이 말은 지금의 우리에게도 큰 울림을 주며 많은 생각을 하게 한다.

우리동네 인물 탐구

· 동상 위치 ·

서울시 종로구 종로 157, 종묘
충청남도 서천군 서천읍 오거리 로타리

· 이상재 연보 ·

1850.10.26.	충청남도 서천 출생
1881	신사유람단 수행원으로 일본 방문
1884	우정총국 주사 임명 갑신정변으로 낙향
1887	1등 서기관으로 미국 방문
1894	우부승지, 경연참찬 겸임 학무아문참의로 학무국장 겸임
1896	국어학교 교장 내각총서, 중추원 1등의관 의정부 총무국장 독립협회 조직, 만민공동회 의장
1902	개혁당 사건으로 구금 황성기독교청년회(YMCA) 가입
1913	조선기독교청년회 전국연합회 조직
1919	3·1운동으로 옥고

1920	YMCA 전국연합회 회장 조선교육협회 창설
1922	한국 YMCA 단독으로 세계 YMCA연맹 가입 조선민립대학기성회 회장
1924	<조선일보> 사장
1925	전국기자대회 의장 흥업구락부 조직
1927	신간회 창립회장
1927.3.29.	서거
1962	건국훈장 대통령장 추서

독립·민주·통일 정신으로
3·1운동을 이끌다

종교도 나라가 있어야 바로 선다,
손병희(孫秉熙, 1861~1922)

손병희 동상

관리들의 수탈과 외세 침탈로 신음하던 민초는 1894년 새
로운 세상을 만들고자 곡괭이와 죽창을 들었다. 그들이 하나가 될
수 있도록 구심점 역할을 했던 게 동학이다. 그리고 1919년 일
제의 지배를 거부하고 독립이라는 목표를 온 국민이 공유하도록
3·1운동을 준비하고 실행으로 옮긴 중심에 300만 신도를 가진 천
도교(동학)가 있었다. 이처럼 천도교가 독립운동의 중심이 될 수
있게 만든 이가 바로 손병희.

손병희는 충청북도 청주군(현재 청원군)의 중인계층이던 아전
손두흥의 둘째 아들로 태어났다. 그는 재가녀였던 어머니를 뒀다
는 이유만으로 차별과 멸시를 받으며 자랐다.

아버지를 아버지라고 부를 수 없는 처지를 이해할 수 없었던
손병희는 일곱 살 어린 나이에 아버지에게 "왜 그래야만 합니까?"
라며 항의할 정도로 부당한 처사를 순수히 받아들이지 못하는 아
이였다.

하지만 손병희의 항거는 신분제 사회였던 당시로서는 누구에

게도 인정받을 수 없는 치기에 불과했다. 그러나 손병희는 죽을 때까지 사회구조적 모순에 순응하지 않고 부당한 처사에 더욱 강하게 맞섰다.

열두 살 때 공금을 관아로 가져다 놓으라는 아버지의 심부름을 하던 중 얼어 죽어가는 사람에게 공금을 줬고, 친구의 아버지가 공금 횡령으로 사형을 당할 위기에 처하자 친구에게 집 안에 숨겨놓은 돈의 위치를 알려주면서 훔쳐 가라고 알려주기도 했다.

열일곱 살 때는 관리가 말에 사람을 매달아 끌고 가는 모습을 보고는 울분을 참지 못하고 말꼬리를 잘라버리기도 했다. 양반들이 초정약수터에 상민들의 접근을 막자 "약수터에서도 양반과 상놈의 차별이 있느냐?"라며 항의했을 정도로 잘못을 그냥 넘기지 않았다.

그런가 하면 길에서 300냥의 거금을 줍자 주인이 올 때까지 그 자리에서 기다렸다가 돌려줄 정도로 어려움을 보면 그냥 지나치지 못하는 따뜻한 마음을 지닌 젊은이기도 했다.

하지만 사람들의 눈에 젊은 손병희는 철없이 마냥 사고나 치고 다니는 한량 그 이상 그 이하도 아니었다. 하라는 공부는 하지 않고 불량배와 어울리며 술과 도박으로 시간을 보내는 손병희를 보고 사람들은 손가락질하며 비난했다.

결혼 후엔 제사에 참여할 자격이 없다는 말에 조상의 무덤을 곡괭이로 파헤쳐 효(孝)도 모르는 상종하기 싫은 인물로 낙인찍히기도 했다.

동학으로 새로운 삶을 살다

손병희의 삶을 180도 바꾸는 계기를 마련해준 게 동학이었다. 당조카 손천민이 "동학을 잘 믿으면 삼재팔난을 면할 수 있습니다." 라며 동학 입도를 권유하자 손병희는 "삼재팔난이 하루라도 빨리 왔으면 좋겠다. 이놈의 세상 뒤집혀서 잘난 놈 못난 놈 할 것 없이 모조리 다 죽어가는 모습을 보면 속이 시원하겠다."라며 동학에 관심을 보이지 않았다.

세상에 대한 불만이 가득 차 있던 심정과 함께 종교와 미신에 기대지 않고 주체적으로 살고자 했던 마음이 담겨 있다. 하지만 서택순이 "동학은 반상과 적서의 차별 철폐를 통해 누구나 평등한 세상을 만들려고 하는데, 같이 할 생각이 없느냐?"라고 물으니 손병희는 동학이 알고 싶어졌다. 그리고 얼마 뒤 자신이 만들고자 하는 세상과 동학이 꿈꾸는 세상이 다르지 않다고 생각한 손병희는 1882년 10월 5일 동학에 입도했다.

이 세상 사람 모두가 하늘처럼 존중받을 자격이 있으며 잘못된 세상을 바로잡아 외세의 침략을 막아야 한다고 말하는 동학에 입도한 손병희는 하고 싶은 대로 살던 과거의 삶을 완전히 끊어냈다. 술과 노름으로 시간을 보내던 손병희는 이 세상에 더 이상 존재하지 않았다.

그는 하루 3만 번 동학 주문을 읽고 외우며 깨달음을 얻기 위한 수행에 매진했다. 동학의 참된 진리를 깨우치고자 누구보다도 열심히 노력하는 손병희를 칭찬하는 소리가 제2대 교주 최시형에게도 전해졌다. 공주 가섭사에 머물던 최시형은 손병희를 직접 만나 사람 됨됨이를 평가한 후 미래를 대비할 인재로 육성하기로 마음먹었다.

최시형의 사람 보는 눈이 틀리지 않다는 걸 증명하듯 손병희는 동학의 교세를 높이는 동시에 사회 변화를 꾀하는 행동을 취했다. 1892년 동학을 만든 최제우의 신원운동을 전개하고 이듬해 1월에는 광화문 교조신원운동에 참여했다. 이어 충청북도 보은에서 열린 척왜양창의운동에서는 충의대접주로서 보국안민과 척왜척양을 주장하며 조선 정부의 변화를 촉구했다.

손병희의 노력에 점차 많은 민중은 세상이 바뀔 수 있다는 희망을 가지기 시작했다. 그런 가운데 1894년 1월 호남 지역에서 전봉준이 동학농민운동을 일으켰다. 당시 동학의 부접통령이던 손병희는 전봉준과 함께하길 희망했지만, 조정과의 무력 충돌에 회의적인 시각을 가지고 있던 대다수의 동학 북접이 반대하는 바람에 참여할 수 없었다. 하지만 손병희는 포기하지 않고 이 기회에 나라를 바로잡기 위해 북접도 동참해야 한다고 설득했다.

손병희의 노력 덕분에 최시형도 마음을 돌려 9월 18일 동학 총동원령을 내렸다. 손병희는 세상을 바로잡을 순간이 왔다며 기쁜 마음으로 동학군을 이끌고 전봉준과 연합전선을 구축했다. 공주 이인전투에서 120명을 사살하고 300여 명을 부상 입히는 승리를 거두기도 했으나, 우세한 화력을 가진 일본군을 이겨내지 못하고 우금치전투에서 크게 패배하고 말았다.

그러나 손병희는 물러서지 않고 전봉준과 함께 논산 황화대전투와 정읍 태인전투를 치렀다. 이후 불리해진 전세를 뒤집고자 전봉준과 헤어져 충북 영동 용산전투, 보은 종곡전투, 음성 되자니전투를 벌였으나 큰 성과를 거두진 못했다.

하지만 "정부가 무고한 백성을 벌하고 재산을 빼앗고 부녀자를 빼앗고 있어, 새로운 정부를 세워서 악정을 고칠 목적이었다."라고 훗날 신문조서에 밝힐 정도로 동학농민운동의 대의가 옳았음을 확신하며 후회하지 않았다.

동학과 나라의 변화를 꾀하다

손병희는 관군을 피해 함경도와 평안도로 피신하는 과정에서도 포교 활동을 게을리하지 않았다. 공로를 인정받은 손병희는 최시형을 대신해 동학을 끌어가는 실질적인 교주 역할을 수행했다. 최시형이 원주에서 체포되어 처형당하자 1897년 정식으로 제3대 교주가 되어 동학을 이끄는 최고 지도자가 되었다.

손병희는 교주인 자신이 국외로 피신해야 정부의 탄압으로부터 동학을 지킬 수 있다고 생각해 미국 망명을 추진했다. 일본을 거쳐 미국으로 가려 했으나 상황이 여의치 않자, 이상헌이라는 이름으로 일본에 머물렀다.

일본 망명은 비단 일신의 안녕을 위해서만은 아니었다. 동학농민운동 당시 서구 문물의 우수성을 확인한 손병희가 세상의 변화를 직접 보고 깨닫기 위한 유학길이기도 했다. 그는 일본에서 공부하는 한편 동학의 유능한 젊은이들이 서구 문물을 받아들여 조선을 일으켜 세울 수 있도록 도쿄 유학을 장려하고 지원했다.

그렇다고 국내 동학 조직과 조선의 발전을 위한 노력에 손을 놓고 있던 건 아니었다. 당시 조선은 아관파천 이후 대한제국으로 새 출발을 선언했지만 상황은 더욱 나빠지고 있었다. 외세에 의존한 광무개혁은 득보다 실이 더 많았고, 일본과 러시아는 노골적으로 대한제국을 식민지로 만들고자 압력을 가하고 있었다.

그런 가운데 1904년 러일전쟁이 일어나자 손병희는 일본을 도와주는 대가로 전승국의 자격을 얻어 대한제국을 자주 국가로 만들고자 하는 계획을 세웠다. 그 방안으로 이용구를 통해 회원 11만 명에 달하는 진보회를 조직해 근대문명 개화운동을 꾀했다.

"전 인민이 단결해 선진국의 문명개화를 따라 배우면 부패한 정치를 일소하고 독립을 보전할 수 있으므로, 정부에 그런 정치 개혁을 요구하고자 민회 운동을 시작했다."라고 목적을 밝혔지만 동학에 반감이 있던 대한제국에게 탄압받았다. 여기에 이토 히로부미는 송병준을 내세워 만든 친일단체 일진회를 진보회와 통합시켰다. 일본을 이용하려던 계획이 오히려 일본에 역이용당하면서 동학이 친일 종교라는 인식이 퍼졌다. 무고한 동학교도들이 친일파로 오해받아 의병에게 피살되는 일이 벌어지기도 했다.

동학에 큰 위기가 닥쳤다고 판단한 손병희는 진보회를 이끌던 이용구를 내쫓고 1906년 동학을 천도교로 바꿨고, 귀국해 천도교를 민주적이면서도 근대적 종교로 탈바꿈하는 변화를 꾀했다.

우선 천도교 중앙총부를 설치하고 교구제를 시행하는 등 모든 사무를 근대적으로 전환했다. 대헌을 제정해 교칙에 의한 교단 운영을 지시하고 지방 교구는 교구 책임자를 교인 선거로 선출했다. 예결산 등 주요 의안을 다루는 의정회 또한 교인 선거로 뽑는 등 민주주의 요소를 반영시켰다.

손병희는 동학에 대한 부정적 이미지를 불식시키는 데는 성공했으나 이용구가 천도교의 많은 재산을 빼돌린 상황이어서 재정적 어려움을 해결해야 했다. 손병희는 성미법을 시행하며 재정적 어려움을 타개하려 했다. 성미법이란 밥을 하기 전 쌀을 한 숟가락씩 덜어내 천도교에 성금으로 내게 하는 제도로, 많은 신자가 손병희의 뜻에 동참하면서 천도교는 금세 교세를 회복할 수 있었다.

손병희는 모인 돈을 나라를 위해 아낌없이 사용했다. 우선 인재를 양성하고자 보성전문학교를 인수했다. 이후 동덕여학교, 문창학교, 보창학교, 대구 일신여학교를 경영하거나 지원했다. 이외에도 청주 종학학교, 서울 양덕여자보통학교·오성학교, 대구 교남학교 등 전국에 많은 학교를 세우고 운영했다. 또한 박문사 인쇄소를 설립하고 〈만세보〉 창간을 통해 빠르게 변화하는 시대상을 한국인에게 보여주며 우리가 나아가야 할 바를 제시했다.

그러나 대한제국은 바로 서지 못했다. 이 과정에서 천도교도 일제에게 반일 단체로 찍히면서 유사종교 단체로 지정되어 늘 감시와 탄압을 받으며 어려움을 겪어야만 했다.

3·1운동을 준비하다

제1차 세계대전이 끝난 이후 약소국들이 독립했다는 소식이 들려왔다. 여기에 일본 유학생들이 독립을 요구하는 2·8독립선언을 외치자 손병희는 지금이야말로 독립을 이룰 기회라고 생각했다. 기독교와 불교 지도자들을 모아 일본을 향해 독립선언을 한 뒤, 학생들과 연대해 독립 만세를 부르기로 계획했다.

이 과정에서 손병희는 3·1운동이 성공적으로 이뤄지도록 막대한 자금을 지원했다. 기독교 이승훈에게 5천 원, 상하이 신한청년당에 3만 원, 만주에 독립자금 6만 원 등 엄청난 거금을 흔쾌히 내놓았기에 3·1운동은 순조롭게 진행될 수 있었다. 당시 100원이 오늘날 200만 원에 해당하는 바 손병희가 내린 결단이 얼마나 대단했는지를 알 수 있다.

손병희가 없었다면 3·1운동은 시작조차 하지 못했을지도 모른다. 손병희를 대표로 천도교 대표 15인, 기독교 대표 16인, 불교 대표 2인 등 민족 대표 33인이 서명한 기미독립선언서가 작성되자, 손병희는 보성사에서 2만 1천여 장을 인쇄하도록 했다. 인쇄 도중 종로경찰서 친일 순사였던 신승희가 급습하자, 손병희가 5천 원으로 매수해 3·1운동이 원활하게 진행될 수 있게 했다. 우여곡절 끝에 인쇄된 기미독립선언서가 전국에 배포된 결과, 3·1운동은 거족적인 민족운동으로 발전할 수 있었다.

그러나 손병희가 호화로운 생활을 영위했으며 3·1운동 당시 학생들과의 연대를 지키지 않았다는 비판도 따랐다. 또한 일본 경찰에게 스스로 신고하고 잡혀 들어가 징역 3년을 받고 1년 8개월 만에 병보석으로 풀려난 점을 학생들이 겪은 고충과 비교해 업적을 깎아내리는 사람도 있다.

그러나 손병희는 누구보다 깨어 있는 지식인이자 민족지도자였고 독립운동가이자 사상가였다. 그는 3·1운동으로 당장 독립을 이룰 수 있다고 생각하지 않았다.

"우리가 만세를 불러도 당장 독립되는 것은 아니오. 그러나 겨레의 가슴에 독립정신을 일깨워줘야 하기 때문에 이번 기회에 꼭 만세를 불러야 하겠소."라고 말한 것처럼 희망을 잃어가는 우리의 독립 의지에 불을 지피고자 했다. 그의 희망대로 3·1운동으로 우리 모두가 독립을 원하며 독립을 반드시 이뤄낼 수 있다고 믿음을 갖게 되었다. 또한 대한민국 임시정부 수립 등 독립운동 기반이 마련되었다.

손병희는 나라를 위한 일이라면 종교를 넘어서는 위대함도 보였다. 3·1운동 당시 천도교보다 신도 수도 적고 재정도 부족했던 기독교에 아무 조건 없이 민족 대표를 제안하고 자금을 지원했다.

이외에도 많은 이가 입헌군주제를 주장하는 가운데 손병희는 민주공화제를 추진할 정도로 사고의 유연성을 가지고 결단력 있게 행동했다.

이 세상에 완벽한 사람은 없다. 살아가면서 판단을 잘못해 실수하고 초심을 잃어버리는 경험을 한 번쯤 했을 것이다. 손병희도 러일전쟁 중에 상황 판단을 잘못해 이용구를 중용함으로써 동학과 나라를 위태롭게 만드는 등 사람을 제대로 보지 못한 적도 있다. 그러나 그것만으로 손병희를 부정할 순 없다.

손병희의 일생을 전체적으로 조망하면, 젊은 시절의 그는 사회 부조리를 바로잡으려 했고 노년이 된 일제강점기 때는 나라를 되찾는 데 모든 걸 걸었다.

그렇게 평생을 살아온 손병희는 3·1운동으로 서대문형무소에 수감되어 있을 때 뇌출혈로 거동조차 할 수 없었다. 일제는 감옥에서 손병희가 죽으면 한국인의 저항이 거세질까 봐 두려워 수감된 지 1년 8개월 만에 병보석으로 풀어줬다.

죽음마저도 일제를 두렵게 했던 손병희의 동상이 탑골공원에 있다. 탑골공원이 고령사회의 아픈 단면을 상징하는 장소가 아닌 3·1운동의 시작점으로 재정립되길 소망해본다.

우리동네 인물 탐구

· 동상 위치 ·

서울시 종로구 종로 99, 탑골공원
충청북도 청주시 청원구 북이면 금암리 385-2, 손병희선생유허지
충청북도 청주시 상당구 수동 산4-40, 삼일공원

· 손병희 연보 ·

1861.4.8.	충청북도 청원 출생
1882	동학 입교
1892	교주 최제우 신원운동 전개
1894	북접 농민군 이끌고 일본군과 교전
1897	동학 제3대 교주 취임
1901	일본 유학
1904	진보회 조직 『삼전론』 발표 신생활운동 전개
1906	동학을 천도교로 개칭
1919	3·1운동 전개 및 수감
1922.5.19.	서거
1962	건국훈장 대한민국장 추서

오직
독립, 독립, 독립이다

조국은 바꿀 수 없다,
서재필(徐載弼, 1864~1951)

서재필 동상

서대문독립공원 입구에 있는 동상 주변에서는 많은 사람이 머물면서 휴식을 취하기도 하고 담소를 나누기도 한다. 근처 아파트에 사는 아이들이 동상 주변을 뛰어다니며 즐거운 시간을 보내는 모습도 심심치 않게 볼 수 있다.

근처에 살지 않아도 각종 방송에서 서대문형무소 역사관과 서대문독립공원이 소개될 때마다 이 동상은 빠지지 않고 등장해 친숙함을 준다. 1990년 서대문독립공원에 세워진 동상의 주인공은 서재필이다.

서재필은 1864년 외가가 있던 전라남도 보성에서 태어났다. 태어난 지 얼마 되지 않아 충청남도 논산에 있는 본가로 보내졌다. 군수인 아버지는 타지로 부임을 자주 나갔고, 서재필도 여섯 살에 5촌 당숙 서광하의 양자로 입적되면서 어린 시절 부모와 만남이 적었다. 더욱이 일곱 살에 양부의 외숙 김성근의 서울 집으로 유학을 가면서, 어린 나이에 마음 편히 기댈 수 없는 환경에서 외롭게 자랐다.

마음을 터놓을 수 있는 형이자 친구이며 삶의 방향을 바꿔버린 인물을 만나게 되는데, 바로 열세 살 연상의 김옥균(1851~1894)이다. 시간이 흐를수록 서재필에게 있어 김옥균은 형을 넘어서 부모의 역할을 대신해주는 가장 중요한 사람이 되어갔다. 서재필은 자연스럽게 김옥균을 통해 홍영식, 박영효, 서광범 등 개화사상을 주장하던 이들과 친분을 쌓으며 성장했다.

열아홉 살 되던 1882년 별시 병과에 합격해 서적 발간을 담당하는 교서관 부정자로 관직을 시작한 서재필은 이듬해 일본으로 유학을 떠났다. 무난하게 관직 생활을 할 수 있었던 서재필이 일본 호산 육군학교에 입학한 건 조선이 근대식 군대를 가진 강국으로 거듭나야 한다는 김옥균의 말이 컸다. 과거시험에 합격하던 해 일어난 임오군란에서 조선 군대가 청나라 군대에 허무하게 무너지던 모습도 한몫했다.

젊은 혈기의 서재필은 강군을 만들겠다는 사명감으로 1년 동안 열네 명의 동료와 동고동락하며 군사훈련을 받았다. 고국으로 돌아오는 길에서 서재필은 나라를 위해 일할 수 있다는 생각에 너무도 기뻐 온몸을 주체할 수 없었다.

귀국해 궁궐수비대에 배치된 서재필은 고종을 알현하는 자리에서 사관학교 건립을 건의했다. 고종 또한 조선의 앞날을 위해서는 근대식 군대가 필요하다는 생각을 하고 있었기에 서재필의 요청을 흔쾌히 승낙했다.

고종은 서재필을 조련국 사관장으로 임명했지만 정작 사관학교는 설립되지 못했다. 대외적으로는 조선이 근대식 군대를 갖지 않길 바라는 주변국의 반대가 있었고, 대내적으로는 기득권을 잃어버릴까 봐 걱정한 수구파의 반대가 있었다.

기대가 컸던 만큼 실망도 컸던 서재필에게 김옥균이 다가왔다. 청의 간섭으로 어느 것 하나 뜻대로 개혁할 수 없는 상황을 타개해 자주적인 나라를 만들자는 김옥균의 이야기는 젊은 서재필의 가슴을 다시 뜨겁게 만들었다.

서재필은 김옥균과 뜻을 함께하기로 하고 갑신정변을 일으키는 데 동참했다. 정변 과정에서 병조참판 겸 정령관(正領官)에 임명된 서재필은 수구파를 처단하고 고종을 호위하는 역할을 맡았다.

그러나 갑신정변의 주역들은 일본의 숨은 계략을 제대로 파악하지 못하고 있었다. 정변 과정에서 많은 부분을 일본에 의존했고 그들 자신도 엘리트 의식에 사로잡혀 토지분배 등 국민이 진정으로 원하는 게 무엇인지 제대로 읽지 못했다.

결국 나라와 백성을 위해 정변을 일으킨 목적과는 달리 외세를 끌어들여 나라를 위태롭게 만드는 결과를 초래하고 말았다. 갑신정변에 부정적 평가를 내린 국민의 냉담한 시선과 조선에 대한 기득권을 빼앗기지 않으려는 청군의 개입으로 갑신정변은 사흘 만에 실패하고 만다.

서재필은 재기를 노리며 눈물을 머금고 일본으로 망명했으나, 일본이 갑신정변의 피해자라고 주장하며 조선에 이권을 요구하는 모습에 미국 망명을 결심했다.

고국에서 들려온 가슴 아픈 소식도 한몫했다. 갑신정변을 일으킨 자신 때문에 부모와 형 그리고 부인이 음독자살하고 동생이 참형당했다는 것이었다. 거기에 두 살밖에 안 된 아들이 돌봐주는 이가 없어 굶어 죽었다는 이야기를 들은 서재필은 조선으로부터 최대한 멀리 도망가고 싶었다.

미국인이 될 수 없었던 서재필

미국으로 건너간 서재필은 일과 공부를 병행하며 잠시도 쉬지 않았다. 몸을 혹사한다고 할 정도로 바쁘게 움직였다. 잠시라도 쉬는 순간이 생기면 자신 때문에 가족을 비롯한 많은 동지가 죽어가는 모습이 떠올라 너무도 괴로웠다.

서재필은 모든 걸 잊고 새출발을 하고자 이름마저 필립 제이슨(Philip Jaisohn)으로 개명하고 국적도 바꿨다. 젊은 나이에 너무도 큰 고통과 아픔을 겪은 서재필의 사연을 듣고 같이 슬퍼하며 위로해준 어느 미국인이 펜실베이니아의 한 고등학교에 입학할 수 있도록 도와줬다.

서재필은 입학하는 순간부터 한시도 쉬지 않고 공부에만 매달렸다. 과거에 합격할 정도로 뛰어난 학식을 갖춘 그였지만, 그가 기존에 익힌 지식은 미국 생활에 큰 도움이 되지 못했다. 그렇기에 처음부터 배운다고 생각하곤 최선을 다했다. 그 결과 유색인종 차별이 매우 심한 미국에서 서재필은 해리힐맨 고등학교 졸업생 대표로 고별 연설을 할 수 있었다.

이후 학업을 이어가고자 라파예트대학에 입학했으나 학비가 부족해 2년 만에 중도 포기하고 워싱턴으로 이주했다. 그곳에서 미 육군 총감부 도서관의 번역원으로 일하며 돈을 모았고 조지워싱턴의과대학을 2등으로 졸업할 수 있었다.

1890년 미국 시민권을 취득한 서재필은 가필드 병원에서 근무하며 모교로 강의를 나갔다. 의사로 새출발했지만 미국 사회는 녹녹지 않았다. 인종차별로 서재필의 진료를 거부하는 사람들과 서재필의 강의를 거부하는 학생들로 마음고생을 심하게 했다.

서재필은 결국 가필드 병원을 퇴사하고 개인 병원을 개업하며 문제를 해결했다. 1894년에는 미국 철도 우편 사업 창설자 암스트롱의 딸인 뮤리얼 암스트롱(Muriel Amstrong)과 결혼식을 올리며 완벽한 미국인으로 자리 잡았다. 하지만 미국 시민권을 가지고 개인 병원을 운영하며 미국 여성과 결혼했어도 서재필은 미국인이 될 수 없었다.

삶이 안정될수록 고국에서 힘들어하는 동포들이 떠올랐다. 젊은 시절의 꿈과 가족을 앗아간 조국이었으나, 오랜 세월 생각을 곱씹을수록 자신에게 아픔을 준 건 조선이 아니라 위정자들이었다. 순박하기 그지없고 주어진 삶에 최선을 다하는 다수의 한국인이 고생하는 모습을 떠올리면 늘 마음이 무거웠다.

그런 가운데 박영효가 미국으로 건너와 조선을 위해 다시 한번 힘을 써달라고 부탁해왔다. 여러 날을 고민한 서재필은 과거와 달리 근대화에 대해 필요성을 인지하고 있는 조선이라면 미국에서 배운 지식으로 젊은 시절 이루지 못한 꿈을 이룰 수 있겠다는 희망을 갖게 되었다. 또한 자신에 대한 대역죄가 사면되고 과거 동지였던 박영효와 서광범이 재기해 정권의 중심에 있다는 점도 한몫했다. 서재필은 미국에서 어렵게 만들어놓은 삶의 기반을 모두 놓아둔 채 1896년 조선으로 귀국했다.

독립협회 실패에도 조국을 걱정하다

조선으로 돌아온 서재필은 민중의 마음을 헤아리지 못했던 젊은 서재필과 달랐다. 그는 국가 발전을 위해 민주주의 제도를 정착시키고 민중을 깨우쳐야 한다고 생각했다.

민중이 스스로 깨우치는 데 도움을 주고자 한글과 영문으로 된 〈독립신문〉을 발행했다. 그리고 민주주의 제도를 도입하는 등 자주적인 나라를 만드는 데 일조하고자 뜻을 같이하는 인사들과 함께 독립협회를 창설했다. 독립협회를 통해 조선이 어느 나라의 간섭도 받지 않는 자주국임을 대내외적으로 보여주고자 청나라 사신을 맞이하던 영은문 자리에 자주를 상징하는 독립문을 세웠다.

이외에도 러시아의 절영도 조차를 막고자 만민공동회를 개최하고 배재학당에서 학생들에게 신학문을 가르쳤다. 강의에 치중하면서도 청년 스스로가 생각하고 결정할 수 있도록 학생토론회 조직인 협성회를 만들어 운영했다. 그래서였을까? 서재필이 배재학당에서 세계 역사와 지리 그리고 민주주의 등 꼭 필요한 지식을 가르치는 매주 목요일이면 수많은 학생이 그의 강의를 듣기 위해 물밀듯이 몰려들었다. 이 강의를 들은 학생들 중에는 이승만처럼 훗날 독립운동에 매진한 청년이 많았다.

그러나 나라를 위해 일하는 기쁨은 오래가지 못했다. 근대적인 개혁을 거부한 수구파와 고종이 독립협회를 탄압하고, 서재필을 미국으로 쫓아버리고자 중추원 고문에서 해고했다. 조국을 위해 모든 걸 내던지고 온 서재필이 다시 한번 절망감을 느끼는 순간이었다. 서재필이 중추원 고문에서 해임되어 미국으로 떠난다는 소식이 들리자, 독립협회는 서재필이 떠나지 못하도록 만민공동회를 개최했다.

그러나 서재필은 미국으로 돌아가려는 결심을 바꾸지 않았다. 갑신정변 때 정부에 의해 가족들이 희생되어야 했던 기억이 크게 작용했다. 조선에 남으면 혹여라도 갑신정변 때처럼 많은 이가 피해를 보게 될까 봐 두려웠다. 또한 여전히 변화를 거부하는 고종과 수구파들에 대한 불신과 실망도 일정 부분 영향을 미쳤다.

서재필은 미국으로 돌아간 뒤 미국-스페인 전쟁에 참여하는 등 바쁜 시간을 보냈다. 번뇌를 없애고자 몸을 바삐 움직였다. 다시 개인 병원을 열고 대학에서 해부학을 강의하며 마음의 정리를 어느 정도 마쳤다고 생각했다.

그러나 조국의 아픈 현실은 잊겠다고 잊히는 게 아니었다. 조국에 남아 있는 사람들에 대한 걱정은 날이 갈수록 커졌고 조국을 사랑하는 마음은 더욱 불타올랐다.

3·1운동 소식을 들은 서재필은 우리에게 독립을 이룰 수 있는

내재적 힘이 충분히 있다고 생각하곤 '재미한인전체대표회의'에서 외교 고문이 되어 필라델피아에 외교통신부를 설치했다. 외교통신부라고는 하지만 변변한 운영자금도 없는 상황이어서 서재필은 모든 재산을 쏟아부어야 했는데, 생활기반이 무너질 정도로 경제적 어려움을 겪었지만 마음은 오히려 가벼워지고 즐거웠다.

서재필이 한국의 독립을 위해 최선을 다한 결과 1919년 필라델피아에서 대한민국 임시정부를 지지하는 한인자유대회 결의안을 채택시킬 수 있었다. 또한 태극기를 들고 시내를 돌아다니며 독립에 대한 우리의 열망이 얼마나 큰지를 미국인들에게 심어줬다.

대한민국 임시정부는 서재필이 미국에서 독립선언식을 거행하며 한국 독립의 당위성을 알린 사실에 크게 고무되었다. 임시정부는 서재필을 대미외교 고문으로 임명하고 필라델피아의 대한인국민회 외교통신부를 대한민국 통신부로 승격시켰다.

서재필은 임시정부의 기대를 저버리지 않았다. 한국의 독립을 지지하는 미국 정치인들을 규합한 '한국친우회'를 조직해 미 상원과 하원에서 '한국독립찬조 결의안'이 제안될 수 있도록 했다. 또한 미국인에게 한국인의 독립 의지를 보여주고자 〈한국평론〉을 발행했다.

독립 조국을 위해 태평양을 건너다

1921년에는 구미위원부 위원장 자격으로 미국 대통령 당선자인 하딩을 만나 한국 독립을 위한 지원을 요청했다. 미국 대통령 당선자가 주권이 없는 민족 대표를 만났다는 것 자체가 매우 이례적인 일로 한국인들을 고무시키기에 부족함이 없었다. 또한 태평양 지역에 이해관계를 가진 열강들이 모이는 국제회의인 워싱턴 회의에 대한민국 임시정부 전권부사로 파견되어 미 국무장관 휴즈를 만나 한국의 독립 문제를 공식적으로 거론해달라고 요청했다.

이 모든 것들을 수행하기 위해선 많은 돈이 필요했지만 서재필은 외부에서 한 푼도 받지 않고 모두 자신의 돈으로 해결했다. 조국의 독립을 위해서라면 어느 것 하나라도 아까워하지 않고 내놓던 서재필은 결국 파산해 어려운 생활을 이어가야 했다.

다행히 서재필의 노력은 헛되이 사라지지 않았다. 일제가 패망하기 전 제2차 세계대전 전후 처리를 위한 카이로·포츠담 회의에서 강대국들이 한국의 독립을 결의했다. 독립 이후에는 미군정 자문기관인 민주의원 의장대리 김규식과 미군정 사령관 하지 중장이 대한민국의 적체된 문제를 해결하고자 서재필의 귀국을 요청했다.

1946년 랭던이 작성한 문서를 보면 "하지 장군은 현재와 같은 정치적 혼란과 과열 상태에서 근대 한국 정치 개혁의 창시자라는 명성과 더불어 역사적 사건들에 관여해 온 서재필 박사와 같은 존경할 만한 인물이 타협과 이성을 회복하는 데 좋은 영향을 미칠 수 있으며, 미군정에도 현명한 자문을 줄 수 있을 거라고 판단하고 있습니다. 이에 대해 저도 동의하는 바입니다."라고 되어 있는데, 미군정이 서재필에 거는 기대가 얼마나 컸는지 알 수 있다.

자문 요청을 받은 83세의 서재필에게 태평양을 가로지르는 긴 항해는 전혀 문제가 되지 않았다. 1947년 7월 1일 인천항을 통해 독립을 맞은 조국을 다시 밟은 서재필의 얼굴에 뜨거운 눈물이 흘러내렸다.

하지만 독립을 맞이한 한국의 현실은 날이 갈수록 악화되었다. 강대국들 간의 이해관계로 남북이 분열되고 권력을 잡기 위한 다툼이 멈출 생각을 하지 않았다. 자신 때문에 한국이 더욱 분열되고 있다는 죄책감을 이기지 못한 서재필은 미국으로 돌아가기로 결심했다. 소식을 들은 사람들이 몰려와 서재필에게 출국하지 말아 달라고 부탁했다. 이에 서재필은 "새로운 대한민국은 젊은 사람이 대통령이 되어야 한다."라고 대답했다.

청년 서재필이 독립을 위해 뛰어다녔던 것처럼 광복 이후의 새로운 세상은 자신처럼 늙은 사람이 아닌 제2의 서재필과 같은 청년들이 만들어야 한다고 강조한 것이다. 그렇게 미국으로 돌아간 서재필은 6·25전쟁이 한창이던 1951년 세상을 떠났다.

"조선의 청년들이여. 그대들의 인생 최고 목적은 조국을 위한 의무를 다하는 것이다. 조국은 여러분이 정직하고 정의롭기를 기대한다."

청년들이 지금보다 더 나은 미래를 만드는 세상이야말로 서재필이 평생 바라던 대한민국의 모습이 아니었을까.

우리동네 인물 탐구

· 동상 위치 ·

서울시 서대문구 통일로 251, 서대문독립공원
전라남도 보성군 문덕면 용암길 8, 서재필기념관
미국 워싱턴주 워싱턴 D.C. 주미국 대한민국 대사관

· 서재필 연보 ·

1864.1.7.	전라남도 보성 출생
1882	별시문과 병과 합격 교서관 부정자 임명
1883	일본 도야미육군학교 유학
1884	사관학교 설립 건의 조련국 만들어 사관장 취임 갑신정변 참가
1885	미국 망명
1896	중추원 고문 <독립신문> 창간 독립협회 창설 독립문 건설
1919	한인친우회, 독립운동후원회 조직 임시정부 구미위원회 위원장 영자 독립신문 <인디펜던트> 간행
1922	워싱턴 회의에서 독립 호소
1947	미군정청 최고정문관으로 귀국
1951.1.5.	서거
1977	건국훈장 대한민국장 추서

대한민국 초대 부통령 이상의 업적

2인자였기에 더 대단하다,
이시영(李始榮, 1869~1953)

이시영 동상

이시영은 한국 독립운동사에서 빠질 수 없는 중요한 인물이며, 대한민국 초대 부통령으로 다시는 외세에 흔들리지 않을 나라를 만들고자 부단한 노력을 기울인 분이다. 그러나 그는 맨 앞에서 두각을 드러내는 1인자가 아니라 만년 2인자였다.

대한민국 임시정부를 말할 때 보통 김구만 떠올린다. 또 노블레스 오블리주의 대명사로 6형제와 함께 오늘날로 환산해 600억 원이 넘는 재산을 독립운동을 위해 쏟아부은 이회영은 기억하지만, 동생 이시영을 기억하는 이는 드물다. 대한민국 정부의 초대 대통령 이승만은 잘 알지만, 부통령 이시영은 잘 기억하지 못한다.

이렇듯 이시영은 드러나지 않는 2인자였지만 평생 확고한 가치관과 의지로 나라를 위해 살았다. 아무리 가깝고 오랫동안 뜻을 함께해 왔을지라도 옳다고 생각하는 바와 같지 않으면 따르지 않았다. 언제나 신념에 걸맞은 행동을 보여줬다. 그렇기에 이시영은 누구도 무시하거나 함부로 대하지 못하는 작은 거인이었다.

이시영의 집안은 이항복의 후손으로 여섯 명의 정승과 두 명의 대제학을 배출해 조선 후기 '삼한갑족(三韓甲族)'이라고 불렸던 명문가였다. 이시영의 아버지 이유승도 이조판서를 역임한 고위 관료이자 우국충정의 모델로 존경을 한 몸에 받던 인물이었다.

을사늑약이 체결되자 국권 회복을 위한 상소를 올리며 통곡한 이유승의 국가관과 뛰어난 자질은 자식들에게 그대로 전해졌다. 그래서일까? 이시영을 비롯한 여섯 형제는 독립운동에 있어서 절대 빠질 수 없는 업적을 쌓았고 많은 이의 존경을 받았다.

여섯 형제 중 다섯째로 태어난 이시영은 1885년 열일곱 살 어린 나이에 급제해 형조좌랑을 거쳐 서연관으로 진급했다. 6년 뒤에는 증광문과 병과에 급제해 부승지를 비롯한 궁내부 수석참의에 오르는 등 빠른 승진을 했다. 이시영의 집안이 명문가라는 점을 무시할 순 없겠지만, 10년여 동안 많은 직책을 훌륭히 수행한 특출한 능력이 있었기에 가능한 일이었다.

그러나 관료로 일을 할수록 정국이 돌아가는 상황에 답답함과 울분이 밀려왔다. 외세의 침략은 거세지는데, 조정에는 자리를 지키는 데 급급하거나 부정·비리만 저지르는 관리들로 득실거렸다. 이를 해결할 힘이 자신에게 없다는 사실에 이시영은 힘들어했다.

그런 가운데 1896년 장인이자 조선의 마지막 영의정이었던 김홍집이 군중에게 살해당하자, 이시영은 큰 충격을 받고 관직에서 물러났다. 이후 열강의 침략에 대응하기 위해서는 한학이 아닌 서양 학문을 배워야 한다고 생각하곤 형 이회영과 함께 공부에 매진했다.

그렇게 10년의 공부 끝에 외교교섭 국장으로 복귀한 이시영은 외부대신 박제순에게 절대로 을사늑약을 받아들여서는 안 된다고 강하게 말했다. 그러나 일본에 매수된 박제순은 이시영의 말을 듣지 않고 나라를 팔아버리는 매국 행위를 저지르며 훗날 을사오적 중 하나가 된다. 매우 화가 난 이시영은 박제순의 딸과 혼인하기로 약속한 조카를 설득해 파혼시켜버린다. 그리고는 박제순에게 절교를 선언하고 관직에서 물러났다.

하지만 세상은 이시영을 필요로 했다. 이시영은 1906년 조정의 부름에 평안남도 관찰사로 부임해 국민의 처참한 삶을 도와주는 데 최선을 다했다. 또한 을사늑약 이후 본격적으로 침탈하는 일제의 침략에 맞서고자 공직자로서 한성재판소장, 고등법원 판사가 되어 민중을 보호했다.

해외에서 독립을 위해 2인자가 되다

이시영은 관료가 아닌 개인 자격으로 비밀결사조직인 '신민회'에 가담했다. 국권 회복을 위해 조직된 신민회에는 널리 알려진 독립운동가들이 많았다.

안창호, 박은식, 이동녕 등 우리나라를 대표하는 800여 명의 민족지도자가 국권을 회복해 공화정체의 자유 독립국을 세우고자, 겉으로는 교육사업과 민족 산업진흥을 위한 실업장려운동을 펼치면서 비밀리에 국외에서 독립군을 양성하고 있었다.

이시영은 형 이회영의 뜻을 좇아 1910년 12월 가족 50여 명과 함께 매서운 눈바람을 뚫고 서간도 유하현 삼원보로 망명했다. 당시 이회영과 이시영을 비롯한 형제들이 가지고 간 돈이 40만 원으로, 지금의 화폐가치로 환산하면 최소 600억 원에서 최대 2조 원에 가까운 엄청난 돈이었다.

이시영은 간도로 떠나는 자리에서 "내가 이 문으로 다시 들어올 날이 없다면 자자손손이라도 들어올 날은 있으리라. 그리고 내가 이 문을 나설 이 시간으로부터는 별별 고초와 역경을 당하더라도 하늘을 원망하고 남을 탓하지 아니하리라."라고 맹세했다.

굳은 결심으로 삼원보에 도착한 이시영은 교육과 상공업을 발전시켜 독립 기반을 마련하는 경학사와 독립군 간부를 양성하는 신흥강습소를 세우는 데 매진했다. 필요한 경비의 대부분을 제공했음에도 이시영은 직책에 연연해하지 않았고 전문적 지식을 갖춘 인재에게 직책을 양보했다.

경학사는 이상룡이 초대 사장으로 취임하고 신흥강습소는 이동녕이 초대 교장으로 부임하는 등 적재적소에 유능한 인물이 배치됨으로써 짧은 시간 안에 많은 성과를 가져올 수 있었다. 삼원보에 독립운동 기반이 마련되었다는 소식이 퍼져 많은 젊은이가 찾아오자, 신흥강습소 교명을 신흥무관학교로 바꾸며 규모를 늘렸다. 그 결과 신흥무관학교 출신들은 명예와 자부심을 가지고 청산리전투 같은 무장 독립운동에서 큰 활약을 펼칠 수 있었다.

이시영은 삼원보의 독립운동기지만으로는 독립을 이루기 어렵다고 생각했다. 그리하여 독립을 앞당길 수만 있다면 어떤 방법이라도 도입하고 적용해 시도할 필요가 있다고 믿었다. 그 첫 번째 방안으로 한국인의 마음을 하나로 결집시키며 일제에 의한 강제 합병도 증언할 수 있는 고종 망명을 준비했다.

하지만 1919년 고종이 죽고 3·1운동이 일어나자 계획을 변경해 대한민국 임시정부 수립 회의에 참석했다. 그리고 많은 노력이 모여 국민의 염원이 담긴 대한민국 임시정부가 4월 13일 수립되는 순간 이시영은 뜨거운 눈물을 흘렸다. 비록 완전한 독립은 아니지만, 분산되어 있던 독립운동이 일원화될 수 있다는 사실에 떨리는 몸을 주체할 수 없었다.

초대 법무총장으로 참여한 그는 곧 재무총장이 되어 임시정부의 살림을 맡았다. 그리고 독립하는 날까지 임시정부와 함께했다. 하지만 임시정부와 함께하는 독립운동은 매우 힘들고 어려운 일이었다.

임시정부 내에서 이승만 임시 대통령에 대한 탄핵과 독립운동 방향을 두고 분열이 일어나자, 이를 해결하기 위해 국민대표회의가 열렸다. 하지만 이시영의 바람과는 달리 결과가 좋지 않았다.

많은 독립운동가가 임시정부를 떠나 뿔뿔이 흩어졌지만 이시영은 묵묵히 임시정부를 지켰다. 국민의 염원과 희망으로 수립된 임시정부를 버린다는 건 이시영에게 있을 수 없는 일이었다.

모든 독립운동가가 독립을 이루려는 방법만 다를 뿐 독립이라는 목적이 같기에, 각자 자기 자리에서 맡은 바 일에 최선을 다하면 언젠가는 대한민국 임시정부가 중심이 되어 독립을 이뤄낼 수 있을 거라고 믿었다.

하지만 현장에서 독립운동을 하기에는 이시영의 나이가 너무 많았다. 그는 주로 재무, 법무, 감찰을 담당하며 독립운동가들이 현장에서 마음껏 활동할 수 있도록 뒷받침해주는 일을 맡았다. 그렇다 보니 이시영의 독립운동은 겉으로 드러나지 않을 때가 많았다. 하지만 독립 외에는 어떤 명예나 지위도 바라지 않던 그였기에 주변 사람들의 평가에 연연해하지 않았다. 그럴 시간에 임시정부를 위한 일을 하나라도 더 하고자 했다.

임시정부는 풍족한 자금으로 독립운동을 펼칠 수 있는 상황이 한 번도 없었다. 그렇기에 이시영은 누구에게도 아쉬운 소리를 하지 않고 임시정부가 운영될 수 있도록 모든 역량을 다 쏟아부었다.

예를 들어 김구가 단장으로 의거 활동을 펼쳤던 한인애국단이 이봉창·윤봉길 의거로 독립운동의 획기적인 변화를 가져올 때도 이시영이 있었다. 한인애국단을 조직하는 데 도움을 줬고 의거 후에는 임시정부 요인들이 피신할 수 있는 도피처를 마련하느라 동분서주했다.

1940년대 일본군을 피해 중국 국민당을 따라 이동하던 임시정부가 안전하게 독립운동을 지도할 수 있도록 안살림을 책임졌다. 또한 중국 국민당의 지원을 받아 독립운동을 펼칠 수 있게 된 상황에서는 한 푼의 돈도 헛되이 쓰이지 않고 독립에 사용되도록 재무부장으로서의 역할을 다했다.

광복을 맞은 조국에 정의를 지키다

나라를 되찾고자 인생을 바친 이시영은 1945년 77세 때 대한민국으로 돌아왔다. 독립을 위해 만주로 떠났던 6형제 중 유일하게 한국 땅을 밟은 것이었다. 하지만 안타깝게도 미군정이 대한민국 임시정부를 인정하지 않아 개인 자격으로 귀국할 수밖에 없었다. 그러나 이시영은 굴하지 않았다. 당당하게 임시정부 시절 사용하던 예전 직함을 그대로 사용했다.

경교장에서 열린 첫 대한민국 임시정부 국무회의에 참석한 그는 광복을 대비해 만들어놓은 「대한민국 임시헌장」과 「대한민국 건국강령」을 신문에 실어 온 국민이 알 수 있도록 했다. 독립이 우리의 노력으로 이뤄졌으며 대한민국이 나아갈 바가 무엇인지를 국민에게 알려주기 위해서였다.

하지만 미·소 강대국의 알력 다툼과 민족지도자들의 분열로 그동안 꿈꿔온 자주독립국 건설이 점점 소원해져 갔다. 이에 이시영은 1946년 김구와 함께 제2의 독립운동을 선언하고 대한독립촉성국민회 위원장이 되어 신탁통치반대운동을 펼쳤다.

그와 함께 독립을 보지 못하고 돌아가신 독립운동가들을 위한 추모 행사를 진행하거나 참여했다. '신채호·이회영 등 선열 43위 추도식'에 유족 대표로 참여해 대한민국 임시정부를 함께 이끌다가 죽은 이동녕을 위한 추념식을 거행했다.

이외에도 기미독립선언기념사업회 회장, 삼일건국동지회 발기, 이준열사추념준비회 발기인, 의열사안중근선생기념사업협회

고문을 맡아 나라를 위해 목숨 바친 수많은 독립운동가가 제대로 기억될 수 있도록 노력했다.

이시영으로 하여금 모든 일에서 손을 놓게 만든 일이 1946년에 발생했다. 여운형이 피습당하는 사건을 두고 좌익단체 민주주의민족전선(이하 '민전')이 이시영이 위원장으로 있던 대한독립촉성국민회를 테러 집단으로 규정한 것이었다. 이에 부위원장 신익희가 이시영의 동의 없이 민전을 명예훼손과 무고죄로 검찰에 고발하자, 이시영은 모든 공직에서 사퇴했다. 과거의 동지들이 민주주의 국가 건설이라는 동일한 정치이념을 가졌음에도 하나가 되지 못하고 분열하는 모습에 크게 실망한 것이었다.

그러나 모든 걸 다 내려놓은 건 아니었다. 일제강점기 시절 독립운동에 있어 매우 중요한 역할을 했던 대종교가 인정받을 수 있도록 대종교의 주요 직책을 맡았다. 또한 형제들과 독립에의 염원을 담아 설립했던 신흥무관학교를 계승하는 일에 착수해 1947년 2월 신흥전문학원을 설립했다. 아들이자 신흥강습소 제1기 졸업생으로 신흥무관학교 학감 및 군사과 교무, 교사 등으로 활동한 이규창과 독립운동가 명제세를 각각 회장과 부회장으로 임명해 신흥전문학원이 신흥무관학교의 뜻을 계승할 수 있도록 지원했다. 신흥전문학원은 오늘날 경희대학교로 계승되어 이시영의 바람처럼 많은 인재를 배출하고 있다.

정치 일선에서 한 발 뒤로 물러난 이시영이었지만 냉전체제 아래 강대국들의 이해관계와 이념 그리고 권력에 대한 탐욕 등으로 혼란해진 시대는 그를 내버려두지 않았다. 다시 나라를 위한 정치 활동을 재개한 이시영은 남한 단독정부 수립을 반대하는 김구의 뜻에 동의하지 않았다. 김구의 생각이 잘못되었다기보다 강대국에 반대할 힘이 없는 현실을 직시하자는 것이었다.

이시영은 1948년 7월 20일 제헌국회에서 실시된 정·부통령 선거를 통해 대한민국 초대 부통령에 당선되었다. 그는 남한만의 단독정부 수립이 어쩔 수 없는 현실임을 인정한 상황에서 최선의 결과를 얻어내려고 노력했다.

그러나 이승만 정부가 노골적으로 대한민국 임시정부 요인들을 배제하고 친일파를 등용하자 크게 낙담했다. 더욱이 정부가 나서서 반민족행위자 처벌을 방해하자 이시영은 크게 화를 내며 항의했지만 상황을 바꾸지는 못했다. 이시영은 이승만을 견제하지 못하는 자신을 책망했다.

와중에 6·25전쟁이 발발했고 이승만 대통령은 아무에게도 알리지 않은 채 서울을 떠나 피신하는 무책임한 태도를 보였다. 이후 유엔군이 참전해 불리했던 상황이 역전되자, 국민을 공산당으로 몰아 학살하는 모습에 또다시 큰 충격을 받았다.

결국 이시영은 1951년 거창 양민학살 사건과 국민방위군 사건을 계기로 이승만 정부의 잘못을 규탄하는 성명서 「국민에게 고한다」를 국회에 전달하고 부통령직을 사임하는 행동으로 항거했다. 그리고 1952년 제2대 대통령 선거에서 민주국민당 대통령 후보로 나섰다. 이승만을 견제해 올바른 나라를 세우고자 출마했으나, 이승만 정부의 부정선거와 고령이라는 한계에 부딪혀 낙선하고 말았다.

　전쟁으로 수많은 동포가 죽어가고 민주주의를 역행하는 현실을 바로잡지 못했다는 책임감과 비통함이었을까? 84세라는 고령 때문이었을까? 이시영은 전쟁 막바지인 1953년 4월 17일 부산에서 눈을 감았다.

　평생을 앞에서 두각을 드러내지 않았지만, 독립된 나라에서 모두가 행복하게 살 수 있는 세상을 만들고자 온갖 궂은일을 묵묵하게 수행한 독립운동가 이시영의 죽음이었다.

　이시영은 온갖 부정부패가 판치고 친일파들이 권력과 부를 장악해 독립운동가를 핍박하는 현실을 바로잡고 싶은 마음에 편히 눈을 감지 못했을 것이다. 독립운동을 펼친 것에 대한 후회가 아닌 나라와 국민을 위해 더 일할 수 없음에 말이다.

우리동네 인물 탐구

· 동상 위치 ·

서울시 중구 삼일대로 231, 백범광장공원

· 이시영 연보 ·

1869.12.3.	서울 저동 출생
1885	동몽교관 임명
1906	평안남도 관찰사
1907	신민회 조직
1908	한성재판소장, 법부, 민사국장, 고등법원판사 역임
1910	서간도 삼원보로 망명
1911	경학사, 신흥강습소 설립
1919	대한민국 임시정부 초대 법무총장, 재무총장 선임
1930	한국독립당 감찰위원장 역임
1931	윤봉길 의거 당시 항저우에 피신처 마련
1935	한국국민당 창당
1938	대한민국 임시정부 국무위원, 재무부장, 의정원의원 역임
1946	성균관 총재, 대한독립촉성국민회 위원장 선출
1947	성재학원 설립 후 신흥전문학원으로 발전시킴

1948	대한민국 초대 부통령 당선
1951	부통령직 사임서 제출
1952	민주국민당 대통령 후보 출마, 낙선
1953.4.17.	서거
1949	건국훈장 대한민국장 추서

나의 소원은 대한의
완전한 자주독립이오

위인은 하늘에서 떨어지지 않는다,
김구(金九, 1876~1949)

김구 동상

대한민국 건국에 있어서 김구는 결코 빠져서는 안 되는 인물이다. 김구 없이 근현대사를 설명한다는 게 불가능하다고 말할 수 있을 만큼, 그의 역할은 절대적이었다.

그렇기에 안두희가 쏜 탄환에 돌아가셨을 당시는 물론이고 오늘날까지 많은 이가 김구의 죽음에 안타까움을 금치 못한다. 그나마 다행스러운 건 『백범일지』로 김구의 삶과 업적 그리고 그가 들려주고자 했던 이야기를 지금도 접할 수 있다는 점이다.

김구는 강화도조약이 체결되던 1876년 황해도 해주에서 7대 독자로 태어났다. 김구의 집안은 효종 때 선조 김자점이 반역죄로 처벌되는 과정에서 황해도 해주로 도망쳐 자리를 잡았다. 반역자 집안이었기에 이후의 김구 선조들은 양반 가문을 내세우지 못하고 군역전을 경작하며 상민의 삶을 살았다. 그래도 양반 가문이라는 자부심을 놓지 않았다.

김구의 아버지 김순영은 가난으로 스물네 살 늦은 나이에 열네 살의 곽낙원과 결혼했다. 결혼하고 3년이 지난 무렵 곽낙원은 푸른 밤송이에서 크고 붉은 밤 한 개를 몸속 깊이 감추는 태몽을 꾼 뒤 아이를 잉태했다.

아이를 출산하는 과정은 순탄치 않았다. 아이가 나오지 않아 산모의 생명이 위태로워지자, 김순영은 소 길마(짐을 얹고자 소 등에 씌운 안장)를 머리에 쓰고 지붕에 올라가 소 울음소리를 냈다. 정성이 하늘에 닿아서였을까? 얼마 지나지 않아 아이가 큰 소리로 울부짖으며 세상 밖으로 나왔다. 그 아이가 바로 김구였다.

아이를 힘들게 낳아 제 몸 하나 간수할 기력도 없는 곽낙원을 대신해 김순영이 마을을 돌아다니며 젖동냥을 했다. 당시에는 남자가 젖동냥한다는 걸 상상조차 하기 어려웠다. 하지만 소 울음소리를 내고 젖동냥을 하는 등 체면 생각하지 않고 몸소 가족 사랑을 보여준 아버지가 있었기에 김구는 살아남을 수 있었다.

김구는 네 살 무렵 천연두에 걸려 또다시 생사를 넘나들었다. 당시 천연두는 돈이 있어도 치료가 어려워 살아남는 걸 하늘에 맡겨야 할 정도로 큰 병이었다. 더욱이 가난했던 김구의 집안은 아이에게 약을 지어 먹일 형편이 아니었다. 곽낙원이 밤낮 가리지 않고 김구의 얼굴과 몸에 난 종기를 대나무 침으로 따고 고름을 짜내며 지극정성으로 돌본 결과 김구는 건강을 되찾을 수 있었다.

어렵게 살아남은 김구는 고집이 매우 강했고 누구의 말도 잘 듣지 않는 독단적인 행동을 보였다. 다섯 살 때는 이웃 동네 아이들에게 매질을 당하고는 그들을 죽이겠다고 칼을 들고 집 밖을 나섰다. 다행히 동네 누나에게 발견되어 불상사를 막을 수 있었다.

아버지의 숟가락을 분질러 엿을 바꿔 먹고, 먹고 싶은 떡을 사기 위해 아버지가 이부자리에 숨겨놓은 엽전 스무 냥을 훔치기도 했다. 싹수가 노랗다고 손가락질당해도 누구나 그럴 만하다며 고개를 끄떡일 정도로 어린 시절의 김구는 철없는 행동을 일삼았다.

김순영은 김구가 자신의 숟가락으로 엿을 사 먹었을 땐 조용히 타일렀지만, 돈을 훔쳤을 때는 들보에 매달아 놓고 심하게 매질했다. 마침 재종조부가 말려서 김구는 매를 덜 맞을 수 있었다. 어린 아들을 때린 김순영을 잘못했다고 탓할 수만은 없다. 자식의 잘못된 행동을 바로잡기 위함이었기 때문이다. 또한 그는 김구 앞에서 재종조부가 자신에게 회초리를 들어도 수긍할 줄 알았다.

김순영은 불의를 보면 참지 못하는 인물이기도 했다. 상민을 천대하며 무시하던 양반 토호들도 김순영에게만큼은 함부로 하대하지 않았다. 오히려 도존위(면 단위 실무를 맡아보는 자리)에 천거할 정도였다.

또한 김순영은 어머니가 위독해지자 왼손 무명지를 칼로 잘라 어머니의 입에 피를 흘러 넣으며 지극정성으로 병간호를 할 정도로 세상이 알아주는 효자였다. 그렇기에 김구는 철이 들어갈수록 아버지를 존경하며 잘못된 행동을 바로잡을 수 있었다.

김순영은 자식에 대한 교육열도 컸다. 하루는 동네 할아버지가 사돈을 만나기 위해 서울에서 사놓은 총대우(갓)를 쓰고 밤에 나섰다가 양반에게 걸려 갓이 찢기는 봉변을 당했다는 이야기를 들은 김구가 김순영에게 글을 공부해 과거시험을 보고 싶다고 말했다. 그러자 김순영은 "동네에 서당이 없고 다른 동네 양반 서당에서는 상놈을 잘 받지도 않거니와 받아주더라도 양반 자제들이 멸시할 터이니 그 꼴은 못 보겠다."라며 없는 살림에도 김구가 무시당하지 않도록 집안에 서당을 만들어 훈장 선생을 초빙했다.

그러나 글을 배운 지 얼마 되지 않아 김순영이 거동을 하지 못할 정도로 아프자, 김구는 공부를 중단하고 사촌들과 농사를 지어야 했다. 아들이 꿈을 잃고 풀 죽어 있는 모습을 안타깝게 여기던 김순영은 몸이 회복되자마자 김구가 다시 공부할 수 있도록 물심양면으로 지원했다.

김구의 어머니 곽낙원

곽낙원(1859~1939)은 학문을 제대로 배우지 못했지만 강인하면서도 올바른 성품을 지닌 인물이었다. 열네 살 어린 나이에 가난한 집으로 시집 와 김구를 어렵게 낳고 키웠다.

그렇게 키운 김구가 명성황후 시해의 원수를 갚는다고 일본 쓰치다를 죽인 후 잡혀갔을 때, 함께 죽자고 말할 정도로 곽낙원에게 김구는 세상의 전부였다. 그러나 김구의 의연한 말에 마음을 고쳐잡고 남편과 함께 형무소가 있는 인천으로 내려가 자식 뒷바라지를 했다.

곽낙원은 타지에서 제대로 된 생활을 포기하고 아들 뒷바라지를 하던 중, 김구가 사형 선고를 받자 "과연 내 아들이다. 평안감사가 된 것보다 기쁘다."라고 말했다. 아들이 슬퍼하는 부모를 보며 힘들어할까, 자신 때문에 옳은 행동을 펼친 걸 후회하고 무너질까, 아들이 비참함에 빠져 한없이 추한 행동을 할까 두려워 기쁘다고 말했는지는 모르지만, 한 가지 확실한 건 있었다.

부모로서 자식을 먼저 보내는 아픔과 고통을 겪는 것보다 아들이 선택한 삶과 죽음을 지켜주는 게 진정 부모로서 해야 할 행동이라고 믿은 것이다. 곽낙원이 누구보다 자식을 믿고 깊게 사랑했기에 나올 수 있는 행동이었다.

김구가 중국으로 망명해 대한민국 임시정부 경무국장으로 취임하자 곽낙원도 상하이로 건너갔다. 그러나 김구의 아내이자 며느리인 최준례가 죽자 곽낙원은 어쩔 수 없이 김인과 김신 두 손자를 키우고자 다시 안악으로 돌아와야 했다.

곽낙원은 없는 살림으로 두 아이를 키우면서도 돈을 아끼고 아껴 독립자금을 전달했다. 이를 눈치챈 일제의 감시와 탄압으로 곽낙원은 국내에서의 생활이 아예 불가능할 정도였다. 결국 손자들을 데리고 상하이로 망명할 준비를 계획했으나 그마저도 일제의 감시와 방해로 쉽지 않았다. 하지만 곽낙원은 포기하지 않았다. 집을 수리해 잠시 거처를 옮긴다는 핑계로 일본 경찰의 눈을 속인 후 탈출하는 기지를 보였다.

어렵게 상하이로 넘어간 곽낙원은 9년 만에 만나는 아들에게 눈물을 보이지 않았다. 오히려 "나는 지금부터 '너'라는 말을 고쳐 '자네'라 하고 잘못하는 일이라도 말로 꾸짖고 회초리를 쓰지 않겠네. 듣건대 자네가 군관학교를 하면서 다수 청년을 거느리고 남의

사표(師表)가 된 모양이니, 나도 체면을 세워주자는 것일세."라며 김구가 자신 때문에 독립운동을 하는 데 지장을 받을까 경계했다.

대한민국 임시정부가 난징에 있을 때는 자신들을 친아들, 친손자처럼 따뜻하게 보살펴주는 곽낙원을 위해 요원들이 생신상을 차려주려고 했다. 이에 그녀는 "그 돈을 나에게 주면 내 입맛대로 음식을 만들어 먹겠다."라며 돈을 달라고 한 뒤 쌈짓돈을 합쳐 권총을 구매했다. 그리고 생일날 모인 요인들에게 건네주며 일본 놈을 죽이는 데 써달라고 부탁했다.

김구와 그의 자손 이야기

김구는 훌륭한 부모님을 뒀기에 인생을 살면서 수많은 굴곡과 역경에도 좌절하지 않고 나라를 위해 최선을 다할 수 있었다.

열여덟 살에 동학농민군 선봉장으로 반봉건에 맞서 싸웠고, 스물한 살에는 국모의 원한을 갚고자 일본군 쓰치다를 죽여 사형 선고를 받았다. 서른 살에는 애국계몽운동과 신민회 활동을 하다가 투옥되어 17년 형을 받았다. 상하이로 망명해서는 내무부장으로 대한민국 임시정부가 유명무실해지는 걸 막고자 국민대표회의를 해체하고 국무령이 되어 임시정부를 지켰다.

한인애국단 단장으로 이봉창·윤봉길 의거를 성공시켜 세계에 우리의 독립 의지를 보여줬다. 중국 국민당의 지원을 받아 조직한 한국광복군을 통해 연합국의 일원으로 일본군을 몰아내고 우리의 힘으로 나라를 되찾으려 했다. 그러나 계획과 달리 일제의 갑작스러운 패망과 광복 이후의 냉전체제로 한반도가 분단되자, 단일민족 통일국가를 건설하고자 노력했다.

우리가 김구를 존경하고 좋아하는 건 위대한 업적과 수많은 역경을 이겨냈기 때문만은 아니다. 김구는 우리 민족과 나라를 사랑하는 모습을 한 번의 예외 없이 늘 보여줬다. 또한 사람으로서 사람답게 사는 길이 무엇인지를 진실하게 보여줬다.

김구가 그런 삶을 살 수 있었던 건 김순영과 곽낙원 두 분이 있었기에 가능했다. 김구의 삶은 아들과 자손들에게 이어졌다.

김구의 큰아들 김인(1917~1945)은 아버지와 함께 독립운동을 하다가 순국했다. 둘째 아들 김신(1922~2016)은 6·25 전쟁 당시 공군으로 큰 활약을 펼쳤고 전쟁이 끝난 후에는 공군참모총장으로 대한민국의 공군 발전에 크게 기여했다.

김구의 후손들은 지금도 맡은 역할에 최선을 다하고 있다. 김신의 딸 김미 여사와 결혼한 김호연 빙그레 회장은, 효창원에 순국한 독립운동가들의 쉼터를 마련하려던 김구의 뜻을 이어받아 재단법인 김구재단 운영하며 독립유공자 후손 장학 사업 등을 통해 사회와 국가가 하지 못한 일을 하고 있다.

김구 가문이 보여주는 모습은 기억하고 본받을 가치가 있다. 선조의 위대한 뜻과 행동을 계승하려는 모습이야말로 오늘날 필요한 가치의 덕목이다. 그리고 김구의 후손만이 아닌 그의 바람과 뜻을 이해하고 존경하는 우리도 갖춰야 할 가치다.

"네 소원이 무엇이냐라고 하나님이 물으시면, 나는 서슴지 않고 '내 소원은 대한독립이오' 하고 대답할 것이다. 그다음 소원은 무엇이냐라고 묻는다면 나는 또 '우리나라의 독립이오'라고 할 것이다. 또 그다음 소원이 무엇이냐라는 세 번째 물음에도 나는 더욱 소리를 높여서 '나의 소원은 우리나라 대한의 완전한 자주독립이오'라고 대답할 것이다. 나 김구의 소원은 이것 하나밖에는 없다."

"백성들의 작은 의견은 이해관계로 결정되거니와 큰 의견은 국민성과 신앙과 철학으로 결정된다. 여기서 문화와 교육의 중요성이 생긴다. 국민성을 보존하는 것이나 수정하고 향상하는 것이 문화와 교육의 힘이요, 산업의 방향도 문화와 교육으로 결정됨이 큰 까닭이다."

"내가 원하는 우리 민족의 사업은 결코 세계를 무력으로 정복하거나 경제력으로 지배하려는 것이 아니다. 오직 사랑의 문화, 평화의 문화로 우리 스스로 잘 살고 인류 전체가 의좋게 즐겁게 살도록 하는 일을 하자는 것이다. 어느 민족도 일찍이 그러한 일을 한 이가 없었으니 그것은 공상이라고 하지 말라. 일찍 아무도 한 자가 없길래 우리가 하자는 것이다. 이 큰일은 하늘이 우리를 위해 남겨 놓으신 것임을 깨달을 때 우리 민족은 비로소 제 길을 찾고 제 일을 알아본 것이다."

김구의 수많은 어록 중 최소한 위 세 가지는 우리가 어떤 세상을 만들어야 하는지 생각하게 한다. 지금 당장 무엇을 해야 할지도 말이다.

· 동상 위치 ·

서울시 중구 삼일대로 231. 백범광장공원
서울시 용산구 임정로 26, 백범김구기념관
인천시 남동구 무네미로 238. 인천대공원 백범광장
인천시 중구 신포로 46번길 5, 백범 청년 김구 역사거리

· 김구 연보 ·

1876.8.29.	황해도 해주 출생
1895	해주에서 동학농민운동 지휘 후 만주로 피신
1896	일본군 쓰치다 처단
1897~98	사형 선고 및 탈옥
1912	이름을 구, 호를 백범으로 고침
1919	상하이 망명 대한민국 임시정부 경무국장
1922	대한민국 임시정부 내무총장
1926	대한민국 임시정부 국무령
1931~32	한인애국단 창단 이봉창·윤봉길 의거 주도
1940	한국독립당 중앙집행위원장 대한민국 임시정부 주석
1945	신탁통치 반대 총동원위원회 조직
1948	남북연석회의 참여
1949.6.26.	안두희 총에 맞아 운명
1962	건국훈장 대한민국장 추서

한국인에게
희망의 등불을 비추다

미국인도 존경하는 인물,
안창호(安昌浩, 1878~1938)

안창호 동상

유색인종 인종차별이 여전히 남아 있는 미국에서 도산 안창호를 기념하는 동상을 세우고 선생의 이름을 지명으로 사용하고 있다. 구체적으로 살펴보면, LA 리버사이드 시청 앞에 안창호 동상을 건립하고 인터체인지 이름을 '도산 안창호 메모리얼 인터체인지(Dosan Ahn Chang Ho Memorial Interchange)'로 명명하고 있다. 이외에도 도산 안창호 우체국, 패밀리 하우스(한국학 연구소)가 운영되고 있다.

심지어 리버사이드는 8월 11일, 캘리포니아주는 11월 9일을 도산 안창호의 날로 제정해 미국의 많은 시민에게 그의 정신과 업적을 알리고 있다. 특히 2012년에는 세계 민권 명예의 전당에 아시아인 최초로 안창호의 이름과 발자국이 헌액되기도 했다. 당시 세계 민권 명예의 전당을 운영하는 트럼펫어워즈 재단 부이사장은 "안창호는 평화를 사랑했던 한국의 마틴 루서 킹으로 절망에 빠져 있던 한국인들에게 희망의 등불을 비췄다."라며 안창호가 헌액되는 이유를 밝혔다.

안창호가 미국에서 활동하던 20세기 초는 일제의 침략과 지배를 겪어야 했던 시기로, 많은 한국인이 나라도 없는 망국의 신분으로 미국인들의 무시와 멸시를 당하며 살았다. 분명 우리에게 안창호는 너무도 훌륭하고 위대한 독립운동가지만, 미국인들의 눈에는 크게 관심을 가질 만한 인물이 아닐 수 있었다.

그렇기에 오늘날 미국에 안창호 동상과 지명이 있다는 사실이 자랑스러우면서도 약간은 의아한 생각이 들기도 한다. 미국은 안창호의 어떤 모습을 기억하고 후손들에게 전해주려는 노력을 기울이는 걸까?

미국에서 안창호를 기념하는 모습을 보면서 부끄럽다는 생각이 들기도 한다. 안창호의 업적과 활동을 물으면 선뜻 대답할 수 있는 사람이 얼마나 될까? 서울에 안창호를 기리는 도산공원과 기념관이 있고 학교에서 수업 시간에 배우며 언론을 통해 안창호를 수없이 접했다. 그러나 막상 안창호에 대해 말하려고 하면 그의 정신과 업적이 바로 생각나지 않는다. 왜 우리는 안창호의 업적과 활동을 제대로 설명할 수 없는 걸까?

"오렌지 한 개도 정성껏 따는 게 나라를 위하는 일"

안창호는 1878년 평안남도 강서군에서 농사를 짓던 안흥국의 셋째 아들로 태어났다. 어려서부터 책 읽기를 좋아했던 안창호는 동네 어른들에게 인기가 좋았다. 문맹률이 높았던 당시 안창호가 소리 높여 책을 읽으면 많은 사람이 흐뭇한 미소를 지었다. 안창호는 평양으로 이사를 와선 집과 서당에서 한학을 배우며 충과 효의 가치와 중요성을 깨달았다.

그러던 중 1894년 조선을 속국으로 만들려는 청과 일본이 벌인 청일전쟁의 참상을 목격한 안창호는 큰 충격을 받는다. 청과 일본이 조선의 국토를 짓밟고 한인을 무차별적으로 사살하는 만행을 저지하지 못하는 무능력한 정부를 보며 답답함을 느꼈다.

더 큰 문제는 안창호 자신도 나라를 위해 할 수 있는 일이 없다는 것이었다. 깊은 고심에 빠진 안창호는 안악 출신의 필대은과 밤새 대화를 나누는 과정에서 조선이 열강의 식민지로 전락하는 걸 막는 일에 모든 걸 걸기로 마음먹고 서울로 상경했다.

역량을 갖추는 게 시급하다고 생각한 열여섯 살의 안창호는 언더우드가 무료로 공부를 가르쳐주던 구세 학당에 입학해 3년간 신학문을 익혔다. 그러던 중 1897년 서재필이 중심이 되어 설립된 독립협회를 마주하는 순간 깊은 감명을 받았다. 많은 이가 나라의 미래를 걱정하고 희생을 감수하고서도 구국운동에 헌신하려는 모습에 안창호는 바로 독립협회에 가입했다.

이듬해 평양에 독립협회 관서지부조직을 조직하고 쾌재정에서 만민공동회를 개최하는 등 사람들의 마음에 애국충정의 불을 지폈다. 안창호가 쾌재정에서 군중에게 소리 높여 외친 연설이 얼마나 많은 이의 가슴을 울렸는지, 이승훈은 훗날 자신이 독립운동을 하게 된 계기가 이때 마련되었다고 할 정도였다.

안창호는 말로만 자주독립을 외치지 않았다. 독립협회가 해체되자 근대적 지식을 보급하고자 점진학교를 설립했다. 나라를 위한 교육에는 남녀가 없다는 신념으로 당시 사람들이 생각지도 못했던 남녀공학으로 점진학교를 운영했다. 점진학교는 관서 지방에 세워진 최초의 남녀공학 사립학교였다.

학교를 운영하면서도 황무지개척사업을 벌이며 민중의 경제자립을 위해 노력하던 안창호는 어느 날 갑자기 미국 유학을 결심했다. "선교사들은 문화운동을 할 만한 수양을 가진 이가 적었고, 그들의 정책이 단순한 종교만 전파하고 문화운동은 매우 등한시했습니다. 다시 말하면 우민정책을 썼다 해도 과언이 아닙니다."라고 말한 것처럼 선교사에게 배운 지식만으로는 현실을 바꿀 수 없다는 판단이 유학을 결심하게 만들었다. 스물네 살이 되던 1902년 안창호는 이혜린과 결혼한 이튿날 미국 샌프란시스코로 떠났다.

미국에서 일과 공부에 매진하던 안창호는 일부 한국인이 무지와 이기적인 행동으로 미국인에게 비난받고 차별받는 모습을 보면서 큰 충격을 받았다. 안창호는 "미국 사람들은 한국인을 야만으로 보고 한국은 독립할 자격이 없다고 볼 것이다. 이들을 잘 지도해 모범이 되게 해야만 한국에 독립 자격이 있다는 걸 세계에 알릴 수 있다."라며 한국인의 삶과 의식을 변화시키고자 1903년 한인친목회를 조직했다.

2년 뒤인 1905년에는 한인친목회를 '공립협회'로 발전시켜 미주 한인들만의 힘으로 회관을 건립하고 순한글신문 〈공립신보〉를 발행하는 등 광복을 목표로 하는 독립단체로 변모시켰다. 이후 공립협회는 안창호와 미주 한인들의 끊임없는 희생과 노력으로 중국까지 활동 범위를 확대해 원동지회와 만주지회를 설립했다.

안창호가 회비를 한 푼도 개인 용도로 사용하지 않으면서, "오렌지 한 개를 따더라도 정성껏 따는 게 나라를 위하는 일"이라고 외치며 늘 깨끗한 옷을 입고 일하는 등 모범을 보였기에 가능한 일이었다.

포기를 모르는 안창호

미국에서 한국인에 대한 시선이 조금씩 개선되는 것과는 달리, 대한제국은 일제의 침략으로 무너져내리고 있었다. 안창호는 미국을 넘어 국내외 민족운동단체를 하나로 결집해 나라를 지켜야 한다는 굳은 의지로 대한신민회를 발기했다. 그리고는 곧장 국내로 돌아와 양기탁과 함께 1907년 4월 '신민회'를 창립했다.

신민회의 일원으로 일제의 눈을 피해 독립운동을 펼치던 중 1909년 안중근의 하얼빈 의거(안중근이 하얼빈역에서 이토 히로부미를 저격해 사살함)로 안창호는 다른 신민회 요인들과 함께 용산 헌병대에서 두 달 동안 조사를 받았다.

이를 계기로 국내에서 독립운동을 펼치는 게 어렵다고 판단한 안창호는 해외에 독립운동기지를 만들어 독립군을 창설해야겠다고 다짐했다. 그리고 자신과 뜻이 맞는 사람들과 함께 만주 지린성 밀산현에 독립운동기지와 무관학교를 세우기로 결정했다. 하지만 자금을 조달하기로 했던 이종호가 약속을 지키지 않으면서 계획이 좌절되고 말았다.

미국으로 다시 건너간 안창호는 독립자금 마련과 미국 교민의 권익을 보호하고자 공립협회 확대와 더불어 여러 개로 나뉘어 있던 단체들을 하나로 통합하는 작업을 시작했다. 하와이 한인협성협회를 통합해 국민회를 조직하고, 이듬해인 1910년에는 대동보국회와 통합해 '대한인국민회'를 출범시켰다.

독립을 원하는 많은 한국인이 안창호를 믿고 대한인국민회에 참여한 결과 북미·하와이·멕시코·시베리아·만주까지 지방총회를 설치하는 등 명실상부 대한민국을 대표하는 기구로 성장할 수 있었다. 미국·멕시코·러시아는 대한인국민회를 준정부기관으로 인식해 교민들의 여행권 발부나 신분 보장을 담당하는 일을 인정했다.

그러나 1913년 이승만이 하와이에서 오랫동안 기반을 닦았던 박용만을 배제하고 주도권을 잡으려고 하는 바람에 하와이 지방총회가 제 기능을 하지 못하게 되었다. 이듬해에는 만주지방총회가 해체되고, 1915년에는 러시아제국의 탄압으로 시베리아총회마저 폐지되고 말았다.

하지만 안창호는 포기하지 않았다. 아니, 포기할 수 없었다. 아직 우리 민족에게 독립을 이룰 만한 역량이 부족하다고 반성할 뿐이었다. 우리 모두가 민주주의 의식을 바탕으로 주인의식을 가지고 행동할 수 있게 되면, 반드시 국제연맹이나 다른 나라의 지원을 받아 독립을 이룰 수 있다고 믿었다.

그 발판으로 독립을 이뤄낼 청년을 양성할 '흥사단'을 조직했다. 1913년 한국 8도를 대표하는 여덟 명의 정예단원으로 시작한 흥사단은 '혁명을 중심으로 한 투사의 인격 훈련, 혁명 투사의 결합'이라는 목표 아래 이론보다 행동과 실천이 우선이라는 '무실역행'의 교육을 펼쳤다. 안창호의 "나라를 사랑하느냐, 그렇다면 먼저 네가 건전 인격이 되어라."라는 말에 감명을 받아 흥사단에 가입한 수많은 청년은 매일같이 값진 구슬땀을 흘리며 미래의 독립운동가로서 역량을 키워나갔다.

그러던 와중 안창호에게 믿기지 않는 기쁘고도 벅찬 소식이 들려왔다. 나라를 되찾겠다며 수많은 한국인이 거리로 나와 만세 시위를 벌이고 있다는 3·1운동 소식에 안창호는 기쁨으로 흘러내리는 눈물을 멈출 수가 없었다. 한국인이 나라를 되찾아 이 땅의 주인이 되고자 분연히 일어섰다는 사실에서 희망을 봤다. 이 소중한 기회를 절대로 놓칠 수 없었다.

안창호는 대한민국 임시정부 수립에 참여할 국민회 대표로 상하이를 향해 부리나케 달려갔다. 상하이로 가는 도중 대한민국 임시정부 내무총장에 선임된 안창호는 취임 연설에서 "우리의 주권을 되찾고, 한반도에 모범적 공화국을 세워 국민이 행복을 누리며, 동양 평화를 넘어 세계 평화를 돕는 대한민국 임시정부를 만들겠다."라며 포부를 밝혔다.

하지만 독립을 위한 큰 발걸음을 내디뎠다고 생각한 것도 잠시 대한민국 임시정부가 내부 분열로 제 역할을 하지 못하게 되었다.

많은 독립운동가가 대한민국 임시정부를 떠나자 안창호는 '국민대표회의'를 개최해 문제를 해결하고자 했다. 1923년 국내외 135개 독립운동단체에서 158명의 대표가 모였고, 그중 125명이 대한민국 임시정부의 앞날을 논의했다. 하지만 독립운동의 방향을 두고 이견을 보인 독립운동가들은 결국 창조파와 개조파로 분열되었고 시간이 흘러도 해결 기미는 보이지 않았다.

국민대표회의 결과가 좋지 않자, 안창호는 새로운 대안으로 독립운동기지를 세울 이상촌 건설을 위해 난징·베이징을 시작으로 만주와 내몽고, 동남아시아 지역을 돌아다녔다. 1920년대 독립운동이 민족주의계와 사회주의계로 나뉘어 분열되자 안창호는 대한민국 임시정부를 중심으로 한 대독립당을 조직하자고 주장했다.

또한 베이징과 만주 지역의 독립운동가들을 만나 자치론자를 배제한 유일당을 만들자고 설득한 끝에 1927년 한국독립당관내촉성회연합회를 조직할 수 있었다.

중국의 국공합작이 깨지면서 일어난 내전의 영향으로 한국독립당관내촉성회연합회에서 사회주의계가 이탈했다. 안창호는 어쩔 수 없이 민족주의 내에서 통일된 정당인 한국독립당을 결성했다. 그 결과 민족주의계 독립운동 세력이 통합되면서, 한인애국단 운영 등 독립운동에 큰 변화를 가져오는 데 성공할 수 있었다.

일제의 집요한 탄압

안창호를 일제가 가만둘 리 없었다. 1932년 난징에 독립운동기지를 건설하려 준비하던 안창호를 윤봉길 의거의 배후라는 죄명으로 상하이에서 체포해 국내로 압송했다. 재판 결과 안창호는 4년 형을 선고받았다.

서대문형무소와 대전형무소에서 복역하다가 2년 6개월만인 1935년 가출옥했지만 일제의 온갖 고문으로 안창호의 몸은 망가 질 대로 망가져 있었다.

그럼에도 안창호는 지방 순회를 다니며 독립운동의 필요성을 알리고자 노력했다. 하지만 일제의 감시와 방해가 더욱 심해지자, 결국 평안남도 강서군 대보산의 송태산장에서 새로운 독립 방법 을 모색하기 위해 은거에 들어갔다.

안창호가 세상에 모습을 드러내지 않아도 일제는 그가 있다는 사실 자체가 마음에 들지 않았다. 아니, 두려웠다. 안창호가 한국 인들에게 어떤 존재인지를 잘 알았기 때문이었다.

결국 1937년 수양동우회가 흥사단과 통합해 계몽활동을 펼친 배후에 안창호가 있다는 죄명으로 강제 체포해 종로경찰서로 끌 고 갔다. 얼마나 심하게 고문을 받았는지 서대문형무소에 수감된 안창호는 거동이 불가능할 정도로 위중한 상태가 되었다. 그러자 일제는 안창호의 죽음에서 자신들의 책임을 회피하고자 병보석으 로 풀어줬다.

안창호는 출소한 지 얼마 되지 않은 1938년 3월 10일 다시 일 어서지 못하고 세상을 뜨고 말았다. 일제는 안창호의 죽음에 한국 인들이 큰 소동을 일으킬까 봐 두려워 몇몇 인척만 불러 조용히 장례식을 치르게 했다. 안창호의 유해가 묻힐 망우리 공동묘지로

가는 길목에도 경찰을 배치해 혹시라도 일어날지 모를 한국인들의 소요를 방지하고자 했다.

안창호는 일평생을 "나 하나를 건전한 인격으로 만드는 게 우리 민족을 건전하게 하는 유일한 길이다"라고 강조했다. 더불어 진정한 자주독립을 위해서는 우리 자신부터 반성하고 더 나은 삶을 살기 위해 최선을 다해야 한다고 주장했다.

남을 탓하기보다 자신부터 변하면 모두가 바뀔 거라고 강조했듯, 안창호는 독립을 향한 노력이 번번이 막히고 무너질 때마다 자신에게서 문제점과 해결점을 찾았다. 그래서일까? 안창호는 자신의 부족함으로 많은 동포가 고생한다고 여겼다.

"나는 밥을 먹어도 대한의 독립을 위해, 잠을 자도 대한의 독립을 위해서 해왔다. 내 목숨이 없어질 때까지 변함이 없을 것이다"

"나는 죽음의 공포가 없다. 나는 죽으려니와 내 사랑하는 동포들이 그렇게 많은 괴로움을 당하니 미안하고 마음이 아프다. 일본은 자기 힘에 지나치는 큰 전쟁을 했으니 필경 이 전쟁으로 패망하오. 아무런 곤란이 있더라도 인내하시오"

"낙망(희망을 잃음)은 청년의 죽음이요, 청년이 죽으면 민족이 죽는다. 그대는 나라를 사랑하는가. 그러면 먼저 그대가 건전한 인격이 돼라. 우리 중에 인물이 없는 건 인물이 되려고 마음먹고 힘쓰는 사람이 없는 까닭이다. 인물이 없다고 한탄하는 그 사람 자신이 왜 인물이 될 공부를 아니하는가."

안창호는 오로지 독립을 위해서만 살았고 평생 동안 무실·역행·충의·용감을 강조했다. 나부터 주인의식을 가지고 걸맞은 행동을 하라고 강조했던 그에게 독립은 최종 목적이 아니었다. 독립 이후 공화정체에서 공론으로 운영되는 대한민국을 만들고자 했다. 그리고 청년들이 사회의 주역으로 더 나은 세상을 만들어주길 희망했다.

그래서일까? 미국은 안창호의 말과 행동이 앞으로도 많은 이에게 기억되고 존중받을 가치가 있다고 판단했다. 그런 판단 이면에는 안창호에 의해 훌륭한 시민의식을 갖춘 한국인들이 미국 사회발전에 크게 기여했다는 사실이 깔려 있다. 미국도 인정한 위인 안창호를 우리가 더욱 잘 알고 기억해야 하지 않을까.

우리동네 인물 탐구

· 동상 위치 ·

서울시 강남구 도산대로45길 20. 도산공원
서울시 종로구 대학로 122, 흥사단 본부

· 안창호 연보 ·

1878.11.9.	평안남도 강서 출생
1897	독립협회 관서지부 조직 담당
1899	점진학교 설립
1902	미국 유학
1905	대한인공립협회 설립 <공립신보> 발행
1907	신민회 조직
1909	청년학우회 조직 안중근 의거 관련 3개월 구금
1910	중국 망명 청도회의 개최
1913	미국 샌프란시스코에서 흥사단 창설
1914	대한인국민회 중앙총회장 선출
1919	대한민국 임시정부 내무총장 겸 국무총리 대리직 역임

1923	국민대표회의 부의장 취임
1924	이상촌 후보지 탐사 동명학원 설립
1930	한국독립당 창설
1932	윤봉길 의거 관련 서울로 송환
1937	동우회 사건으로 수감, 병으로 보석
1938.3.10.	서거
1962	건국훈장 대한민국장 추서

—— 4부 ——

독립운동에
제약은 없다

반봉건·반침략의
혁명을 주도한 휴머니스트

모두가 존중받는 사회를 꿈꾸다,
전봉준(全琫準, 1855~1895)

전봉준 동상

서울시 종로구 영풍문고 앞에 전봉준 동상이 있다. 그곳은 과거 죄수를 가둬놓고 처형을 담당하던 전옥서가 있던 장소로, 녹두장군이라고 불린 전봉준이 처형된 곳이기도 하다. 1895년 전봉준이 그곳에서 형장의 이슬이 되어 사라지는 모습에 많은 민중은 부모나 형 또는 자식을 잃은 것처럼 진심으로 가슴 아파했다.

그들은 "새야 새야 파랑새야. 녹두밭에 앉지 마라. 녹두꽃이 떨어지면. 청포 장수 울고 간다."라는 가사의 노래 〈파랑새〉를 불렀다. 파랑새는 파란 군복을 입은 일본군을 상징하는 것으로, 전봉준이 일본군에 의해 희생된 사실을 안타까워하는 심정이 담겨 있다.

〈파랑새〉는 20세기가 끝나는 시점까지 아이들이 흥얼거리는 노래였다. 전봉준이 어떤 사람이었기에 100년이 넘도록 사람들이 〈파랑새〉를 부른 걸까?

전봉준은 전라북도 정읍(당시는 고부)에 살던 특별할 것 하나 없는 몰락한 양반이었다. 당연히 집안 살림이 넉넉하지 않아서 어린 나이부터 부모를 도와 농사를 지었다. 그래도 살림살이가 나아지지 않자, 약 파는 행상으로 여러 마을을 돌아다니며 가족의 생계를 위해 열심히 살았다.

그러면서도 아버지 전창혁(1827~1893)의 가르침을 잊지 않고, 그릇된 행동을 경계하며 어려운 사람을 도와주는 일에 앞장섰다. 그래서일까? 전봉준은 작은 체구임에도 사람들이 무시하거나 업신여기지 않았다. 오히려 많은 사람이 그를 믿고 따르며 의지했다.

그러던 중 영의정 조두순의 친척 조병갑이 고부 군수로 부임해 내려왔다. 부정한 방법으로 관료가 된 조병갑은 돈을 벌고자 온갖 수단과 방법을 동원해 군민을 수탈했다. 정상적인 방법으로 군민에게 돈을 뜯어낼 구실이 없으면 불효죄, 음행죄 같이 객관적 증거가 필요 없는 죄명으로 잡아들여 협박했다. 이외에도 아버지 공덕비를 세운다며 백성에게 돈을 갈취하고 필요도 없는 만석보를 강제로 증축해 수세를 거둬들였다.

과도한 수탈을 힘겨워하던 고부 사람들은 전창혁에게 자신들의 어려움을 조병갑에게 전해달라고 부탁했다. 전창혁은 마을을 대표해 조병갑에게 어려운 사정을 말하며 양해를 구했지만, 오히려 관료를 능멸한다는 죄명으로 몽둥이질을 당하고 관아에서 쫓겨나야 했다. 이후 전창혁은 장독(매를 맞아 생긴 병)을 이겨내지 못하고 시름시름 앓다가 죽었다.

또 다른 이야기로 조병갑의 모친이 죽자 고부의 유지들이 향교 장의 김성천과 이전 장의 전창혁에게 부의금 2천 냥을 맡겼다고 한다. 그런데 김성천이 부정부패한 조병갑에게 돈을 줄 수 없다며

2천 냥을 다 써버렸다. 이에 원한을 품은 조병갑이 김성천을 해코지하려고 했으나, 이미 김성천이 죽은 뒤라 대신 전창혁을 잡아 매타작을 쳤다. 그 때문에 전창혁이 장독으로 죽게 되었다고도 한다.

어떤 이유든 부정부패를 저지른 악덕 군수 조병갑의 횡포로 전창혁이 죽었다. 당시 전봉준은 동학 제2대 교주 최시형에게 인품과 능력을 인정받아 고부 지방의 교구를 담당하는 접주로서 사인여천(事人如天: 사람을 하늘처럼 섬기라)에 따른 삶을 살고 있었다. 신분에 상관없이 모든 사람이 하늘처럼 존중받는 사회가 되길 꿈꾸며 살던 전봉준이었기에 사람을 돈줄로밖에 보지 않는 조병갑의 횡포에 너무도 화가 났다. 더욱이 아버지가 조병갑에 의해 희생되었다는 사실에 피가 머리 위로 솟구쳐 올랐다.

하지만 전봉준은 감정적으로 대처하지 않았다. 우선 아버지 죽음에 책임을 묻기보다 만석보 수세를 걷지 말아 달라고 조병갑에게 두 차례 호소했다. 하지만 그마저도 거부당하자 전봉준은 사발통문을 돌리며 20명의 동지를 규합했고 1894년 1월 1천여 명의 동학농민군을 데리고 고부 관아를 점령했다.

전봉준은 조병갑을 효수해 조선의 탐관오리들에게 민심이 매우 화가 났다는 걸 본보기로 보여주고 싶었으나, 눈치 빠른 조병갑은 관찰사 김문현이 있는 전주로 도망쳐버렸다. 조병갑을 잡는 데는 실패했지만, 난을 일으킨 목적이 백성에 있음을 잊지 않은 전봉준은 조병갑의 횡포로 굶주리던 사람들에게 곡식을 나눠주고 억울하게 옥살이한 사람을 풀어줬다. 그리고는 백산으로 이동했다.

반봉건의 횃불을 들다

조정은 민심을 다독이는 동시에 민란이 일어난 이유를 조사하는 안핵사로 이용태를 내려보냈다. 그러나 그는 민란이 일어나게 된 과정을 제대로 조사하지 않고 아무런 관련도 없는 농민에게 죄를 뒤집어씌우며 가혹한 탄압을 저질렀다.

함께 봉기했던 농민들이 피해를 볼까 봐 고부를 떠났던 전봉준은 사람들이 무고하게 체포되어 고초를 겪자 그해 3월 20일 무장(전북 고창)에서 손화중, 김개남과 함께 동학의 남접을 규합해 제1차 동학농민운동을 일으켰다.

전봉준은 지휘 본부인 호남창의대장소를 조직해 동도대장에 오른 뒤 손화중과 김개남을 총관령에 임명했다. 그리고 동학농민운동을 일으킨 목표와 주의할 점을 4대 강령으로 제시했다.

1. 사람을 죽이거나 가축을 잡아먹지 말라
2. 충효를 다해 세상을 구하고 백성을 편안케 하라
3. 일본 오랑캐를 몰아내고 나라의 정치를 깨끗이 한다
4. 군대를 몰고 서울로 들어가 권세가와 귀족을 모두 없앤다

동학농민운동이 위정자들의 무능력과 부정부패 그리고 외세의 경제 침탈로 신음하던 민중 모두를 위한 일이었음을 알 수 있다. 동학농민군은 가는 곳마다 환영과 지지를 받았다. 물론 대토지를 소유하거나 권력을 가지고 가렴주구하던 기득권층은 싫어했지만

말이다.

　시간이 갈수록 동학농민군에 많은 농민이 참여하면서 기세가 점점 높아갔다. 동학농민군은 황토현과 황룡촌전투에서 관군을 크게 이기고, 4월 27일 조선의 태조 이성계의 어진이 모셔져 있는 전주성마저도 점령했다.

　조선 정부는 당장의 안위를 지키고자 민영휘의 주장대로 청나라에 원군을 요청했다. 조선 내에서 세력을 확장할 구실만 찾던 청나라는 동학농민운동을 진압해달라는 조선 정부의 요청이 무척이나 반가웠다. 5월 5일 동학농민군을 진압할 청의 군대가 아산만에 상륙하자, 일본도 톈진조약을 내세우며 다음 날인 5월 6일 인천에 군대를 상륙시켰다.

　전봉준은 나라를 바로잡고자 봉기했을 뿐 나라를 위태롭게 만들 생각은 전혀 없었다.

　그런데 청과 일본 군대의 상륙으로 나라가 위태롭게 되자, 5월 7일 정부와 전주화약을 맺고 농민군을 해산했다. 그리고는 집강소를 설치해 신분 해방과 탐관오리 처벌 그리고 친일분자 처벌과 토지제도 개혁을 위해 노력했다.

　전봉준은 전주화약으로 모든 문제가 해결되어 더 나은 세상이 올 것으로 생각했으나, 상황은 전혀 엉뚱한 방향으로 흘러갔다. 일본군은 조선 정부의 철수 요청을 거부하는 것에 그치지 않고 경복궁을 점령한 뒤 고종에게 동학농민군을 진압하라고 강요했다. 조선 정부는 동학농민군 진압을 완강하게 반대했지만 청일전쟁에서 승리한 일본에 굴복하고 말았다.

　이런 상황에서 전봉준은 제1차 동학농민운동 때 참여하지 않았던 교주 최시형을 비롯한 북접의 반대도 직면했다. 당시 북접의 일부 세력은 7월부터 전봉준에게 농민군을 해산하라는 압력을 주고 있었다. 그럼에도 전봉준은 흔들리지 않았다. 오히려 나라에 닥친 위기를 해결하고자 9월 13일 삼례에서 다시 농민군을 규합해 제2차 동학농민운동을 일으켰다.

　전봉준의 행동에 깊은 감동을 받은 손병희를 비롯한 북접의 동학 지도자들이 최시형에게 제2차 동학농민운동에 동참해야 한다고 설득했다.

　깊은 고심에 빠졌던 최시형은 결국 9월 18일 공식적으로 남접과 함께 나라의 위기를 바로잡겠다고 천명했고, 비로소 하나 된 동학농민군은 전봉준을 총대장으로 추대했다.

타도 일본을 외치던 전봉준의 죽음

일본의 침략으로 위태로워진 나라를 위해 동학교도가 아닌 이들도 전봉준이 이끄는 동학농민군을 찾아왔다. 전봉준이 훗날 말하길, 일본을 내쫓고 자주적인 나라를 만들고자 모여든 숫자가 60만 명에 달했다고 한다.

　10월 12일 1만여 명의 농민군을 데리고 논산에 도착한 전봉준은 충청도 병영을 향해 같은 조선인끼리 싸우지 말고 하나가 되어 일본군을 쫓아내자고 소리 높여 말했다. 봉기의 목적이 반봉건에서 반외세로 바뀌는 순간이었다.

하지만 대내외적으로 제2차 동학농민운동은 여러 위기에 직면했다. 신분제 철폐와 토지제도 개혁에 불만과 위기의식을 가진 양반과 지주들이 관군과 일본군에 협력해 동학농민군에 맞서 싸우기 시작한 것이었다. 또한 동학 교단 내에서도 관군과 마찰을 일으키지 말라는 지시에 따른 동학교도를 향한 일부 농민군의 공격도 문제가 되었다.

동학농민군의 규모는 제1차 봉기보다 컸지만 그만큼 분열을 일으키는 요인도 많았다. 더욱이 일본군은 막강한 화력에 엄격한 군율로 통제되고 있어, 기존에 맞서 싸웠던 관군과는 비교할 수 없을 만큼 강했다. 여기에 일본군이 조선의 지리를 잘 아는 관군과 양반의 도움을 받는다는 것도 큰 문제였다.

그럼에도 동학농민군은 잘못된 세상을 바로잡겠다는 의지를 놓지 않았다. 화승총도 갖추지 못해 죽창을 들었지만 용기 있게 일본군을 향해 나갔다.

최대 격전지였던 충남 공주 우금치에서 동학농민군은 6~7일 동안 40~50여 차례 치열한 접전을 벌였지만, 지리적 이점을 뺏기고 화력마저 열세인 상황을 극복하지 못했다. 1만 명의 동학농민군이 치열하게 분전할수록 희생도 커져서 최후에는 500여 명만이 살아남았다.

훗날을 도모하고자 퇴각하는 전봉준은 계속 추격해오는 관군과 일본군을 상대로 교전을 벌였지만, 희생만 더 커질 뿐 타개책이 보이지 않았다. 결국 태인전투를 마지막으로 더 큰 희생을 막고자 동학농민군을 해산시킬 수밖에 없었다.

이후 전봉준은 몇몇 동지와 입암산성에 숨었으나 일본군과 관군이 쫓아온다는 소식에 거처를 백양사로 옮겼다. 이 와중에 동학농민군을 이끌던 핵심 인물 김개남이 12월 1일 태인에서 체포되었다는 소식이 들려왔다.

크게 상심한 전봉준은 믿을 만한 동지이자 부하 김경천을 찾아갔다. 하지만 현상금에 눈이 먼 김경천의 밀고로 12월 2일 관군에게 체포되고 말았다. 그 과정에서 김경천을 비롯한 현상금사냥꾼들에게 집단구타를 당한 전봉준은 다리를 심하게 다쳐 거동조차 할 수 없었다.

관군과 일본군은 농민들의 반발을 피하고자 전봉준을 들것에 실어 서둘러 서울로 압송했다. 순창을 거쳐 담양의 일본군에 인계되어 12월 18일, 서울에 도착한 전봉준은 일본 영사의 다섯 차례 심문 끝에 사형 선고를 받았다. 조선이 아닌 일본에 의해 사형 선고가 내려지는 참으로 어처구니없는 상황이었다. 결국 전봉준은 1895년 4월 24일 41세의 나이로 동지 손화중과 함께 죽음을 맞이했다.

박은식은 『한국통사』에서 전봉준을 중심으로 일어난 동학농민운동에 대해 이렇게 논했다.

"갑오 동학란은 그 허물이 정부에 있다는 걸 감출 수 없다. 그런데도 정부는 반란의 원인을 백성에게 돌리며, 우리 백성이 사납고 간교해서 난을 일으켰다고 하며 청에 원병을 구걸해 자유를 생명으로 삼는 유럽이나 미국 같으면 이토록 부패한 정부가 하루라도 남아 있겠는가? 탐학과 불법이 누적되어 오늘날 반란이 일어나게 된 건 누구 때문인가?"

재판받던 전봉준의 심문 과정이 담긴 『전봉준공초』에도 동학농민운동이 일어난 목적이 확연히 드러나 있다.

심문자: 작년 3월 고부 등지에서 무슨 사연으로 민중을 크게 모았나?

전봉준: 그때 고부 군수의 수탈이 심해 의거했다.

심문자: 흩어져 돌아간 후에는 무슨 일로 군대를 봉기했느냐?

전봉준: 고부 민란 조사 책임자 이용태가 내려와 의거 참가자 대다수가 일반 농민이었음에도 모두를 동학도로 통칭하고, 그 집을 불태우며 체포하고 살육을 행했기 때문에 다시 일어났다.

심문자: 전주 화약 이후 군대를 다시 일으킨 이유는 무엇이냐?

전봉준: 일본이 개화를 구실로 군대를 동원해 왕궁을 공격하고 임금을 놀라게 했으니, 충군애국의 마음으로 의병을 일으켜 일본과 싸워 그 책임을 묻고자 함이다.

불의를 바로잡고 외세로부터 나라를 지키고자 동학농민운동을 일으킨 전봉준은 뜻을 이루지 못했다. 그러나 그가 꿈꾼 세상은 지금 우리의 마음속에 살아 숨 쉬고 있다.

지금의 우리는 개인의 자유가 침해되지 않고 사람답게 살 수 있는 사회를 만들고자 노력한다. 또한 강대국의 간섭을 받지 않는 자주적인 나라를 만들고자 각자의 삶에 최선을 다하고 있다. 이 모든 시작점에는 전봉준과 함께 사람답게 살 수 있는 세상을 만들고자 했던 선조들의 정신이 있지 않을까?

· 동상 위치 ·

서울시 종로구 청계천로 41, 영풍문고 종로본점
전라북도 정읍시 덕천면 동학로 743, 전봉준장군동상

· 전봉준 연보 ·

1855	전라북도 고창 출생
1890년경	동학 입교 후 고부접주 임명
1892	고부군수 조병갑에게 시정 요구
1894.1.10.	고부민란 주도
1894.4.27.	전주성 점령
1894.5.7.	전주화약 체결
1894.11.	우금치전투 패배
1984.12.2.	김경천의 밀고로 체포
1895.4.24.	순국

조상의 위패를 뒤로하고
총을 든 성리학자

성리학의 한계를 극복하다,
이상룡(李相龍, 1858~1932)

이상룡 동상

역사와 전통의 도시 안동은 조선을 대표하는 유학자이자 성리
학을 체계화시킨 퇴계 이황이 태어난 곳이다. 류성룡, 김성일, 이
산해 등 많은 인물이 이황에게 학문을 배워 조선을 이끌었다. 그래
서 안동에는 도산서원과 하회마을 등 조선 500년을 운영한 성리
학과 깊은 관련을 맺고 있는 장소가 많고 성리학적 삶을 지향하며
일평생을 살아간 사람도 많다.

이황의 학통을 이어받은 영남학파는 입신양명보다 성리학적
가치에 따른 효와 충을 중요하게 여겼다. 그 결과 조선이 무너지는
마지막까지 안동에서는 효자와 충신이 많이 배출되었다. 그중에
는 성리학으로 무너지는 사회를 바로잡아 나라를 되찾고자 했던
이상룡도 있었다.

이상룡은 안동에서 많은 존경을 받던 이종태의 큰 손주로 태어
났다. 그래서였을까? 어려서부터 할아버지를 비롯한 당대 존경받
던 유학자로부터 학문을 배워 입신양명보다 올바른 삶을 사는 게
중요하다고 여겼다.

부친이 죽자 열여섯 살의 이상룡은 슬픔을 이겨내고자 학문에 더욱 매진했는데, 이때 성리학뿐만 아니라 천문·지리·산수 등 다양한 방면에 관심을 갖고 배움에 정진했다. 이 경험은 훗날 이상룡이 성리학을 고정불변의 학문으로 생각하던 타 유학자들과 달리 독립을 위해서라면 무엇이라도 배우고 현실에 적용하려는 유연한 자세를 갖게 했다.

이상룡은 열아홉 살이 되던 해 할아버지의 권유로 대학자 김흥락을 만났다. 퇴계 이황에서 김성일로 이어지는 학풍을 계승한 정재학파 김흥락 아래에서 많은 걸 배우고 익힌 이상룡이야말로 무너져가는 유림을 바로 세워줄 적임자라며 많은 유생이 기대했다.

이상룡은 선배와 동문의 기대에 부응하듯 성리학적 질서를 지키는 데 앞장섰다. 일례로 1884년 조정에서 관복과 사복을 서구에 맞춰 개정하는 의제개혁령을 시행하자, 이상룡이 반대하는 소(疏)의 초고를 작성하기도 했다.

이상룡은 백성을 위한 관료가 되고자 과거에 응시했으나 결과가 좋지 않았다. 과거에 낙방하곤 1년간 개성을 유람하고 돌아온 그는 조부와 스승 김흥락의 권유로 입신양명을 포기하고 학문에만 전념하기로 다짐했다. 아는 것과 실천하는 것에 순서가 없으며, 생각하는 걸 실천할 때 도(道)가 완성된다고 믿었던 이상룡의 확고한 의지가 있었기에 가능한 일이었다.

관직에 나가지 않아도 일상생활에서 올바른 도리를 실천하면 그것만으로도 세상을 바로잡을 수 있다고 생각한 이상룡은, 우선

문중을 대상으로만 진행해오던 향음주례(지역 어르신들에게 술과 음식을 대접하는 행사)를 사회 전반으로 확대해 흐트러진 풍속을 교화하고자 했다.

세상을 바로잡고자 의병이 되다

구한말의 시국은 이상룡이 성리학적 삶을 살도록 내버려두지 않았다. 1894년 동학농민운동과 청일전쟁에서 제대로 대응하지 못하는 무기력한 정부군을 본 이상룡은 깊은 탄식을 내쉬었다.

역사를 통해 자신을 지킬 힘도 없는 나라는 결국 무너진다는 걸 잘 아는 이상룡은 다른 학문을 경시하고 성리학만을 고집한 유생들과는 달랐다.

무(武)를 천대한 유림과 달리 이상룡은 여러 개의 화살을 발사하는 연노를 개량해 훗날을 대비할 수 있는 실질적인 힘을 키우는데 전념했다. 또한 조부의 3년상을 치르는 와중에서도 을미사변에 분개해 일어난 권세연의 의병부대를 적극적으로 지원했다. 이 과정에서 체계적이지 못한 군사체계로 고전을 겪는 의병부대에게 군사전략 및 앞으로 나아갈 바를 제안하기도 했다.

1905년 을사늑약이 체결되자 48세의 이상룡은 나라가 망할지도 모른다는 사실에 마음이 조급해졌다. 박우종과 함께 마련한 1만 5천 냥의 군자금으로 가야산에 의병 기지를 마련해 일본군을 소탕할 준비를 차근차근 해나가던 이상룡은 "시대 상황이 날마다 변하니 안전을 보장할 수는 없으나, 앞으로 태평성대를 보는 것도 가망 없는 일은 아니다."라며 승리를 확신했다. 그러나 일본군의 공격에 제대로 전투를 치르지도 못한 채 많은 동료를 잃고 말았다.

일본에 모든 면에서 열세인 상황을 극복하기가 어렵다는 사실을 처절히 느낀 이상룡은 깊은 고뇌에 빠졌다. 강국이 되어가는 일본과 달리 조선이 약해지는 원인이 뭔지 생각하고 또 생각했다.

그렇게 얻은 결론은 새로운 문물을 받아들이는 자세와 활용의 차이였다. 일본이 서구 사상과 문물을 받아들여 기존 사회의 문제점을 바로잡았던 것에 비해 조선은 오랜 시간 이어져 온 전통과 관습만 고수하며 변화를 거부했기에 뒤처졌다고 분석했다. 지금껏 서구 문물에 반감을 가졌던 이상룡 자신도 예외가 아니었다.

『손자병법』의 '지피지기 백전불태(知彼知己 百戰不殆, 적을 알고 나를 알면 백번 싸워도 위태롭지 않다)'라는 말처럼 성리학만 고집하지 않고 이제라도 서양 학문과 문물을 알아야 한다고 생각했다. 오십 살 나이에 사고의 틀을 바꾼다는 게 매우 힘든 일임에도 이상룡은 사고의 유연성을 가지고 칸트, 홉스, 루소 등 서구 사상가들의 책을 읽으며 서구 문물을 우리의 현실에 맞게 적용하고 응용할 부분을 찾았다.

그러면서도 류인식과 김동삼 등 혁신 유림 인사들과 함께 협동학교를 세워 서구 문물을 가르치는 데도 힘을 쏟았다. 1908년에는 대한협회 안동지회를 세우며 일본의 침략으로부터 나라를 지키고자 최선을 다했다.

그렇다고 성리학을 부정한 건 아니었다. 남호직에게 보낸 편지에 "도에는 변함이 없으나 시대는 고금이 다르다." "요즘 세상에 살면서 모든 걸 옛 도리에 맞춰 사는 건 대현(大賢)들도 불가능한 일이다."라고 적은 것처럼 성리학이 추구하는 바는 옳지만 시대에 맞는 새로운 방법으로 평안한 세상을 만드는 일도 필요하다는 걸 강조했다.

경학사 사장에 취임하다

1910년 국권을 상실하자 이상룡은 교육과 계몽 활동보다 일본군과 맞서 싸워 나라를 되찾는 일이 우선이라고 여겨 만주에 독립기지를 건설하려는 신민회에 힘을 보태기로 했다.

독립군 기지 건설에 필요한 자금을 마련하고자 토지 및 가옥 등 부동산을 정리한 뒤, 노비문서를 불태워 가노들이 모두 자유민으로 생활할 수 있도록 했다. 인근 유생들에게 학업에 매진할 것을 당부하고는 1911년 1월 일가를 데리고 삼원보로 망명했다.

그곳에서 이회영 일가가 많은 재산을 가지고 독립기지를 건설하는 데 애쓰고 있었지만, 참여할 독립운동가와 자금이 절실히 필요했다. 그때 북쪽의 매서운 찬 바람을 뚫고 도착한 이상룡 일가 150여 명은 아주 큰 힘이 되었다.

이상룡과 함께 삼원보로 망명한 김대락은 신흥강습소를 세우다가 1924년 순국했고, 김동삼은 청산리대첩의 주축이었던 서로군정서를 운영하다가 1937년 서대문형무소에서 순국했다.

이상룡은 오랜 시간 삼원보에 머물며 독립운동의 기반을 마련해야 한다는 생각으로 경학사를 조직해 사장에 취임했다. 또한 식량 마련이 최우선 과제라는 생각으로 벼농사를 짓지 못하던 삼원보에 조선의 선진 농업기술 보급에 앞장섰다. 독립군을 양성하기 위한 신흥강습소를 세우는 데도 앞장섰다.

젊은 시절 향약과 향음주례를 주관하면서 향촌 자치를 이끌었던 경험과 병학을 공부하고 의병운동을 전개했던 경험이 있어 가능한 일이었다. 물론 밑바탕에는 나라의 독립에 도움이 되는 일이라면 뭐든 유연하게 수용해 활용하려는 마음가짐이 있었다.

그러나 독립기지를 마련하는 일이 순탄치는 않았다. 흉년과 일제의 탄압 그리고 중국인들의 배척으로 경학사가 해체되고 말았다. 1913년에는 요령성 회의에서 한국인들이 토지를 소유하거나 매매할 수 없도록 하는 '토지소유전매조차금지안'이 시행되었다. 이에 이상룡은 유하현 지사를 찾아가 문제 해결을 촉구하는 동시에 중화민국 국회에 사정을 밝히며 철회해 달라고 요청했다.

이상룡의 노력은 일회성으로 끝나지 않았다. 1917년에도 지린을 총괄하는 총독을 찾아가 한국인들의 권익을 확보하고자 노력했다. 그런가 하면 한국인들에겐 중국 영토에서 독립운동을 해야 하는 현실을 감안해 중국인과 마찰을 일으키지 않도록 당부했다. 노력들이 시나브로 쌓이자 의미 있는 결과가 나타나기 시작했다.

3·1운동 일어난 지 한 달 후인 1919년 4월에 이상룡은 경학사의 실패를 경험 삼아 한국인의 자립과 독립운동기지 건설을 목적으로 설립한 부민단을 한족회로 발전시켰다. 남만주 각지에 흩어

져 있던 민족지도자들이 참여한 한족회는 독립운동 소식을 전달할 수 있는 〈한족신보〉(훗날 〈신배달〉로 변경)를 발간했다.

또한 독립군 양성을 위해 군정부를 뒀다. 대한민국 임시정부가 수립된 이후에는 하나의 정부만 있어야 한다는 이상룡의 강력한 주장에 따라 군정부를 '서로군정서'로 바꾸고 대한민국 임시정부의 군사기관으로 확대·개편했다. 신흥학교도 무관학교로 개편해 독립군 간부를 양성했는데, 1920년 8월에 2천 명이 넘는 졸업생을 배출하며 명실상부한 독립운동의 산실이 되었다.

이상룡은 거기서 그치지 않았다. 군정서 독판을 맡아 주재소 등 일본 식민 통치기구를 파괴하고 친일파를 처단하는 국내진공작전을 진두지휘했다. 그때 이상룡의 나이가 환갑이었지만, 의지와 투지만큼은 20대 젊은이에 뒤지지 않았다.

대한민국 임시정부 국무령에 오르다

1920년 서로군정서가 홍범도의 대한독립군, 김좌진의 북로군정서와 힘을 합쳐 청산리전투에서 승리하자 일제는 이상룡에게 거액의 현상금을 내걸었다.

이상룡은 자신이 위험에 처하게 된 상황은 괜찮았으나, 일제에 의해 많은 한국인이 희생된 간도참변은 참을 수 없었다. 그런 비극이 반복되는 걸 막기 위해서는 힘을 하나로 모을 필요가 있다고 생각해 여러 독립군의 통합을 위해 동분서주했다.

그 결과 1922년 서로군정서, 대한독립단, 광복군총영, 보합단,

광한단, 벽창의용대를 통합해 대한통군부가 출범했다. 이상룡은 그해 8월 대한통군부에 참석하지 않았던 단체들도 참여하는 남만한족통일회를 개최해 대한통군부를 '대한통의부'로 확대했다. 이로써 대한통의부는 남만주를 아우르는 거대한 독립운동단체로 발전할 수 있었다.

하지만 대한통의부는 오래 지속되지 못했다. 우리의 영토가 아닌 중국에서 활동해야 하는 제약으로 각 독립단체 간의 긴밀한 소통이 어려웠다. 더불어 대한제국 황실 복원을 주장하는 복벽파와 공화주의 국가를 목표로 하는 독립운동가들의 갈등이 고조된 상황에서 사회주의 사상까지 유입되자, 균열이 생기기 시작했다.

결국 복벽파가 대한통의부를 이탈해 의군부를 조직했다. 대한통의부가 제 역할을 하지 못하자 남만주 지역에 남은 여러 단체가 다시 뭉치기로 결의하고 정의부를 결성했다.

이 과정에서 이상룡은 독립운동단체가 하나로 통합되지 못하는 현실이 안타까웠지만, 떨어져 나간 독립단체를 원망하진 않았다. 너무도 열악한 환경으로 하나가 될 수 없는 상황이 아쉬울 뿐이었다.

비록 나이가 들어 전면에 나서지는 못하지만, 뒤에서라도 하나의 통합된 조직으로 일제에 맞설 수 있도록 도와주고 싶은 마음은 조금도 줄어들지 않았다. 오히려 더욱 강해지고 있었다.

1925년 대한민국 임시정부에서 최고책임자인 국무령으로 취임해 달라는 요청이 왔다. 이승만이 미국에 위임통치안을 제안한 일을 계기로 내재되어 있던 갈등이 폭발하면서 위기에 처한 대한민국 임시정부를 구원할 새 대통령으로 박은식이 선출된 상황이었다.

박은식은 문제가 많은 대통령제를 폐지하고 국무령 중심의 내각제로 체제를 바꾼 뒤, 초대 국무령으로 이상룡을 추천했다. 유연한 사고로 모두를 포용해 하나로 통합할 수 있는 인물로 이상룡밖에 없었기 때문이었다.

이상룡은 고령의 나이로 막중한 자리에 앉을 수 없다고 사양했다. 그러나 많은 이의 부탁을 계속 거절할 수 없었다. 가장 마음에 걸리는 건 자신마저 국무령에 오르지 않으면 3·1운동 이후 국민의 염원으로 만들어진 대한민국 임시정부가 사라질 수 있다는 염려였다. 그것만은 절대로 있어서는 안 되는 일이었다.

초대 국무령에 오른 이상룡은 임시정부 재건에 힘을 쏟았다. 하지만 상하이에서 먼 만주의 독립운동단체를 지도하는 데 많은 어려움을 겪었다. 또한 이상룡이 무장 독립을 강조하며 일제와 싸웠던 만큼 상하이에서 주로 행하는 외교 중심의 독립운동은 답답하기 그지없었다.

결국 만주에서 여러 독립단체를 하나로 모아 임시정부를 돕는 게 더 효과적이라고 판단한 이상룡은 자신이 더 잘할 수 있는 일을 하기 위해 1926년 2월 국무령을 사임하고 남만주로 돌아갔다. 그리고는 만주의 정의부, 참의부, 신민부를 통합하기 위해 남아 있는 마지막 힘을 쏟아부었다.

이상룡의 유언

이상룡을 곱게 보지 않던 일제는 무슨 일이 있더라도 그를 체포하고자 했다. 일부 중국인도 이상룡을 잡아 현상금을 받으려 혈안이 되어 있었다. 혹시라도 잘못된 일이 생길까 봐 불안한 가족들은 이상룡의 안전을 위해 거처를 자주 옮겼다.

노구의 나이로 잠시도 쉬지 못하고 일제와 일부 중국인의 눈을 피해 도망다니면서도 나라의 앞날을 걱정하던 이상룡은 결국 세월의 무게를 이기지 못하고 자리에 누웠다. 이상룡이 위독하다는 소식을 들은 많은 독립운동가가 찾아오자, 그는 "외세 때문에 주저하지 말고 더욱 힘써서 목적을 관철하라."라며 끝까지 독립을 위해 일해 달라고 당부했다.

1932년 5월 12일 이상룡은 마지막 숨을 거두기 전 "국토를 회복하기 전까지는 내 유골을 고국에 가져가지 말고 이곳에 묻어두고 기다려라."라는 유언을 남겼다. 이상룡의 유언에 따라 가족들은 헤이룽장성에 묘지를 마련했으나, 국토를 회복한 뒤 유골을 고국에 묻어달라는 말은 한참을 지키지 못했다.

이상룡이 죽은 지 58년이 지난 1990년이 되어서야 대전 국립묘지로 모실 수 있었다. 그리고 1996년 국립서울현충원 임시정부 요인 묘역으로 옮겨졌다. 국립서울현충원 임시정부 요인 묘역에 먼저 와 계신 독립운동가들은 이상룡의 귀환을 크게 반기며 즐거워했을 것이다. 이상룡은 누구보다도 유연한 사고로 모두의 생각을 들어주고 존중하며 응원을 보낸 큰 어른이었기 때문이다.

우리동네 인물 탐구

· 동상 위치 ·

충청북도 청주시 상당구 문의면 청남대길 646, 청남대

· 이상룡 연보 ·

1858.11.24.	경상북도 안동 출생
1906	가야산에서 의병 항전 시도
1907	협동학교 설립
1909	대한협회 안동지회 결성
1911	중국 봉천성 유하현 망명 경학사 사장 신흥강습소 설립
1919	만주 '대한독립선언서' 발표 한족회 회장 겸 군정부 총재, 서로군정서 독판
1921	대한통군부 조직 베이징 군사통일회의에서 조선 공화정부 대통령으로 추대
1922	대한통의부 수립
1924	독립군단 정의부 지도자
1925	대한민국 임시정부 초대 국무령 취임
1932.5.12.	서거
1962	건국훈장 독립장 추서

국혼이 살아 있으면
나라는 망하지 않는다

올바른 역사 정립이 곧 독립이다,
박은식(朴殷植, 1859~1925)

박은식 동상

일제는 한국을 영원한 식민지로 만들고자 우리의 역사를 축소하거나 왜곡하는 일에 앞장섰다. 이를 막기 위해 박은식, 신채호, 백남운 등 여러 학자가 우리의 역사를 바로 기록하고자 노력했다. 찬란했던 우리의 역사와 문화유산을 너무도 잘 알고 있는 이들은 한국이 식민지로 전락한 사실에 누구보다도 가슴 아파했다. 그리고 나라를 다시 세워 끊어진 역사의 고리를 잇고자 독립운동에 매진했다.

그중에서도 박은식은 일제의 침략 과정과 그에 맞선 독립운동가들의 이야기를 알리고자 한시도 기록을 멈추지 않았다. 나라의 독립을 이루는 밑바탕이 되길 바라는 동시에 훗날 후손들이 다시는 이런 아픔을 겪지 않길 바라는 마음이었다.

지금처럼 풍부한 자료를 가지고 연구를 할 수 있는 상황도 아닌 20세기 초, 박은식은 어떻게 올바른 역사를 기록할 수 있었을까? 중국에서 만들어진 최초의 한국 독립운동단체 동제사 총재 및 대한민국 임시정부 제2대 대통령을 역임하는 등 수많은 독립운동을 펼치면서 말이다.

박은식은 자기 자신을 두고 백두산이 있는 나라를 잃어버리고 슬퍼해 미쳐 돌아다니는 노예라는 뜻의 '태백광노' 또는 나라를 잃고도 부끄러워하지 않고 살아간다는 뜻의 '무치생'이란 호를 사용할 정도로 나라를 지키지 못한 현실에 몹시 괴로워했다. 그래서 후손들에게 광복이라는 무거운 숙제를 남겨주지 않고자 1분 1초도 허투루 쓰지 않았다.

황해도 황주의 서당 집안에서 태어난 박은식은 과거 급제를 목표로 10대 시절을 오롯이 학문에 매진했다. 박은식의 학문 성취도는 매우 높아서 안중근의 아버지인 안태훈과 함께 황해도의 신동이라고 불릴 정도였다.

젊은 박은식은 관료가 되어 집안을 일으키는 동시에 부조리한 사회를 바로잡고 싶었다. 그러나 과거시험이 정상적으로 운영되지 않는 모습에 크게 실망하고 성리학 대신 실생활에 도움이 되는 학문을 배우기로 마음먹었다.

1880년 다산 정약용의 제자 신기영과 정관섭으로부터 실학을 배운 박은식은 이후의 삶에서 글과 말로만 나라의 독립을 부르짖지 않았다. 늘 실천을 가장 우선순위에 놓았다.

1882년 박은식은 서구 문물 수용에 대한 반발로 일어난 임오군란을 해결할 방안을 적은 시무책을 고종에게 제출했다. 그러나 시무책이 받아들여지지 않자 크게 실망해 서구 문물로부터 우리의 것을 지켜야 한다고 주장하는 위정척사로 유명한 이항로의 문인인 박문일과 박문오에게 가르침을 받았다.

성인이 되어서도 뚜렷한 직업 없이 학문에만 매진하는 모습을 안타깝게 여기던 어머니의 간곡한 부탁에 박은식은 1888년부터 1894년까지 능의 일을 맡아보는 종9품 말단관리직인 능참봉으로 생활했다.

언론으로 나라를 지키다

미국에서 돌아온 서재필이 설립한 독립협회에서 제작한 〈독립신문〉과 강연을 접한 박은식은 생각에 깊이 잠겼다. 어머니의 요청으로 능참봉을 하고는 있지만, 열강의 침략으로 국운이 기울어가는 상황을 모른 체하기가 너무 힘들었다.

효보다 충을 택한 박은식은 능참봉을 그만두고 본격적으로 구국운동에 뛰어들었다. 비록 능참봉이라는 낮은 관직에 머문 그였지만, 많은 지식인에게 추대를 받아 만민공동회에서 문교부장급 간부로 활동하기 시작했다.

또한 남궁억과 나수연이 만든 〈황성신문〉의 주필로 열강의 침략에 맞서 나라를 지키자는 논설을 통해 국민들에게 시민의식을 심어주고자 노력했다. 경학원(1987년 개칭한 성균관)과 한성사범학교 교사로서 미래의 인재를 양성하는 일에도 매진했다. 박은식의 행보는 거침없었다.

1904년에는 일제의 언론탄압으로 〈황성신문〉에 논설을 싣지 못하자, 영국 출신의 베델이 사장으로 있어 언론의 자유가 보장된

〈대한매일신보〉의 주필로 활약했다. 이듬해 을사늑약에 항의하는 장지연의 「시일야방성대곡」으로 〈황성신문〉이 정간되자 1906년 복간시켰다. 이후 폐간되는 1910년까지 우리가 변화되어 나라를 지켜야 한다는 내용 등 우국충정의 글을 계속 실었다.

박은식은 당시 유림이 변화하는 세상을 이해하기보다 과거의 낡은 틀을 고집하는 모습을 비판하는 등 국권 회복을 위한 계몽 활동에도 적극적으로 나섰다. 그뿐만 아니라 이준이 조직한 헌정 연구회가 확대 개편된 대한자강회에 가입해 부국강병을 위한 강연회에 참석했고 기관지인 〈서우〉의 주필로 참다운 언론인으로서의 모범을 보였다.

1907년에는 항일비밀결사단체인 신민회의 원로 회원으로 교육과 출판 부문에서 기울어가는 나라를 붙잡고자 노력했다. 또한 서북 지방민 2,300여 명이 가입한 서북학회의 기관지 〈서북학회월보〉의 주필로 활동하면서, 서울의 서북협성학교 교장으로 취임해 인재를 양성하는 일에 몰두했다. 한두 개의 학교로는 사회에 큰 변화를 이끌어낼 수 없다고 생각한 박은식은 전국에 63개의 지교를 설립했다. 이외에도 유림계를 친일파로 끌어들이려는 일제에 맞서 장지연과 함께 대동교를 창립하기도 했다.

그러나 일제의 침략에 대한제국이 식민지로 전락해 모든 언론이 막히고 교육활동에 여러 제약이 따르자 1911년 중국 망명을 선택했다.

망명 후 박은식이 가장 먼저 한 일은 민족정기를 끌어올릴 수 있는 역사서 편찬이었다. 만주 환인현 홍도천에 있는 윤세복의 집에 1년 동안 머물면서『동명성왕실기』『발해태조건국지』『천개소문전』 등을 집필했다.

이때 박은식이 선택한 위인들은 한반도에 국한되지 않고 중국과 대등한 힘을 가지고 너른 만주 벌판을 호령했던 역사적 인물들이었다.

박은식은 역사서를 통해 만주에서 독립운동하는 게 과거의 영광을 되찾는 과정임을 은연중에 강조하며 독립운동가의 기운을 북돋아줬다. 그리고 모든 한국인에게 우리가 얼마나 대단한 역사를 가진 민족인지 알려주면서 과거의 영광을 되찾아야 한다는 당위성을 심어줬다.

역사서로 민족 자긍심을 높이다

박은식은 현재의 만주가 중국의 영토인 만큼 독립운동이 제대로 이뤄지기 위해서는 중국인들의 협조가 필요하다는 사실을 너무도 잘 알았다. 그래서 1912년 상하이로 넘어가 신규식과 함께 동제사를 조직하고 총재직을 맡았다.

동제사 산하에 독립운동을 담당할 청년을 교육하기 위한 박달학원을 설립하는 한편 중국 혁명지도자들과 꾸준하게 교류했다. 그 결과 송교인·호한민 등 중국 지도자들이 동제사에 가입함으로써 한·중 연합의 기초를 마련했다.

또한 역사서 집필도 꾸준하게 이뤄져 이토 히로부미를 처단한 안중근에 대한 기록을 담은 『안중근전』을 편찬하기도 했다. 박은식은 이 책을 통해 일제가 왜곡시킨 안중근이 일제의 침략으로부터 동양 평화를 지켜낸 위인임을 강조했다.

1915년에는 박은식의 대표 역사서인 『한국통사』가 중국인 출판사에서 출간되었다. 서문에서 "옛사람이 이르길 나라는 멸할 수 있으나 역사는 멸할 수 없다고 했으니 그것은 나라는 형(形)이고 역사는 신(神)이기 때문이다. 이제 한국의 형체는 허물어졌으나 정신만이 독존할 수 없는 것인가. 이것이 통사를 저작하는 소이이다. 신(神)이 보존되어 멸하지 아니하면 형(形)은 부활할 시기가 있을 것이다."라고 밝힌 것처럼 독립을 향한 우리의 노력이 분명 성공할 거라는 확신을 한국인에게 심어주고자 했다.

『한국통사』는 고종이 즉위한 1864년에서 105인 사건이 벌어진 1911년까지 47년간의 역사를 다룬 책으로, 일제의 침략과 그에 맞서는 독립운동사가 기술되어 있다. 박은식은 책 마지막에서 우리가 반성을 통해 새로운 시대를 열어야 한다고 강조했다.

『한국통사』는 출간되자마자 큰 반향을 일으켰다. 국외에 거주하는 독립운동가를 비롯해 국내에 있는 한국인들도 일제의 눈을 피해 『한국통사』를 탐독하며 독립 의지를 불태웠다. 일제는 『한국통사』가 식민지 통치에 큰 위협이 된다고 판단해, 1916년 조선반도사편찬위원회(1925년 '조선사편수회'로 개칭)를 만들어 우리 역사를 본격적으로 왜곡하기 시작했다.

이 시기 박은식은 중국에서 변법자강운동을 주도한 캉유웨이의 부탁으로 〈국시일보〉의 주간으로도 활동했다. 그리고 중국·독일과 긴밀한 관계를 맺어 독립을 이루려는 신한혁명당 감독으로 선임되어 취지서와 규칙을 만드는 일도 했다.

상하이에서 대동보국단 단장으로 취임한 박은식은 러시아에 거주하는 한국인들의 요청으로 1918년 우수리스크로 활동 무대를 옮겼다. 그곳에서 〈한족공보〉의 주간을 맡아 우리가 나아갈 바를 신문에 기술하는 한편 여러 학교를 돌아다니며 자랑스러운 우리 역사를 강의했다.

그와 함께 『발해사』와 『금사』를 한글로 번역해 연해주가 옛 발해의 영토였음을 한국인에게 알려, 우리 민족의 자긍심을 높였다. 네덜란드 헤이그에서 순국한 이준의 행적을 기록한 『이준전』을 편찬하기도 했다.

블라디보스토크에서 박은식이 조직한 대한국민노인동맹단은 1919년 모든 한국인의 피를 끓게 만드는 역사적 사건을 만들어냈다. 당시 박은식은 61세 노구였던 만큼 젊은이들처럼 현장에서 독립운동을 펼치기 어려웠다. 그래서 자신과 같은 노인들이 독립운동의 최전선에서 활동하는 젊은이들을 지원하고 뒷받침하자는 목적으로 대한국민노인동맹단을 만들었다.

이 단체에 소속되어 있던 강우규가 서울역에서 제2대 총독으로 부임하는 사이토를 향해 폭탄을 투척하는 의거를 벌여 일본의 간담을 서늘하게 했다.

이를 계기로 국내외적으로 독립에의 열망이 뜨겁게 달아오르자, 박은식은 다시 상하이로 이동해 연해주의 대한국민의회와 상하이 임시정부 그리고 서울의 한성정부를 통합한 '대한민국 임시정부' 수립을 도왔다.

독립운동의 기반이 마련된 만큼 원로인 자신은 대한민국 임시정부가 잘 운영되도록 뒤에서 돕는 게 옳다고 여겼다. 그래서 1884년 갑신정변부터 3·1운동이 일어난 다음 해인 1920년까지의 독립운동사를 다룬 『한국독립운동지혈사』를 집필해 젊은 독립운동가들이 방향을 잃지 않도록 돕고자 했다.

박은식은 『한국독립운동지혈사』를 서구의 역사기록 방식을 도입해 주제·사건·사실별로 구분해 기술했다. 책의 상편에서는 구한말의 역사적 사건과 함께 일제의 침략과 수탈을 중점적으로 다뤘다. 하편에서는 국내외의 독립운동을 설명했는데, 그중에서도 3·1운동의 전개 과정 및 일제의 만행을 중점적으로 고발했다. 또한 간도에서 일본군을 상대로 큰 승리를 거둔 청산리대첩을 설명한 뒤, 일제의 보복으로 수많은 사람이 목숨을 잃었던 간도대참변을 기록했다. 마지막 부록에서는 중국과 미국 등 여러 나라가 우리의 독립운동을 소개한 기사를 제시해, 우리는 절대 혼자가 아니며 반드시 독립을 이룰 수 있다는 확신을 심어줬다.

『한국독립운동지혈사』는 단순히 역사적 사실만 기록한 역사서가 아니었다. 일제를 상대로 독립을 쟁취할 수 있다는 희망을 한국인들에게 심어주기 위한 박은식의 목소리가 담겨 있었다.

대한민국 임시정부 제2대 대통령에 취임하다

독립운동을 이어나가기에 환경은 너무도 열악했고 독립의 길은 보이지 않았다. 특히 1923년 대한민국 임시정부 운영에 대한 갈등이 고조되자, 문제를 해결하고자 국민대표회의를 열었으나 해결점을 찾지 못했다.

대한민국 임시정부 기관지인 〈독립신문〉 사장으로 묵묵히 맡은 바 임무를 수행하며 문제가 원만하게 해결되길 기다리던 박은식에게 임시정부 의정원이 찾아왔다. 임시정부가 있는 상하이에 6개월밖에 머물지 않으면서 국제연맹 위임통치안을 독단적으로 제출한 이승만에겐 대통령 자격이 없다는 '이승만대통령유고안'을 결의한 임시정부 의정원은, 박은식에게 국무총리 겸 대통령 대리로서 혼란을 수습해 달라고 요청했다.

박은식은 모든 한국인의 염원으로 만들어진 대한민국 임시정부만은 꼭 지켜야 한다는 생각으로 의정원의 제의를 수락했다. 이후 임시정부를 분열시킨 원인을 제공한 이승만을 탄핵하고 대통령제를 내각책임제 정부로 개편하기 위한 발판을 마련하는 데 힘을 기울였다.

우선 체제 개편을 위해 1925년 제2대 대통령으로 취임한 후, 대통령의 권한으로 국무령제 헌법개정안을 통과시켰다. 그리곤 만주의 독립운동단체 통합을 위해 많은 일을 한 이상룡이 대한민국 임시정부가 다시 제자리를 찾게 해줄거라며 국무령으로 추천했다. 임시정부 요원들도 박은식과 뜻을 같이해 이상룡을 초대 국무령으로 임명하자, 박은식은 아무런 미련 없이 대한민국 임시정부 대통령직을 사임했다. 의정원의 탄핵 결정에 승복하지 않고 무효를 주장하며 대한민국 임시정부를 둘로 나누자는 이승만과는 너무도 비교되는 행동이었다.

하지만 나라를 위해 건강을 생각하지 않고 혹사한 결과였을까? 박은식은 대통령직에서 물러날 무렵 인후염과 기관지염으로 몸이 많이 약해진 게 문제가 되어 1925년 66세의 나이로 상하이에서 순국했다.

박은식 하면 떠오르는 "국사가 망하지 아니하면 국혼은 살아 있으므로 그 나라는 망하지 아니한다." "국혼(國魂)은 살아 있다. 나라가 망했어도 국혼만 불멸이면 부활할 수 있다." "옛사람이 말하기를 나라는 멸망하더라도 역사는 없어질 수 없다고 했으니 나라가 형체라면 역사는 그 정신이기 때문이다. 이 때문에 우리나라의 역사를 쓰는 것이다. 정신만 살아 있으면 형체도 부활할 때가 있을 것이다."라는 말들처럼 우리 민족은 역사를 기록하고 잊지 않으려 노력했기에 독립을 이룰 수 있었다.

· 동상 위치 ·

충청북도 청주시 상당구 문의면 청남대길 646, 청남대
서울시 관악구 관악로 1, 서울대학교

· 박은식 연보 ·

1859.9.30.	황해도 해주 출생
1898	<황성신문> 주필, 독립협회 가입 경학원 강사, 한성사범학교 교관
1908	서북학회 회장
1911	중국 망명 『동명왕실기』『연개소문전』등 저술
1915	신한혁명당 감독, 대동보국단 단장 『한국통사』편찬
1917	'대동단결선언' 발표
1919	연해주 대한국민의회 설립 한성 정부 평정관 대한국민노인동맹단 결성
1920	『한국독립운동지혈사』편찬
1924	대한민국 임시정부 국무총리 겸 대통령 대리
1925	대한민국 임시정부 제2대 대통령
1925.11.1.	순국
1962	건국훈장 대통령장 추서

한국의 독립을 위해
한 몸 바친 외국인

독립운동에 국적 따윈 의미 없다,
베델(裵說, 1872~1909)

베델 동상

최근 한국을 좋아하는 외국인이 크게 늘었다. 한류가 세상을 휩쓸면서 전 세계의 많은 이가 한국의 대중문화와 음식 그리고 선진 문물을 접하고자 한국을 찾는다. 그들 중 일부는 한국을 너무도 사랑해 고국으로 돌아가지 않고 한국을 제2의 고국으로 삼기도 한다.

불과 몇십 년 전만 해도 한국을 가난하고 지저분한 나라로 여기며 무시하고 멸시하던 걸 떠올리면, 오늘날 한국의 위상이 매우 높아졌다는 걸 알 수 있다.

그런데 지금으로부터 약 120여 년 전, 서양인에게 한없이 전근대적이고 미개하며 스스로를 지킬 힘도 없어 보이는 초라한 나라였던 한국을 사랑한 청년이 있었다. 한국인보다 더 한국을 사랑한 청년은 영국 출신의 어니스트 T. 베델(Ernest T. Bethell)이었다. 한국을 얼마나 사랑했는지 그는 이름을 '배설(排設)'로 바꾸고 한국의 자주독립을 위해 자신의 생명을 불태웠다. 죽는 순간에도 한국의 미래를 걱정하며 눈을 제대로 감지 못했다.

베델은 1872년 11월 3일 영국 브리스톨 북부 애쉴리에서 태어났다. 집안이 가난해 고등학교도 간신히 졸업했을 정도였지만, 현실을 탓하기보다 스스로 삶을 개척할 의지를 가지고 있었다. 아버지를 따라 1888년 열일곱 살 나이에 일본 고베로 이주한 베델은 골동품을 수입하는 무역업에 15년 동안 종사했지만 크게 성공하진 못했다.

그가 재능을 보였던 건 언론 분야였다. 베델은 1904년 러일전쟁이 발발하자 〈데일리 크로니클〉 특별 통신원이 되어 대한제국을 취재하고자 그해 3월 10일 처음으로 한국 땅을 밟았다. 그는 이 순간이 훗날 자신과 대한제국의 운명을 바꾸게 될 거라고는 생각조차 하지 못했다.

당시 일본은 러일전쟁 과정에서 대한제국의 많은 이권을 빼앗고자 했는데, 이를 방해하는 걸림돌 중의 하나가 언론이었다. 당시 대한제국은 〈독립신문〉이 1899년 폐간된 이후 영자신문이 발간되지 않아 일제의 만행을 세계에 알리지 못하고 있었다. 반면 〈황성신문〉과 〈제국신문〉 등 국내 신문은 일본의 만행을 한국인에게 고발하는 데 온 힘을 쏟았다.

일본은 국내 신문들 때문에 한국인들의 반일 감정이 고조되자, 외부대신 이지용에게 한국 신문이 일본 군사 기밀을 누설하고 있다며 항의했다.

특히 〈제국신문〉이 일본의 황무지개간권 요구를 비난하는 기사를 내보내자, 담당자의 문책을 요구하는 항의 공문을 보낼 정도였다.

일제는 러일전쟁에서 승기를 잡은 이후 더욱 노골적으로 언론 통제에 나섰다. 7월에는 군사경찰 '훈령'을 통해 신문을 발행하기 전에 일본군사령부의 검열을 받도록 했다. 10월에는 '군정 시행에 관한 내훈'을 제정해 치안 방해 명목으로 신문과 잡지의 정간과 발행을 금지하는 법적 절차를 마련했다.

일련의 과정을 목격한 베델은 화가 났다. 청년기를 일본에서 지내며 일본에 우호적인 감정을 가진 베델이었지만, 러일전쟁에서 벌인 일본의 만행에 분노를 감출 길이 없었다. 더 안타까운 건 일본에 의해 나라가 곧 망할 수도 있다는 위급함도 모른 채 그저 착하고 순박하게 살아가는 한국인의 모습이었다.

그는 일본과 우호적인 관계를 맺고 있는 영국 출신이었지만, 일본 입장에서 침략을 정당화하고 미화하는 신문 기사를 쓰지 않았다. 한국과 세계에 일본의 침략 사실을 알려주는 일이 언론인으로서의 사명이라고 생각했다.

민족지 〈대한매일신보〉를 창간하다

베델은 〈데일리 크로니클〉 특파원으로 덕수궁이 의문의 화재로 크게 불타버린 사건을 어느 언론사보다도 빠르게 전달하면서 이름을 알렸다. 하지만 일본의 침략을 정당화하고 미화하는 기사를 실어야 하는 외국 언론사 기자라는 한계로 마음 한편에 죄책감이 자리 잡았다.

베델은 대한제국의 현실을 제대로 전달하고자 신문사를 창간하기로 마음먹었다. 뜻을 같이하는 토마스 코웬(Thomas Cowen)과 양기탁의 도움을 받은 베델은 1904년 7월 18일 우리 역사에 길이 남을 〈대한매일신보〉를 창간했다.

〈대한매일신보〉는 한국인들을 위한 국한문판과 한글판을 발행하면서도 한국의 상황과 입장을 외국에 알리는 영문판 〈코리아 데일리 뉴스〉도 발행했다. 이 과정에서 베델이 가장 중점을 둔 건 일본의 감시와 통제에서 벗어난 언론기관을 만드는 것이었다.

1883년 체결된 조영수호통상조약에 따라 영국 국적을 가진 베델이 사장으로 재임해 〈대한매일신보〉를 일본의 통제에서 벗어날 수 있도록 했다. 하지만 신문사의 실질적인 운영은 민족지도자로 추앙받던 양기탁에게 맡겼다. 이로써 〈대한매일신보〉는 치외법권에 따라 일제의 사전 검열을 받지 않고 우리의 소리를 오롯이 실을 수 있었다.

베델은 신문 기사에 대한 모든 책임을 자신이 질 테니 〈대한매일신보〉 기자들에게 언론인으로서 자긍심을 가질 수 있는 기사를 쓰도록 지시했다. 특히 전 국토의 3분의 2에 해당하는 면적을 황무지로 규정하고 50년간 일본이 이용할 수 있도록 하는 황무지개간권을 연일 강력하게 비판했다.

〈제국신문〉 등 국내 신문이 검열과 정간으로 제 역할을 할 수 없던 시기에 베델의 〈대한매일신보〉만이 유일하게 언론기관으로서 제 목소리를 낼 수 있었다.

1904년 9월 2일부터 7일까지 〈대한매일신보〉에 연재한 「한국에 일본 위력이라」는 논설은 일본대리공사 하기와라 모리이치의 심기를 불편하게 만들었다. 황무지개간권의 배후에 일본 정부가 있음을 고발하면서 하기와라가 외교적 능력이 부족해 대한제국에 강압적인 위협만 한다고 비판했다. 이에 하기와라는 베델이 〈AP(The Associated Press)통신〉의 서울 주재 통신원직을 맡지 못하도록 방해 작업을 펼쳤다. 또한 베델의 일본 공사관 출입을 막고 신문 발간 찬조금도 끊어버렸다.

그럼에도 베델은 〈대한매일신보〉를 통해 일본의 황무지개간권을 무산시키는 등 대한제국을 수호하는 데 큰 노력을 기울였다. 그러나 베델은 조금도 기쁘지 않았다. 시간이 흐를수록 대한제국의 상황이 더욱 나빠졌기 때문이었다.

러일전쟁에서 승리한 일본은 을사늑약을 체결해 대한제국을 식민지로 만드는 역할을 담당할 기구로 통감부를 설치하고 이토 히로부미를 책임자로 앉혔다. 그리고 외교권을 강제로 빼앗는 등 노골적으로 대한제국을 식민지로 만들어갔다.

고종 황제가 을사늑약을 승인하지 않아 조약이 성립되지 않았으나, 힘의 논리가 크게 작용하던 시기였기에 세계 각 정부는 일본의 주장을 그대로 받아들였다. 이에 베델은 을사늑약이 가져올 사태를 매우 심각하게 우려하며 어떻게 대응할지 고민했다.

그때 마침 〈황성신문〉에서 장지연이 을사늑약의 부당함을 개탄하는 논설 「시일야방성대곡」을 내보냈다. 「시일야방성대곡」은 을사늑약이 동양 삼국의 분열을 획책하는 것이라고 비판하면서 일본 침략의 부당성과 조약의 무효를 강력하게 주장했다. 또한 을사늑약에 서명한 을사오적을 비롯한 정부 대신들이 개인의 영화와 이익을 얻고자 2천만 동포를 노예로 만든 개돼지만도 못한 자들이라고 강력하게 규탄했다.

「시일야방성대곡」을 쓴 장지연은 일본 헌병에게 체포되고 논설을 게재한 〈황성신문〉은 정간되고 말았다. 하지만 일본의 검열에서 자유로운 기사를 실을 수 있는 이점을 이용한 베델은 장지연의 석방과 〈황성신문〉의 복간을 요구하는 글을 연일 〈대한매일신보〉에 게재했다. 나아가 「시일야방성대곡」을 영문으로 번역해 전 세계에 알렸다.

이후에도 고종이 을사늑약의 부당함을 호소하며 도움을 요청하는 밀서를 러시아, 독일 등 여러 나라에 보낸 사실을 〈대한매일신보〉를 통해 알렸다.

일본이 자신의 만행을 감추고 포장하려 해도 베델의 〈대한매일신보〉가 있는 이상 진실을 모두 숨길 수 없었다. 가장 공신력 있고 발행 부수도 가장 많은 신문사가 〈대한매일신보〉였기에 가능한 일이었다.

1908년 5월 27일 기준으로 〈대한매일신보〉는 영문판 463부, 국한문판 8,143부, 국문판 4,650부로 총 1만 3,256부를 발행할 정도로 대한제국을 대표하는 언론기관이었다.

일제의 언론탄압에 저항하다

베델은 여기서 멈추지 않았다. 일본군 사령부가 사전 검열을 통해 국내 언론을 탄압하는 현상을 설명하고 규탄하는 논설을 신문에 실었다. 이 논설이 가져온 파장은 생각보다 훨씬 컸다. 당시 국내 언론은 일본군 사령부의 탄압에 맞서는 방법으로 삭제된 기사를 다른 내용으로 채우지 않았다. 언론이 탄압받고 있음을 국내외에 보여주고자 삭제할 기사를 뒤집어서 인쇄했다. 그럼 마치 신문 활자가 직사각형의 벽돌 모양처럼 보여 사람들은 '벽돌 신문'이라고 불렀다.

하지만 이 현상을 이해하지 못하는 한국인들이 많았다. 베델은 1908년 4월 26일자 〈대한매일신보〉에 「벽돌 신문을 읽는 법」이라는 논설을 실었다. 내용을 정리해보면 '대한이라는 두 글자를 잊지 않으려는 사상을 가지고 볼 것' '세계와 그 속의 한국이 어떤 정황인가 하는 생각을 가지고 볼 것' '한국 신문 중에 조국 정신을 잃지 않은 게 몇이나 되는가를 생각하면서 볼 것' '뒤집힌 말이 우리나라에 이로운 말인지 아니면 해로운 말인지 생각하면서 볼 것' '삭제당할 내용을 게재하려 한 의도는 무엇인지 생각하면서 볼 것'이었다.

이외에도 베델은 다른 언론사가 다루지 못하는 내용들을 세상에 알렸다. 일본이 폭도라고 규정하며 무차별 학살한 의병들이 나라를 지키고자 스스로 일어난 일반 백성이라는 사실을 국내외에 알렸다. 국채보상운동이 일어났을 때도 일본의 탄압과 압력을 받을 걸 뻔히 알면서도 신문사를 의연금 모집 총합소로 운영하도록 자리를 내줬다. 신민회가 독립운동 총지휘 본부를 필요로 하자 치외법권이 적용되는 신문 본사를 내줬다. 베델은 〈대한매일신보〉를 일제의 침략을 막아내는 독립운동의 중심지로 확장시켰다.

베델을 일본이 가만히 두고 볼 리가 없었다. 일본 통감부는 영국 총영사관과 공동으로 베델을 기소했다. 그 결과 1907년 10월 14일에서 15일까지 영국 공사 코번이 재판을 담당한 약식 재판에서 베델은 6개월 근신이라는 유죄판결을 받았다.

베델은 판결에 불복하는 항소를 제기하고 싶었으나, 한국에서 추방당할까 봐 우려해 어쩔 수 없이 결과에 승복했다. 6개월의 근신 기간 동안 한국에서 추방당하지 않고자 언론보도의 강도를 조금 낮췄다. 그러나 근신이 풀리자마자 다시 일본의 정책을 강하게 비판하며 한국의 독립운동 소식을 적극적으로 알렸다. 특히 장인환과 전명운이 미국 샌프란시스코에서 친일 외교 고문이던 스티븐스를 저격해 사망에 이르게 한 사실을 보도해 한국인들의 울분을 조금이나마 해소하는 데 일조했다.

일본은 더는 참지 못하고 〈대한매일신보〉를 탄압하는 한편 베델을 한국에서 추방하는 일에 나섰다. 1907년 제정된 한국인 발행 신문 검열 및 제재가 가능하다는 기조의 신문지법을 보완해 외국인이 발행하는 신문에 대해서도 압수 등 물리적인 통제를 가할 수 있도록 했다.

그 결과 1908년에만 〈대한매일신보〉는 발매 반포 금지 횟수가 열다섯 번, 압수된 부수가 1만 1,663부나 되었다. 1909년엔 열네 번 금지에 1만 6,314부가 압수되었다. 일제는 〈대한매일신보〉가 사실무근의 풍설을 전해 민심을 미혹시키고 과장된 보도로 국민의 반감을 일으켜 사회질서를 교란했다는 이유를 들어 압수했다.

1908년에는 일본인을 배척하는 글을 싣고 대한제국에 대한 일본 보호제도를 전복하려 한다는 죄명으로 주한 영국총영사관에 베델을 처벌해 달라는 소송장을 제출했다. 하지만 베델을 추방하는 데 실패하자 영국 상하이고등법원에 다시 베델을 제소했다.

영·일 동맹으로 굳건한 관계를 맺고 있던 상황에서 6월 15일에서 17일까지 열린 재판 결과, 베델은 중국 상하이에 있는 감옥에서 3주일 복역과 350파운드를 공탁금으로 납부하라는 판결을 받았다. 상하이에 거주하는 많은 한국인이 공탁금을 들고 베델을 만나러 감옥을 찾았지만 누구도 면회를 허락받지 못했다.

그런 가운데 일제는 〈대한매일신보〉를 실질적으로 운영하는 양기탁을 국채보상의연금 횡령죄로 구속했다. 그리고는 베델과 양기탁이 횡령을 함께 공모했다는 사실을 친일 신문을 통해 연일 내보냈다. 나아가 베델이 횡령을 인정하는 자백을 했다는 오보를 신문에 싣기도 했다. 베델은 자신과 양기탁이 횡령했다는 기사에 반박하는 글을 즉각 〈재팬 크로니클〉에 싣고 오보한 신문사 〈NC 데일리 뉴스〉를 명예훼손으로 고소했다. 일본으로부터 기사만 받아 신문을 발행한 〈NC 데일리 뉴스〉는 법원 판결에 따라 베델에게 사과하는 정정 기사를 내고 3천 달러의 보상금을 지급했다.

그러나 베델은 일련의 과정에서 정신적·육체적으로 너무 큰 상처를 받았다. 일본의 끊임없는 위협과 협박 속에서 건강했던 베델의 몸이 서서히 무너졌고, 결국 서른여섯 젊은 나이에 심장확장으로 세상을 떠났다.

베델은 "나는 죽을지라도 신보는 영생케 해 한국 민족을 구하라."는 유언을 양기탁에게 남겼다. 그러나 그 뜻은 이뤄지지 못했다. 베델에게서 경영권을 넘겨받은 A.W. 만함이 〈대한매일신보〉를 이장훈에게 팔아버렸다. 이후 〈대한매일신보〉가 일본 입장의 기사를 연이어 내자 양기탁을 비롯한 많은 지사가 떠나버렸다. 얼마 뒤 〈대한매일신보〉는 〈매일신보〉로 이름을 바꿔 일제의 입장만 전달하는 신문으로 전락해버렸다.

일제는 베델이 죽은 뒤에도 그를 미워하고 증오했다. 양화진 성지에 묻힌 베델의 묘지를 찾아가 비석에 새겨진 비문을 훼손하고 비석 일부분을 깨트렸다.

장지연이 베델을 위해 적은 비문 "여기 〈대한매일신보〉 사장 베델의 묘가 있다. 그는 열혈을 뿜고 주먹을 휘둘러서 2천만 민중의 의기를 고무하며 목숨과 운명을 걸어놓고 싸우기를 여섯 해. 마침내 한을 품고 돌아갔으니, (중략) 기개여, 귀하도다. 그 마음씨여, 아! 이 조각돌은 후세를 비춰 꺼지지 않을지로다."처럼 우리는 베델을 영원히 기억하고 있다.

1964년에는 국내 언론인들이 베델의 비석 옆에 작은 비석을 하나 더 세운 뒤, 베델의 뜻을 이어가겠다고 맹세했다.

우리동네 인물 탐구

· 동상 위치 ·

서울시 중구 세종대로 124, 한국프레스센터

· 베델 연보 ·

1872.11.3.	영국 브리스톨 출생
1886	일본 거주
1904	러일전쟁 특파원으로 한국 입국 <대한매일신보> <코리아 데일리 뉴스> 창간 황무지개간권, 국채보상운동, 의병, 을사늑약, 고종 밀서 등 신문 기고
1907	1차 재판으로 6개월 근신형
1908	2차 재판으로 상하이에서 3개월 금고
1909.5.1.	서거
1968	건국훈장 대통령장 추서

독립운동의 선봉에 선
여성 독립운동가

독립운동에 남녀 구분 따윈 의미 없다,
김마리아(金瑪利亞, 1892~1944)

김마리아 동상

여성 독립운동가가 적다는 사실을 확인하고 싶다면, 지금 이 순간 머릿속에 떠오르는 독립운동가 다섯 명의 이름을 대보자. 아마도 대부분 남성 독립운동가가 떠오르면서 여성 독립운동가 이름을 떠올리는 게 어려울 것이다. 왜 여성 독립운동가가 남성 독립운동가보다 적을까?

여성 독립운동가가 적은 건 하나의 요인 때문만은 아니다. 수백 수천 년 동안 이어져온 여성에 대한 무시와 편견 그리고 교육의 부재로 사회진출이 막힌 현실 등이 얽혀 만들어낸 현실이다.

특히 여성에 대한 차별과 억압이 심했던 조선 시대를 거치며 대부분의 여성이 수동적인 존재로 살아가는 걸 미덕으로 여겼다. 여기에 일제의 수탈로 삶이 더 열악해지자 여성의 의식과 행동 변화는 더욱 더뎌졌다.

그런 가운데 독립운동에 남녀가 없음을 몸소 실천으로 보여준 인물이 있다. 바로 대한민국애국부인회를 이끄는 등 여성의 지위 회복과 대한독립에 헌신한 김마리아가 주인공이다.

김마리아는 1892년 황해도 장연군 송천리의 소래마을에서 태어났다. 소래마을은 서구 문물과 지식을 빠르게 받아들인 지역이이었는데, 서상륜·서경조 형제가 우리나라 최초의 교회인 소래교회를 세우고 부설기관으로 소래학교를 운영해 지역민에게 근대지식을 가르쳤다.

그 영향으로 김마리아 집안엔 신문물 수용에 긍정적인 태도를 바탕으로 애국심 높은 선각자들이 많이 배출되었다. 김마리아의 큰숙부 김윤오는 1906년 설립된 애국계몽운동단체 '서우학회'의 발기인으로 1908년에 안창호, 박은식 등과 함께 '서북학회'를 운영했다. 작은 숙부 김필순은 우리나라 최초의 의사로『유기화학』『외과총론』 등 의학서적을 번역 출간했으며, 1911년에는 세브란스병원 의학학교 교장직을 맡았다. 셋째 고모 김순애는 김규식의 부인으로 상하이에서 남편을 도와 독립운동을 전개했고, 넷째 고모 김필례는 한국 YMCA를 창설했다. 고모부 서병호도 신한청년당과 대한민국 임시정부에서 활동한 독립운동가다.

김마리아는 세 살 되던 해에 아버지를 여의었는데 열세 살 되던 해에 어머니마저 세상을 떠났다. 하지만 주변 가족의 사랑 어린 보살핌으로 반듯하게 성장할 수 있었다. 또한 소래학교에서 한글과 천자문 등 기초 교육과 함께 신학문을 배운 덕분에 여성이란 족쇄의 굴레를 느끼지 못하며 성장했다.

그러던 어느 날 서울 세브란스병원에서 일하던 작은 숙부의 부름에 서울로 상경한 김마리아는 정신여학교의 전신인 연동여학교에 입학했다. 세례를 받고 열심히 공부한 결과, 졸업 후 전라도 광주에 있는 수피아여학교 교사로 부임할 수 있었다. 그러니 아이들을 가르치는 보람과 함께 떳떳한 사회인으로 활동할 수 있다는 기쁨은 오래가지 못했다.

교사로 부임한 지 두 달여 만에 일제에 의해 국권이 상실되었기 때문이다. 사회 지식인이자 교사로서 김마리아는 고민이 깊어졌다. 나라를 되찾고자 할 수 있는 일이 무엇인지 고민하던 그녀는 실력을 키우는 일이 우선이라고 생각해 일본 유학을 결심했다.

2·8독립선언을 국내에 알리다

1912년 일본 히로시마 고등여학교에 입학해 공부를 마친 김마리아는 고국으로 돌아와 정신여학교에서 수학을 가르쳤다. 그녀의 능력과 정신을 높게 본 루이스 교장과 지인들의 도움으로 1915년 다시 일본 유학을 떠났다. 일본 도쿄여자학원에 입학해 공부하던 김마리아는 김필례가 회장으로 있던 도쿄유학생여자친목회에 참석했다. 그곳에서 나라를 독립시키고자 모든 걸 내던진 황에스더, 최제신 등 여러 친구를 만났다.

정신여학교로 돌아간 고모를 대신해 도쿄유학생여자친목회 회장직을 맡은 김마리아는 회원들이 십시일반 모은 돈으로 기관지를 발행했다. 〈여자계〉에는 여성의 인권 신장과 독립을 향한 고민이 담겨 있었다. 〈여자계〉에 실린 전영택(1894~1968)의 사설은 김마리아가 만들고 싶은 세상이 무엇이었는지를 짐작하게 한다.

"조선 천지의 여자들은 생명이 있습니까, 없습니까. 생명이 있거든 지금은 깨어야 할 것이요, 움직여야 할 것이요, 자라고 나아가야 하겠습니다. 겨울은 이미 지나가고 봄이 돌아왔습니다. 잘 때도 이제는 다 지나가고 깰 때가 되었소이다. 우리는 너무 오래 정지했고 너무 많이 휴식했습니다."

1919년 일본에 유학 온 학생들은 국제 정세가 빠르게 변화되고 있음을 간파했다. 제1차 세계대전 이후 여러 식민지가 독립하는 모습을 본 학생들은 우리도 일제에게 독립을 요구해야 한다고 생각했다. 그렇게 일본 도쿄의 조선기독교청년회관에 모인 400여 명 유학생은 2·8독립선언을 외쳤다.

이 과정에 참여했던 김마리아는 국내에 2·8독립선언 소식을 알리고자 일본 전통 의상 오비(띠)에 독립선언서를 숨기고 귀국했다. 졸업을 얼마 남겨 놓지 않은 상황에서 발각되면 큰 불이익이 따를 걸 알았지만 그녀에게 졸업보다 나라가 우선이었다.

부산과 대구를 방문해 2·8독립선언을 알린 김마리아는 고모부가 병원장으로 있는 광주로 이동했다. 그곳에서 독립선언서를 수백 장 복사한 김마리아는 서울로 상경해 보성사 사장 이종일을 만나 지금이 독립운동을 거족적으로 펼칠 좋은 기회라며 도움을 요청했다.

이종일은 김마리아에게 국내에서도 거족적인 독립운동을 준비하고 있다는 사실을 비밀리에 알려줬다. 김마리아는 국내에서도 독립선언을 준비하고 있다는 말에 "말씀을 들으니 정말 기쁘며 천도교의 원대한 이념을 격려한다."라며 기뻐했다.

이후 3·1운동이 벌어지자 이화학당 기숙사에서 박인덕 등 열한 명과 회합을 가진 김마리아는 "어제는 조선의 독립운동이 시작된 날입니다. 남학생들이 크게 운동하고 있는데, 우리 여자들이 그대로 바라만 보고 있을 수 없습니다. 여학생들도 운동하지 않으면 안 됩니다."라며 이화·진명·정신여학교 학생들이 조직적으로 만세시위를 할 수 있도록 지도했다. 그로 인해 보안법 위반 혐의로 체포된 김마리아는 6개월간 심한 고문을 받았지만, 끝까지 일본 경찰에 협조하지 않아 증거불충분으로 석방될 수 있었다.

국내에서 중국으로, 미국으로

일본 경찰의 모진 고문으로 몸에 성한 데가 하나 없는 김마리아였지만 쉬지 않았다. 그녀는 대한민국애국부인회가 자신의 출옥을 위로하고자 다과회를 열어준 자리에서 조직 개편을 주장했다. 아울러 대한민국애국부인회의 부진한 활동을 꼬집으며 전국적인 기구로 확장해 국권과 인권 회복에 나서야 한다고 주장했다.

이후 솔선수범하는 김마리아의 지도력으로 대한민국애국부인회는 크게 성장했다. 일례로 김마리아가 회장으로 취임하기 전 쌀일곱 석에 해당하는 300원을 대한민국 임시정부에 전달하는 데 그쳤던 대한민국애국부인회는, 김마리아가 회장으로 취임한 그해 11월 6천 원을 대한민국 임시정부 앞으로 보낼 수 있었다.

하지만 회원 오현주의 배신으로 대한민국애국부인회 정보가 일제에 넘어가 김마리아는 종로경찰서에 수감되어 다시 한번 모진 고문을 받아야 했다. 얼마나 심한 고문이었는지 〈동아일보〉와 〈조선일보〉는 김마리아가 회생할 가능성이 희박하다고 보도할 정도였다.

생사를 넘나들 정도로 몸이 약해진 김마리아였지만 재판장에 들어선 그녀는 누구보다 강했다. 일제의 연호를 사용하지 않는 이유를 묻는 검사에게 "일본의 연호를 배우지도 않았고 알고 싶지도 않소."라며 당당하게 자신이 한국인임을 밝혔다.

결국 김마리아는 3년 형을 선고받고 대구에서 수감생활을 했다. 그러나 쇠약해진 건강 때문에 1920년 병보석으로 풀려나 세브란스병원에 입원해야 했다. 그곳에서 1년여 투병 생활을 하면서도 독립을 위한 일만을 생각했다.

퇴원 한 달 만에 일본 경찰의 눈을 속이고 철저하게 망명 준비를 한 끝에 중국 상하이에 도착한 김마리아는, 고모들의 도움으로 건강을 회복하고 난징 진링대학에 입학했다. 그러며 대한민국 임시정부의 황해도 의원으로 독립운동에 참여하는 등 분주하게 맡은 바 역할을 다했다.

하지만 당시 대한민국 임시정부는 독립운동 성과의 미비와 독립을 향한 의견 충돌로 창조파와 개조파로 나눠져 제 역할을 하지 못하고 있었다. 김마리아는 1923년 국민대표회의에서 "인민이 복종하고 5년의 역사를 가진 정부를 말살하면 소수는 만족할지 모르나 대다수는 슬퍼하고 외인은 의혹할 것이다. 잘못된 게 있으면 개조하자."라며 개조론을 적극적으로 주장했다.

하지만 5개월간의 국민대표회의가 아무런 성과를 거두지 못하면서 임시정부는 제 기능을 하지 못했다. 실망한 김마리아는 미국으로 건너가 더 큰 세상에서 독립을 위해 할 수 있는 일을 찾아보기로 했다.

그녀가 샌프란시스코에 도착한 날 어떻게 알았는지 50여 명의 미주 동포가 환영식을 열어줬다. 그 자리에서 김마리아가 연설한 내용은 그녀가 어떤 생각을 가지고 미국으로 넘어왔는지를 잘 보여준다.

> "저는 생각하길 이번에 독립은 못 된다고 할지라도 이번 운동이 우리나라 독립의 한 기회는 되리라고 생각했습니다. 그리하여 원수 왜놈한테 악행을 당할수록 더욱 활동할 마음이 생겼습니다.(중략) 이제 여러분에게 부탁하는 말씀은 일하시는 분은 부지런히 일해 금전을 많이 저축하시고, 자녀가 있는 분은 공부를 시켜주시고, 공부하는 학생은 부지런히 공부해 우리의 장래를 위해 준비하는 게 필요하다고 생각합니다."

3·1운동 실패와 임시정부 분열을 보면서 김마리아는 준비가 되지 않은 상황에서 급하게 움직이기보다 우선 힘과 실력을 길러야 한다고 생각했다.

"1919년부터는 분열이 되어서 당파가 갈렸다 합니다. 남은 무엇이라도 전하든지 나는 이것 역시 독립운동을 위해서 그리된 것이라고 인정하고 원망하지 않습니다. 오늘은 대동단결의 절대 필요를 철저하게 깨달았으니까 사사 혐의를 버리고 서로 양보하고 자기를 희생해가면서 단합하고 (중략) 우리는 낙심을 멀리하고 더욱 분발할 것이올시다."라며 서로의 잘못을 탓하기보다 힘을 하나로 합쳐 미래의 독립을 준비하는 게 중요하다고 강조했다.

그녀는 자신이 내뱉은 말처럼 미네소타주 파아크대학에서 2년간 공부한 뒤 시카고대학 사회학과에 진학해 석사학위를 취득했다. 또한 흥사단에 입단해 활동하면서 1928년 근화회를 조직했다. 근화회는 여성의 애국정신을 고취해 독립단체의 후원 세력이 되고자 하는 데 목적을 뒀다.

아직 여성과 함께 독립운동하려는 의식이 보편화되지 않은 상황이어서 한계에 부딪히는 일이 있었지만, 나라를 위한 일에 남녀 구분이 없다는 의식을 심어주는 데는 부족함이 없었다. 거침없는 김마리아의 행동은 독립운동과 함께 여성 인권 향상을 위한 활동으로 이어졌다.

1931년 그녀는 국내 교육 현장에서 독립정신을 고취하고자 서둘러 귀국했다. 원산의 마르다윌슨여자신학원 교사로 부임해 서울과 원산을 오가며 교육 진흥을 통한 인재 양성에 큰 노력을 기울였다.

하지만 1938년 이후 일제의 신사참배를 거부하는 과정에서 극심한 스트레스를 받고 고문 후유증도 재발하면서 건강이 급격하게 나빠졌다. 평양기독병원에 입원해 치료를 받았으나 끝내 건강을 회복하지 못하고 결국 1944년 3월 13일 54세 나이로 사망했다. 시신은 유언에 따라 화장되어 대동강에 뿌려졌다.

김마리아가 죽은 지 불과 1년 5개월 뒤에 광복을 맞이한 사실을 알고 있는 우리로서는 안타까운 마음을 감출 수가 없다. 그토록 원하던 독립이 얼마 남지 않은 상황이었으니 말이다.

여성이 온전하게 인간으로 대우받기 위해서는 교육을 통한 성장이 밑바탕을 이뤄야 한다고 김마리아는 늘 강조했다. 또한 교육을 받더라도 자신만이 아닌 이웃과 사회 그리고 나라를 위해 활동할 때 온당한 대우를 받을 수 있음을 김마리아는 손수 보여줬다.

그렇기에 여성이 삶의 주체자로 나서길 바랐던 김마리아의 정신은 지금도 계속 이어지고 있다.

· 동상 위치 ·

서울시 동작구 여의대방로20길 33, 보라매공원
서울시 송파구 올림픽로4길 16, 정신여자중고등학교

· 김마리아 연보 ·

1892.6.18.	황해도 장연 출생
1910	연동여학교(정신여중) 졸업
1913	광주 수피아여학교 교사 재직
1914	일본 유학
1918	도쿄유학생 독립단 참가
1919	2·8운동으로 체포, 3·1운동으로 서대문형무소 5개월 수감 대한민국애국부인회 조직, 회장 추대
1923	미국 유학
1928	근화회 조직
1935	원산 마르다윌슨여자신학원 교사 재직
1944.3.13.	사망
1962	건국훈장 독립장 추서

우리 말글을
목숨처럼 지킨 한글학자

한글이 있어야 민족이 산다,
최현배(崔鉉培, 1894~1970)

최현배 동상

동국대 정문 우측으로 남산공원길을 따라 조금만 올라가면 '외솔 최현배 기념비'가 있지만 만나기가 쉽지 않다. 눈에 띄는 자리가 아니기 때문이다.

남산공원길을 자주 다녀도 크게 관심을 두지 않으면 누구의 기념비인지 모르고 지나치기 쉽다. 그러나 최현배는 기념비를 그냥 지나치기 어려울 정도로 우리 독립사에서 매우 중요한 분이다.

최현배는 한글을 지키고 체계화시키고 발전시키는 데 평생을 바친 학자이며 교육자이고 독립운동가이다. 우리가 한글을 아무런 불편함 없이 사용하도록 많은 애를 썼다. 지금이야 한글 사용이 너무나 당연하지만, 이렇게 되기까지 최현배가 흘린 땀방울과 노고는 뭐라 표현하기 어려울 정도다.

최현배가 만들어놓은 업적의 대표적 예로 가로쓰기가 있다. 과거에 우리 선조는 세로로 글을 썼다. 일제강점기 때 일본에 의해 세로쓰기가 고정화되면서, 누구도 한글을 가로로 써야 한다고 생각하지 않았다. 이 고정관념은 아주 오랫동안 지속되어서 1990년

대 들어서야 신문에 가로쓰기가 도입될 정도였다.

그러나 최현배는 일찍이 주시경의 가로쓰기 주장에 동조하며 세로쓰기를 반대했다. 많은 사람의 반대에도 세로쓰기보다 가로쓰기가 훨씬 더 많은 이점을 가져올 거라고 확신했다. 광복 이후에는 교과서편찬분과위원회 위원장이 되어 교과서를 가로쓰기로 제작하는 토대를 잡았다. 이후에도 수십 년간 신문사와 출판사에 가로쓰기로 인쇄물을 제작해달라고 요청했다. 그 결과 가로쓰기가 정착되어 가독성이 매우 높아졌다.

최현배는 타자기 자판에도 영향을 미쳤다. 세로쓰기를 사용하던 시절 인쇄는 가로로 글자를 찍은 뒤 종이를 90도 왼쪽으로 돌려 세로로 읽었다. 이 방법은 인쇄과정에 많은 시간이 소요되는 등 불편함이 가득했다.

그런 가운데 안과의사 공병우 박사가 한글학자 이극로를 만나면서 한글 인쇄에 편리한 세벌식 타자기를 만들었다. 이 소식을 들은 최현배는 공병우 타자기를 보급하고자 '한글 타자기 경연대회'를 열었다. 또한 타자기 제작과 보급을 위한 노력의 일환으로 한글학회를 통해 '한글 기계화 연구소' 설립을 후원했다.

덕분에 한글 타자기에 대한 대중의 무관심에 힘들어하던 공병우는 최현배의 한글 사랑과 한글 기계화 사업 지원에 용기를 얻어 한글 타자기 제작을 이어갔다.

비록 1968년과 1983년 두 번에 걸쳐 공병우의 세벌식 타자기가 표준 글자판 규격에서 탈락했지만, 한글의 기계화에 모든 걸 바친 공병우 덕분에 '아래아한글'이 나올 수 있었다. 최현배와 공병우의 만남이 없었더라면 오늘날 우리가 사용하는 한글 자판은 나오지 못했거나 훨씬 늦게 나왔을 것이다.

이외에도 우리가 당연하게 사용하는 수많은 한글 용어가 최현배에 의해 만들어지고 보급되었다. 일제가 일본어를 강제로 사용하게 하면서 아름다운 단어가 많이 사라졌다. 최현배는 그 현상을 단순하게 보지 않았다.

"언어라는 것은 정신적 산물이다. 민족의 정신생활은 그 특유의 언어를 낳고, 그 언어는 그 민족의 정신을 도야하며, 민족감을 공고히 결합하는 것이다."라며 우리의 얼이 깃든 언어를 사용하는 게 민족정신을 바로 세우는 일이라고 봤다.

그리고 오랜 연구로 우리의 얼이 깃든 단어를 찾아내고 만들어 냈다. 일본어 벤또를 도시락으로 후미끼리를 건널목으로 바꿨으며, 짝수·홀수·덧셈·뺄셈과 같은 새로운 한글 단어를 만들었다.

광복 이전처럼 꽃잎을 화판, 암술을 자예, 수술을 웅예라고 불러야 한다고 상상해보면, 최현배의 업적이 너무도 위대하게 또 고맙게 느껴진다. 더불어 우리말이 이토록 아름답다는 사실도 깨닫게 된다.

독립운동가로서의 최현배

최현배는 울산에서 태어났다. 1910년 서울로 상경해 관립 한성고등보통학교에 입학해 주시경을 만났다. 주시경에게 한글과 애국

정신을 배운 최현배는 고등학교 2학년 때 오늘날 초등학생에 해당하는 소학생들이 한글을 익히고 배울 수 있는 교재 『국어독본』을 제작했다. 그러나 제작 과정에서 배움이 더 필요함을 느껴 체계적인 공부를 하고자 히로시마고등사범학교로 유학을 떠났다.

일본에서 학업을 마치고 돌아온 최현배는 동래고등보통학교 교사, 연희전문학교 교수로 재직하면서 1937년 국어 문법을 연구하고 정리한 『우리말본』을 출간했다.

최현배가 한글 연구에만 전념했던 건 아니다. 한글을 보급하고자 조선어연구회 회원이 되어 〈한글〉 창간과 '한글날' 제정에 많은 도움을 줬다. 1929년에는 조선어사전편찬회 준비위원 및 집행위원으로 한글맞춤법 통일안을 만드는 데도 크게 기여했다.

애국심을 고취하는 한글을 위해 모든 걸 바치는 최현배를 일제는 가만두지 않았다. 1938년 중일전쟁을 앞두고 YMCA 총무 신흥우가 만든 항일민족주의운동 단체였던 흥업구락부를 단속하는 과정에서 최현배를 구속하고 연희전문학교 교수직에서 쫓아냈다. 그러나 최현배는 굴하지 않았다. 오히려 일제에게 보란 듯이 『한글갈』이라는 책을 출간했다.

1942년 일제는 최현배가 소속된 조선어학회를 민족운동단체로 간주해 치안유지법을 어겼다며 회원 33명을 체포했다. 이때 얼마나 가혹한 고문과 탄압이 이뤄졌는지 조선어학회 회원 이윤재와 한징이 옥중에서 숨을 거뒀다.

최현배도 예외는 아니었다. 일제는 1945년 8월 18일을 최현배의 사형 집행일로 잡았다. 일제가 최현배에게 사형을 구형한 건 조선어학회 활동 때문만은 아니었다. 최현배가 일제의 한국 통치에 강력하게 방해되는 인물이라고 간주했기 때문이었다.

일제가 최현배를 주목하게 된 주요 계기는 그가 서른세 살이던 1926년에 발간한 『조선 민족 갱생의 도』라는 책이었다. 책에서 최현배는 나라를 잃어버린 원인을 외부가 아닌 내부에서 찾고 우리 스스로 문제점을 자각해 반성해야 한다고 주장했다. 그리고 민족의 질병이라고 명명한 한국의 문제점을 고칠 방안을 제시했다.

일제가 강조하던 '한국인들은 단합하지 못한다' 등 우리 민족성을 부정적으로 왜곡하는 식민사관과는 완전히 달랐다. 최현배가 진단한 한국인에게 나타나는 문제점은 10가지(의지박약, 용기 부재, 활동 결핍, 과한 의뢰심, 저축 부족, 음울함, 신념 부족, 자존심 부족, 도덕심 타락, 정치·경제적 파멸)였다. 해결할 수 없는 고정적인 문제가 아니라 교육을 통해 얼마든지 고칠 수 있는 일시적인 병폐라고 강조했다.

특히 머리말의 "생기의 왕성한 민족은 흥할 것이요, 생기의 미약한 민족은 망할 것이다."라는 말처럼 한국인들이 능동적이고 주체적인 모습으로 변화되길 촉구했다.

우리 스스로 희망이 보이지 않는 현실에 순응하지 말고 자신의 삶에 주인으로서 역동적으로 살아갈 걸 요구했다. 나아가 생기 있게 최선을 다하는 삶들이 모이면 반드시 독립을 이룰 수 있다고 주장했다.

한국인의 문제점을 객관적으로 지적하고 해결방안까지 제시하는 최현배를 일제는 다른 누구보다도 두려워해 제거 1순위로 삼았던 것이었다.

대한민국의 발전을 위해

다행히 1945년 8월 15일 일제가 패망하고 나라를 되찾게 되면서 최현배는 8월 17일 감옥에서 나올 수 있었다. 오랜 투옥으로 몸이 성하지 않은 상태에서도 최현배는 하루도 쉬지 않고 민족의 얼이 담긴 한글을 되살리고자 조선어학회 재건에 힘썼다. 또한 문교부 편수국장을 두 차례 재직하면서 한글 보급을 위해 가로쓰기, 한글 교과서 제작, 교사 양성에 심혈을 기울였다.

최현배의 노력 덕분에 많은 국어학자가 배출되었고 한글은 더 체계화되고 발전할 수 있었다.

최현배는 1958년 대한민국의 발전을 염원하는 마음으로 책 『나라 사랑의 길』을 출간했다. 이 책은 우리가 찬란한 역사와 우수한 자질이 있음에도 국민정신이 일그러져 혼란과 침체에 머물고 있다고 진단했다. 이를 해결하기 위해 왕성한 생기, 군사적 우수성, 창조적 문화, 강한 조직력·정치력, 단결력, 부지런함, 착실한 경제 관념, 검질긴(끈덕지고 질김) 국민, 유리한 땅, 도덕심을 길러야 한다고 강조했다.

당시 많은 이가 지리적 불리함을 내세우며 냉전이라는 범주에서 벗어나지 못하는 상황에서 최현배의 혜안은 많은 시사점을 던졌다. 21세기 세계인들이 대한민국을 부러워하며 동경하는 이유로 한국인의 왕성한 생기(활달함), 창조적 문화, 부지런함, 도덕성 등을 제시하고 있다는 점에서 최현배가 제시한 길은 지금의 우리에게도 통용되는 덕목이다.

최현배는 평소 "자기를 구하려거든 먼저 자기가 소속한 민족을 구하라. 세계를 구하려는 청년은 모름지기 먼저 조선을 구하라. 조선을 구함으로 말미암아 세계에 진출하라."라고 말했다.

세계 어느 나라보다도 뿌리와 삶의 터전을 중요하게 여기고 살아온 한국인들이 어디에 삶의 지향점을 두고 살아가야 할지를 제시했다.

최현배의 당부는 이후에도 멈추지 않았다. 70세에 출간한 『나라 건지는 교육』에서 교육을 통해 한국의 여러 문제를 해결함으로써 모두가 행복한 삶을 살길 희망했다. 그는 교육 방법도 중요하지만 교육의 목적을 바로 세우는 일이 더 중요하다고 강조했다.

최현배는 한국의 발전을 위해 할 수 있는 일이 무엇인지 고민하고 또 고민했다. 넓은 시선으로 한국의 문제점을 진단하고 시대의 변화에 맞는 해결방안을 제시했다. 일제강점기와 분단 그리고 경제 성장이라는 시대적 현안을 해결하고자 우리 잘못부터 돌아보고 대안을 제시한 최현배의 주장과 실천은 광복 이후 대한민국 발전에 이정표가 되었다.

광복 이후 많은 민족지도자가 과거 청산의 실패와 분단 그리고 냉전이라는 이념 아래 희생되었다. 국민은 먹고살기에 급급해 자유롭고 정의로운 사회를 만드는 데 소홀했다. 그래도 다행히 최현배가 있어 우리는 민족정신을 바로 세우고 더 나은 미래를 만들 토대를 마련할 수 있었다.

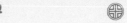

· 동상 위치 ·

서울시 중구 동호로 257-10, 장충단공원
울산시 중구 병영12길 15, 외솔최현배선생기념관

· 최현배 연보 ·

1894.10.19.	경상남도 울산 출생
1920	경상남도 동래보통학교 교원 취임
1926	연희전문학교 교수 취임
1929	『우리말본』 출간
1930	『조선 민족 갱생의 도』 출간
1933	한글맞춤법 통일안 공표
1938	흥업구락부 사건으로 연희전문학교 사직
1942	조선어학회 사건으로 투옥
1945	미국정청 학무국 편수과장
1949	한글학회 이사장 취임
1958	학술원 부회장 취임, 『나라 사랑의 길』 출간
1963	『나라 건지는 교육』 출간
1970.3.23.	사망
1962	건국훈장 독립장 추서

어린이는 어른보다
한 시대 더 새로운 사람이다

어린이의 중요성을 강조하다,
방정환(方定煥, 1899~1931)

방정환 동상

2019년 11월 4일자 〈한국경제〉의 기사 제목이 눈에 확 띈다. '2050년 한국, '인구 재앙' 덮친다'라는 제목 아래, 2050년 대한민국의 전체 인구 중 40%가 노인이며 14세 이하는 9%밖에 되지 않을 것으로 예상되는 만큼 당장 대책을 마련해야 한다고 촉구했다.

저출산이 사회 문제로 대두된 건 비단 최근의 일은 아니다. 저출산이 21세기의 가장 큰 화두로 장식한 지 오래이고 뚜렷한 대책을 마련하지 못하고 있는 것도 사실이다.

저출산의 원인은 무엇일까? 어린이들이 행복하지 않은 세상이라는 점이 가장 큰 원인일 것이다. 물론 베이비붐 세대 전후의 어르신들은 과거 당신들이 어린이였던 시절과 비교해 지금의 아이들이 얼마나 좋은 세상에 살고 있냐고 되물을 수도 있다. 경제적으로 풍요롭고 하고 싶은 것 다 할 수 있는 세상이 아니냐고 말이다.

그러나 어린이들은 그 말에 공감하지 못한다. 과거와 달리 형제가 줄어들면서 가족이 아이에게 거는 기대감이 높아졌다. 어린이에게 여러 지원이 주어질수록, 역설적으로 어린이들이 어른들의 소유물이 되는 경우가 많아지고 있다.

오늘날의 어린이들은 친구들과 마음껏 뛰어다니며 놀 수 있는 자유가 사라져버렸다. 친구들보다 뒤처지면 안 된다는 부모의 압박 때문에 어른들도 소화하기 힘든 일정으로 교육을 받고 있다.

방정환이 〈개벽〉에 「어린이 노래」를 소개하면서 사용한 '어린이'의 뜻과 상반되는 현상이다. 방정환은 '늙은이' '젊은이'와 대등한 인격체라는 의미로 '어린이'란 용어를 사용했다. 그런데 지금의 어린이들이 인격체로 존중받고 있는지 의문스럽다. 어린이가 하나의 인격체로 인정받고 존중받을 수 있도록 평생을 노력한 방정환은 어떤 삶을 살았을까?

방정환은 2남 3녀 중 둘째로 서울 야주개(지금의 종로 당주동)에서 태어났다. 어물전과 미곡상을 경영하던 할아버지 덕에 어린 시절 하고 싶은 걸 다 할 수 있었다.

할아버지로부터 천자문과 소학 등 기초 한자를 배운 방정환은 일곱 살 때 두 살 위의 삼촌이 다니던 보성소학교에 놀러 갔다. 당시 교장 김중환은 영민하고 똑소리 나게 말을 잘하는 방정환을 만나자마자 유치원 반에 입학시켰다.

귀한 도련님답게 늘 밝고 붙임성이 좋았던 방정환은 선생님과 친구들에게 인기가 많았지만 행복한 시간은 그리 오래가지 않았다. 왕실 제사를 담당하던 봉상시가 폐지되자 물품을 납품하던 방정환 집안의 가세가 급속하게 기울었다. 학교에 도시락을 가져가지 못할 정도로 가난해진 방정환은 아이들이 잘 오지 않는 변소 뒤에서 점심시간을 보냈다. 하지만 가난에 기죽지 않고 언제나 당당하게 생활했다.

권병덕이 조직한 '소년입지회' 총대장이 된 방정환은 토론과 동화 구연을 통해 8~9명에 불과했던 조직을 160여 명으로 크게 확장시켰다. '손과 발 중에 어느 게 나은가?' 같은 주제로 다양한 생각을 교환하는 과정을 통해 자연스럽게 자기주도 학습이 이뤄지면서 아이들의 창의력 등이 향상되었다.

공부와 학교생활을 좋아하는 방정환이었지만 가족은 방정환이어서 빨리 직장을 갖고 경제적으로 보탬이 되길 바랐다. 방정환도 가족의 어려움을 모른 체할 수 없어 취업이 바로 가능한 선린상업학교에 입학했다.

그러나 하고 싶은 공부가 아니어서 조선은행 서기로 취직시켜주겠다는 담임 선생님의 말을 뿌리치고 졸업을 1년 앞둔 시점에 학교를 그만뒀다. 하지만 곧 생활비 한 푼도 벌기 어려워진 방정환은 토지조사국에 서류를 베껴 쓰는 사자생으로 취직해야 했다.

어린이를 위한 활동이 곧 독립 활동

평범하게 직장을 다니며 여느 사람과 다를 바 없는 삶을 살던 방정환에게 인생의 전환점이 찾아왔다. 3·1운동 민족 대표 중 한 명인 권병덕의 권유로 1916년 천도교에 입단해 이듬해 손병희를 만난 것이었다.

손병희는 권병덕의 권유로 만나본 방정환이 구김살 없이 밝은 성격으로 현재 삶에 최선을 다하는 모습이 마음에 들었다. 특히 방정환이 꿈과 희망에 가득 찬 청년이라는 점이 가장 마음에 들었다.

손병희는 오래 생각하지 않았다. 방정환의 가정환경 등 외적인 부분은 전혀 보지 않은 채 셋째 딸 손용화와의 결혼을 허락했다.

열아홉 살 나이에 결혼해 안정을 이룬 방정환은 보성법률상업학교에 입학해 못다 한 공부를 이어갔다. 동시에 '경성청년구락부'를 조직해 청소년에게 음악회와 연극을 보여주고, 〈신청년〉이라는 책자를 통해 꿈과 희망을 불어넣었다.

방정환은 청소년이 독립에의 희망을 잃지 않길 바랐다. 특히 어린이들이 사회·경제적 제약으로 과거의 자신처럼 꿈을 포기하는 상황에 처하지 않도록 도와주고 싶었다. 지금 당장은 어렵겠지만 많은 이가 자신과 같은 생각으로 어린이를 존중한다면 세상이 달라질 거라고 믿었다. 어린이가 행복한 마음으로 성장해 성인이 되면 모든 이가 존중받고 행복해지는 세상이 오리라 확신했다.

방정환은 나라의 독립이 가장 먼저 이뤄져야 한다고 생각했다. 3·1운동 당시 〈조선독립신문〉과 〈독립선언서〉를 등사해 배포하다가 체포되어 일주일간 고초를 당했다. 이 사건을 계기로 방정환은 해야 할 일이 무엇인지 더 또렷해졌다.

여성 잡지 〈신여자〉의 편집 고문을 맡아 여성 인권 향상에 기여하는 한편, 서울·원산·평양 등 전국 각지를 돌아다니며 우리가 나아가야 할 바를 강연했다. 특히 〈개벽〉에서 '어린이'란 용어를 본격적으로 사용했다. 방정환의 나이 스물둘이었다.

방정환은 일제가 자신의 일거수일투족을 감시하자 두 아이와 아내의 안전을 위해 1921년 일본으로 유학을 떠났다. 도쿄연수영어학교를 거쳐 도요(東洋)대학 전문학부 문화학과의 보통청강생으로 입학해 공부한 건 방정환 본인의 일신을 위한 일만은 아니었다.

유학 중에서도 그는 주기적으로 국내에 들어와 부산, 강경 등 전국을 돌아다니며 한국인의 의식을 깨우치는 강의를 다녔다. 이를 고운 시선으로 볼 리 없던 일제는 김제에서 열린 방정환의 강연이 치안에 저촉된다는 이유로 해산시키기도 했다.

방정환은 강연만 다니지 않았다. 김기전, 이정호와 함께 '천도교소년회'를 조직해 어린이들에게 존댓말 쓰기 운동을 전개했다. 또한 어린이들에게 정직하게 노력하는 사람이 행복해질 수 있다는 교훈을 주고자 세계 명작 10편을 번안한 동화집 『사랑의 선물』을 출간했다.

한국인을 대상으로 우민화 정책을 펴는 일제에게 있어, 어린이에게 희망과 자립심을 키워주는 방정환은 매우 위험한 인물이었다. 결국 일제는 방정환이 천도교청년회 도쿄지회장이라는 직책으로 청년을 선동해 일제에 저항했다는 죄명으로 체포했다.

방정환은 어린이를 위한 활동이 독립을 위한 과정이면서 사람이 사람답게 살 수 있는 세상을 만드는 일이라고 확신하기에 이르렀다. 공부하는 것보다 현장에서 어린이를 위해 활동하는 게 더 필요하다고 생각한 방정환은 집에서 아동문제연구회인 '색동회'를 창립했다. 그리고 잡지 〈어린이〉(1923~1949)를 창간했다.

방정환은 〈어린이〉 창간사를 통해 "죄 없고 허물없는 평화롭고 자유로운 하늘나라! 그것은 우리의 어린이의 나라입니다. 우리는 언제까지든 이 하늘나라를 더럽히지 말아야 할 것이며, 이 세상에 사는 사람사람이 모두, 이 깨끗한 나라에서 살게 되도록 우리의 나라를 넓혀가야 할 것입니다."라며 어린이들이 독립된 나라에서 살아가길 희망했다. 또한 서울에 있는 40여 개의 소년 단체를 통합해 '조선소년운동협회'를 조직하고 매년 5월 1일을 어린이날로 제정했다.

소파 방정환의 꿈이 되살아나다

장인 손병희가 3·1운동으로 수감되었다가 출소했으나 악화한 건강으로 곧 죽고 말았다. 방정환은 가족의 생계를 돌보고자 국내로 돌아와야 했다. 그러나 그가 국내로 돌아오고 싶은 가장 큰 이유는 어린이를 위한 활동을 하고 싶어서였다.

유학 생활을 과감히 정리하고 한국으로 돌아온 방정환은 동화회와 더불어 전국 각지에서 어린이날 기념행사를 진행하고 후원했다. 동화회가 얼마나 인기가 많았는지 매 공연마다 2천 명이 넘는 사람들이 몰려들었다. 잡지 〈어린이〉도 1925년에는 판매 부수가 3만 부를 넘어 베스트셀러가 되었다.

동화 구연에 집필, 강연회, 출판 활동, 라디오 방송을 하느라 하루 24시간이 모자랄 정도로 바쁜 시간을 보낼수록 방정환의 머릿속에는 하고 싶은 일들이 늘어갔다. 그중 하나가 〈어린이〉에 서울의 교통량과 연작소설을 싣는 파격적인 시도였다. 이런 노력에 힘입어 1927년 1월호부터 1930년 12월호까지 20회에 걸쳐 연재한 「어린이독본」은 일선 학교에서 도덕 교과서로 활용되기도 했다.

〈어린이〉의 판매 부수가 많아지고 인기가 높아질수록 방정환은 일본 경찰의 주요 감시 대상이 되었다. 결국 1928년 총독부 경무국은 〈어린이〉에 실린 글에 문제가 있다며 배포된 책을 몰수했다. 일제가 방정환의 활동을 독립운동이라고 간주한 것이었다. 노동자의 날과 어린이날이 겹친다며 생트집을 잡기도 했다. 방정환은 1928년부터 5월 첫 번째 일요일로 어린이날을 변경했다.

일제의 탄압이 계속되는 상황에서 사회주의 계열의 유입으로 소년운동진영이 분열되었다. 〈어린이〉 발간이 어려울 정도로 재정난을 겪는 과정에서도 방정환은 희망의 끈을 놓지 않았다.

"첫째, 편집편(便)으로 생각해보십시다. 학생잡지를 한다 하면 그 내용 설명을 듣지 않고도 누가 하든지 으레 나아갈 길이 뻔하지 않습니까.(중략) 쓰기는 우리 마음대로 쓰고 싶은 것을 쓰지마는, 책에 싣고 못 싣는 것은 우리의 마음대로 하지 못하는 까닭입니다. 둘째는 경영편으로 생각해봅시다. 조선 사람으로 중학 정도와 전문 정도의 학생이 남녀, 야학(夜學)강습소까지 합쳐도 5만 명을 넘지 못한답니다.(중략) 아무리 적게 잡더라도 1만 부 못 나가는 것은 경영할 재주가 없습니다."

– 〈학생잡지〉(1929.1~1930.14) 중에서

아무리 힘들어도 어린이와 청소년을 위한 활동을 멈추지 않던 방정환이지만, 극심한 스트레스와 피로로 건강이 악화하는 것만은 막을 수가 없었다.

결국 1931년 방정환은 서른셋 젊은 나이에 신장염과 고혈압으로 세상을 뜨고 말았다. 죽기 직전 방정환은 "어린이를 두고 가니 잘 부탁하오."라고 유언을 남겼다. 그리고 자녀들에게는 "공부 잘해야지."라고 말했다. "밖에 검정말의 검정 마차가 와서 검정 옷을 입은 마부가 왔으니 어서 가방을 내어다주게."라는 말을 마지막으로 눈을 감았다.

방정환이 죽은 지 5년 뒤에 망우리 아차산 묘지로 시신을 안장하면서 묘비에 아이 마음은 신선과 같다는 '동심여선(童心如仙)' 글귀를 새겨넣었다.

일제강점기 말 공출과 징용 그리고 징병 등 일제의 수탈과 억압으로 너무도 고단한 삶을 살던 사람들은 방정환을 기억할 여유가 없었다.

그렇게 잊힌 줄 알았던 방정환이 1946년 5월 5일 색동회 주관으로 휘문중학교에서 열린 어린이날 기념식에서 되살아났다. 이후 날짜가 변경되는 걸 막고자 이날을 어린이날로 고정했다. 그리고 1975년 방정환의 염원이 담긴 어린이날을 법정 공휴일로 지정했다. 이로써 어린이가 행복한 세상을 만들기 위해 대한민국 모든 이가 노력하고 있다.

"소년의 지도에 관하여 어린이는 결코 부모의 물건이 되려고 생겨 나오는 것도 아니고, 어느 기성 사회의 주문품이 되려고 나오는 것도 아닙니다. 그네는 훌륭한 한 사람으로 태어나오는 것이고, 저는 저대로 독특한 한 사람이 되어 갈 것입니다. 그것을 자기 마음대로 자기 물건처럼 이렇게 만들리라, 이렇게 시키리라 하는 부모나, 이러한 사회의 필요에 맞는 기계를 만들리라 하여 그 일정한 판에 찍어내려는 지금의 학교 교육과 같이 틀린 것, 잘못된 것이 어데 있겠습니까."

— 〈천도교회월보〉 1923년 3월호 중에서

"더할 수 없이 여지없는 곤경에 처하여 갖은 박해와 갖은 신고를 겪으면서도 그래도 우리가 안타깝게 무엇을 구하기에 노력하는 것은 오직 '내일은 잘 될 수가 있겠지, 내일은 살 수가 있겠지.' 하는 한 가지 희망이 남아 있는 까닭입니다. 그런데 만일 그 한 가지 희망마저 허(虛)에 돌아간다 하면 어쩌겠습니까. 여러분은 그런 염려가 없으십니까. '금일의 생활은 비록 이러하여도 내일의 생활은 잘 될 수가 있겠지.' 이 다만 한 가지 희망을 살리는 도리는 내일의 호주, 내일의 조선 일꾼 소년·소녀들을 잘 키우는 것밖에 없습니다. 당신의 한 가정을 살리는 데도 그렇고, 조선 전체를 살리는 데 그렇고, 이것만이 확실한 우리의 활로입니다."

— 1923년 3월 신문 광고 중에서

· 동상 위치 ·

서울시 광진구 능동로 216. 서울어린이대공원

· 방정환 연보 ·

1899.11.9.	서울 아주개 출생
1908	소년입지회 총대장 역임
1917	손병희 딸 손용화와 결혼
1918	경성청년구락부 조직
1919	천도교청년교리강연부 조직 <독립신문> 발간 참여
1920	도요대학 입학 <개벽> 발간 '어린이'라는 용어 처음 사용
1921	천도교청년회 도쿄지회 발회식 개최 천도교소년회 조직
1923	<어린이> 창간 색동회 조직 어린이날 제정 주장
1927	조선소년연합회 조직
1931.7.23.	서거
1990	건국훈장 애국장 추서

나라 잃은 고통만은
견딜 수가 없습니다

청년의 열정을 보여주다,

유관순(柳寬順, 1902~1920)

유관순 동상

2017년 박근창은 『유관순은 허구인물이다』라는 책을 내놓았다. 일부 역사학자도 동참해 유관순이 실존 인물인지에 대한 논쟁을 벌였다. 이 소식에 3·1운동의 대표적인 인물로 유관순을 배웠던 많은 이가 고개를 갸웃거리며 어리둥절했다. 물론 유관순이 허구 인물이라는 말은 전혀 사실이 아니다. 그러나 유관순에 대한 왜곡된 정보를 자주 접하는 것도 사실이다.

광복 이후 20세기에 학교를 다닌 세대는 유관순과 관련된 괴담을 들으며 성장했다. 그중 대표적인 몇 가지 사례를 들어보면, 화장실 거울을 보고 유관순 이름을 세 번 부르면 유관순 귀신이 나타나 죽게 된다는 괴담이 있다. 밤 12시가 되면 유관순 동상과 이순신 동상이 서로 싸운다는 괴담도 있다. 3·1절이면 유관순 동상에서 피눈물이 흘러내린다는 괴담도 있다.

우리는 왜 일제의 폭정에 맞서 나라를 독립시키려고 만세를 외치며 항거한 유관순을 무서운 존재로 표현해 왔을까? 어린 시절 의문점을 가졌지만, 별 의미를 두지 않고 살다가 의문 자체를 잊어버린 사람도 있을 것이다.

유관순 괴담의 원인은 이미 밝혀져 있다. 유관순이 일제의 악랄한 모습을 보여주는 데 가장 적합했기 때문이다. 어린 초등학생들이 유관순을 배우는 과정에서, 그녀의 생애와 업적보다 일제의 고문으로 잔혹하게 죽은 끔찍한 장면만을 기억하게 된다. 그 결과 유관순은 혹독한 고문으로 억울하게 죽은 한을 풀고자 귀신이 되었다는 괴담이 계속 생산된 것이다.

유관순이 여성으로서 일제에게 더 큰 피해를 당했다는 사실을 강조하려는 언론도 책임이 있다. 1947년 〈경향신문〉에 실린 「순국의 처녀」에서 유관순은 '매일 아홉 시만 되면 일으키는 만세 소동! 이에 대한 왜놈들의 복수는 소녀의 육체를 여섯 토막으로 꺾어서 석유 궤짝에 담아놓은 것이었다.'로 표현되었다.

유관순에 대한 최초의 전기인 『순국처녀 유관순전』(전영택 지음, 개정판 『유관순전』)에서도 유관순이 당한 고통을 '그래도 부족해서 칼로 젖가슴을 내리쳐서 유방이 상하여 온몸이 피투성이가 되고 마룻바닥에 붉은 피가 흘렀다.'라고 끔찍하게 표현했다. 그러나 유관순이 성고문을 당하고 유방과 자궁이 훼손되었다는 기록은 어디에도 남아 있지 않다. 시신이 토막 났다는 것도 사실이 아니다.

우리는 유관순이 일제에게 얼마나 심한 고문을 당했는지에 초점과 관심을 두는 걸 지양해야 한다. 이제는 유관순이 어떤 마음으로 독립 만세를 외쳤고 어떤 마음으로 눈을 감았는지를 공감하고 이해할 때다.

평범한 소녀에서 독립투사까지

유관순은 1902년 12월 16일 충청남도 천안 병천면 용두리에서 유중권과 이소제 여사의 3남 2녀 중 둘째로 태어났다. 유관순의 집안은 할아버지 때부터 개신교를 믿었기에 유관순도 자연스레 어려서부터 교회를 다녔다. 또한 아버지 유중권이 흥호학교를 운영하던 사회 선각자였던 만큼 유관순은 나라와 민족을 사랑하는 정신이 일찍 함양될 수 있었다.

그렇다고 유관순이 매우 특별함을 보여주는 아이는 아니었다. 주변에서 쉽게 볼 수 있는 밝고 명랑한 성격에 총명한 머리로 어른들을 기쁘게 해 많은 사랑을 받는 소녀였다.

당시 유관순과 같은 동네에 살던 김원숙은 "다섯 살의 유관순은 머리를 세 갈래로 땋고 사내처럼 동네를 휘젓고 다녔어."라고 기억했다. 1900년대 초가 어린 여아에게 여러 제약이 따라다니던 시절임을 감안하면 남녀차별에 얽매이지 않는 부모 밑에서 유관순이 밝게 성장했음을 짐작할 수 있다.

1916년 샤프 선교사의 추천을 받아 이화학당 보통과에 편입한 10대의 유관순은 또래보다 큰 키로 친구들과 장난치는 걸 좋아했다. 일제의 고문으로 여러 장기가 망가진 상황에서 촬영한 유관순의 사진과는 달리 유관순의 본래 모습은 예쁘고 고왔다.

유관순의 오빠 유우석의 며느리인 김정애는 "이화학당 재학 시절 찍은 사진처럼 우락부락 생기지는 않았다고 해요. 얼굴이 희고 복스럽고…. 키가 커서 오른쪽 사촌 언니 유예도와 어깨동무를 하

듯 팔을 올려놓고 찍었어요. 키가 컸던 거지요."라고 말했다. 서대
문형무소 수형자 기록표에 나와 있는 유관순의 키는 5자 6치(약
169cm)로 또래보다 월등히 컸다. 그래서인지 유관순은 눈에 잘 띄
었다.

유관순과 이화학당을 같이 다녔던 보각스님은 유관순을 장난
기 많은 친구로 기억했다. 보각스님에 의하면, 명태 반찬을 너무
맛있게 먹은 유관순이 취침에 들기 전 올리는 기도에서 "예수님의
이름으로 빕니다."라고 외쳐야 할 것을 "명태 이름으로 빕니다."라
고 하는 바람에 방에 있던 학생 모두가 배를 잡고 한참을 웃었다
고 했다.

이 일로 방에 있던 모든 학생이 품행에서 낙제점을 받았다고
하니, 유관순이 엉뚱하면서도 재밌는 소녀였다는 걸 알 수 있다.
그러나 누구보다도 낮은 자세로 어려운 사람을 도와주고 보살피
는 일에 앞장서는 마음 착한 소녀이기도 했다.

이화학당 고등과에 진학해 열심히 공부하던 유관순에게 고종
황제가 독살당해 죽었다는 소식이 들려왔다. 그녀는 상복을 입고
학우들과 함께 고종황제 추도식에 참석했다.

3월 1일에는 만세 시위가 시작되자 서명학, 김복순, 김희자, 국
현숙과 함께 5인 결사대를 결성해 덕수궁 대한문 앞에서 소복을
입고 통곡했다.

3월 5일에는 남대문 앞에서 벌어진 시위대에 합류해 만세를
부르다가 경무총감부에 붙잡혀 구금되었다. 다행히 외국 선교사

들의 항의로 유관순은 학우들과 함께 풀려났지만, 그녀의 마음속에는 독립에 대한 열망이 더욱 절실해졌다.

일제는 학생 주도로 시작된 3·1운동이 전국적으로 확대되는 걸 막고자 모든 학교에 휴교령을 내렸다. 학생들이 서로 만날 수 있는 공간을 없애면 곧 잠잠해지리라고 여긴 것이다.

그러나 일제의 의도와는 달리 학교 휴교령은 만세운동이 전국적으로 확산하는 데 결정적인 원동력이 되었다. 학생들은 휴교령을 기회 삼아 고향으로 내려가 3·1운동 소식을 알리며 많은 이에게 동참을 촉구했다.

유관순도 휴교령으로 등교할 수 없게 되자, 기미독립선언서와 태극기를 품에 몰래 숨기고 고향으로 내려갔다. 아버지 유중권과 조인원(1865~1932)에게 기미독립선언서를 내보이며 천안에서도 만세운동을 벌여야 한다고 말했다. 유중권과 조인원은 어리지만 누구보다 나라를 먼저 생각하는 유관순을 칭찬하며 4월 1일 아우내 장터에서 만세운동을 벌이기로 결의했다.

아우내 장터 만세운동은 유중무가 교사로 있는 예배당에서 태극기를 만들고 많은 사람이 참여를 약속하면서 순조롭게 진행되었다. 거사 하루 전날 매봉산에 오른 횃불을 필두로 천안 광덕산, 진천 덕유산 등 스물네 개소에서 횃불이 떠오르며 여러 지역의 사람들이 만세운동에 참여하겠다는 뜻을 밝혔다.

4월 1일 아우내 장터에는 천안 사람만이 아니라 충북 진천과 청주 등에서 3천여 명의 사람이 모여들었다. 유관순은 장터에서 지나가는 사람들에게 태극기를 나눠주며 만세 시위에 동참해 달라고 부탁했다.

오후 1시 조인원이 군중 앞에서 기미독립선언서를 읽고 만세 삼창을 외쳤다. 그러자 장터에 있던 모든 사람이 하나의 목소리로 "대한독립만세"를 목청이 떨어져라 외치며 눈물을 흘렸다.

일본 경찰은 하나의 목소리로 대한독립만세를 외치는 수많은 사람을 보고 겁에 질렸다. 해코지를 당할까 봐 초조해지고 불안해진 일본 경찰은 시위대를 향해 총을 난사하고 칼을 휘둘렀다.

1920년 김병조가 간행한 『한국독립운동사』는 당시를 "일본 경찰이 우리 민중의 기수(旗手)를 찌르고자 하자, 기수는 맨손으로 칼날을 잡았다. 이에 기수의 복부를 연거푸 찔러서 치사시켰다. 이에 김구응이 적의 잔인무도함을 힐난하자 (중략) 적은 총을 발사해 김구응이 순국하고 말았다. 그러나 적은 시체가 된 김구응의 머리를 때려 부수고 시체의 사지를 칼로 난자했다. 이에 김구응의 늙은 어머니가 항의하자 적은 칼로 찔러 죽였다."라고 기술했다. 일본 경찰의 무지막지한 진압으로 유관순의 부모를 비롯한 열아홉 명이 아우내 장터에서 순국하고 서른 명이 다쳤다.

대한민국 청년을 상징하다

누구보다 앞장서서 시위를 주도한 유관순도 일본 경찰에 체포되어 공주교도소에 수감되었다. 그녀는 공주지방법원에서 5년 형을 선고받고 경성복심법원에서 3년 형을 확정받았다. 다른 이들이 형

량에 불복하며 상고한 것과 달리 유관순은 일제가 한국인을 재판
할 권리가 없다며 상고하지 않았다.

　서대문형무소에 수감되어 매일 폭행당하면서도 유관순은 자신
의 선택을 결코 후회하지 않았다. 오히려 옥중에서 제2의 만세운
동을 준비했다.

　1920년 3월 1일 같이 수감되어 있던 이신애, 어윤희와 함께
3·1운동 1주년 기념식을 실행하기로 약속했다. 그리고 3·1운동
1주년이 되는 날 유관순은 목청이 떨어져라 큰소리로 "대한독립
만세"를 외쳤다.

　어린 소녀들의 절규에 가까운 만세 소리는 서대문형무소에 갇
혀 있던 많은 이의 마음을 움직였다. 3천여 명의 수감자들이 소녀
들을 따라 "대한독립만세"를 외치자, 그 소리가 형무소 담장을 넘
어 주변을 지나는 사람들도 "대한독립만세"를 힘차게 외쳤다.

　유관순을 일제가 가만둘 리 없었다. 매일 고문실로 끌려가 폭
행을 당한 결과, 물 한 모금도 제대로 마실 수 없을 정도로 몸이 망
가져 갔다.

　유관순이 악랄한 고문을 당할 때 일제는 한국인의 반발을 줄이
고자 영친왕의 결혼을 축하한다는 의미로 수감자의 형량을 줄여
주거나 석방해줬다. 이 과정에서 유관순의 형량도 1년 6개월로 줄
었으나 아무런 의미도 없었다.

　어린 소녀의 몸은 어디 하나 성한 곳이 없었다. 음식을 제대로
넘길 수도 없었고 타인의 도움 없이는 제대로 서 있지도 못했다.

결국 유관순은 고문 후유증과 영양실조로 1920년 9월 28일 열여덟 어린 나이에 짧디짧은 생을 마감했다. 옥중에서 수없이 꿈꿨을, 자유롭고 평등한 그래서 행복할 대한민국의 자주독립을 보지 못하고 말이다.

그러나 유관순의 고통은 끝나지 않았다. 그녀의 시신을 인수하라는 통지서를 받을 사람이 없어 보름가량 임시매장된 상태로 방치되었다. 그래서 이화학당에 유관순의 시신이 인도되어 장례식이 치러질 때 시체 냄새가 진동했다.

이후 정동교회 김종우 목사의 주례로 장례식을 마친 유관순은 이태원 공동묘지에 묻혔다. 얼마 지나지 않아 일제가 이태원 공동묘지를 없애고 군용기지로 만들면서 유관순의 묘는 미아리 공동묘지로 옮겨졌다.

그러나 관리가 잘 되지 않아 미아리 공동묘지 어디에 묻혔는지 알 길이 없어진 오늘날, 유관순의 묘를 찾을 수 없다. 후손들은 유관순 생가가 있는 천안 매봉산에 초혼 묘를 만들어 넋을 기리고 있다.

유관순의 가장 큰 업적은 대한민국의 주역이 청년이라는 사실을 보여줬다는 데 있다. 기성세대가 사회에 타협하고 불의에 순응할 때 청년은 정의를 위해 잘못을 바로잡으려 했다. 1919년 기성세대의 잘못을 지적하고 일제로부터 국권을 되찾아 올바른 세상을 만들고자 했던 수많은 청년 모두가 유관순이었다.

유관순이 다른 독립운동가의 업적에 비해 과대 포장되었다고 주장하는 사람들도 일부 있지만, 매우 잘못된 주장이다. 유관순은 기성세대의 올바른 가치관을 이어받되 잘못된 행동을 답습하지 않으려는 순수하고 열정 넘치는 청년의 상징이다.

일제에 대한 청년의 항거는 6·10운동, 광주학생항일운동으로 이어졌다. 광복 이후 수립된 대한민국에서도 자유와 민주주의를 수립하고자 수많은 청년이 거리로 나왔다. 4·19혁명, 6월 민주항쟁에 이어 촛불집회까지 자유롭고 정의로운 나라를 만들기 위한 청년의 노력은 계속 이어지고 있다. 우리는 청년 덕분에 더 나은 세상을 꿈꿀 수 있다.

우리동네 인물 탐구

· 동상 위치 ·

서울시 광진구 능동로 216, 서울어린이대공원
서울시 중구 중구 장충단로 101, 유관순동상
서울시 서대문구 통일로 251, 서대문형무소역사관
충청남도 천안시 동남구 병천면 유관순길 38, 유관순열사유적지

· 유관순 연보 ·

1902.12.16.	충청남도 병천면 출생
1916	이화학당 보통과 편입
1918	고등과 1학년 진학
1919	5인 결사대 조직, 만세운동 참여
1919.4.1.	아우내 만세운동 주도
1920.3.1.	3·1운동 1주년 기념식 주도
1920.4.28.	형량 1년 6개월로 단축
1920.9.28.	순국
1962	건국훈장 독립장 추서
1996	이화여자고등학교에서 명예졸업장 추서
2019	건국훈장 대한민국장 추서

가슴의 일장기를 가린 금메달리스트

금메달보다 중요한 게 뭔지 보여주다,
손기정(孫基禎, 1912~2002)

손기정 동상

1936년 베를린 올림픽의 마지막을 장식하는 마라톤 경기를 12만여 명의 군중이 숨죽여 보고 있었다. 아리아인의 우수성을 증명하려던 히틀러도 그 자리에 있었다. 마라톤 결승선에 아리아인이 가장 먼저 도착하리라 예상하며 기다리던 수많은 관중은 한 동양인의 등장에 어리둥절했다.

그것도 잠시, 지친 기색 하나 없는 동양의 한 선수가 결승선을 100m 남겨두고 전력 질주하기 시작했다. 그 속도가 무려 100m에 11초대였다. 42.195km를 쉬지 않고 달려왔다는 사실이 믿기지 않을 정도였다. 결승선을 통과하는 순간 인간이 깨뜨릴 수 없다던 2시간 30분보다 빠른 2시간 29분 19초 2의 기록이 찍혔다.

그 순간 모두가 박수치며 큰 환호를 보냈다. 그러나 정작 금메달을 딴 청년은 전혀 기뻐하지 않았다. 달리는 내내 발을 괴롭히던 작은 운동화를 벗은 후 덤덤하게 탈의실로 들어갔을 뿐이다.

우렁찬 박수와 환호에 대해 어떠한 답도 하지 않은 채 사라진 청년의 이름은 손기정이었다. 그리고 얼마 뒤 남승룡 선수가 3위로 결승선을 통과했다.

잠시 후 단상에 올라간 손기정은 일본 국가(國歌, 국가에서 제정한 노래)인 기미가요가 흘러나오자 고개를 숙인 채 입술을 굳게 다물었다. 그리고 부상으로 수여된 참나무 묘목으로 조용히 가슴에 있는 일장기를 감췄다.

당시 일본의 〈호치신문〉은 이 모습을 "필드의 시상대에 오른 손기정은 너무 감격해 고개를 숙이고 스탠드의 관중이 국가를 합창하는 속에서 조용히 눈물을 흘렸다."라고 표현했다. 그러나 실상은 달랐다. 손기정은 단상에서 내려오면서 인솔 교사였던 김연창에게 "선생님 왜 우리나라는 국가가 없습니까? 왜 기미가요가 조선의 국가입니까?"라며 분개한 감정을 감추지 못했다.

서양인들의 눈에도 전혀 기뻐하지 않는 손기정의 모습이 의아했다. 훗날 미국인 리처드 만델(Richard Mandell)은 "손기정 선수는 어려서부터 민족 독립주의자이며… 손기정과 남승룡은 베를린에서도 기자들에게 자신들은 일본인이 아니고 조선인이라는 사실을 이해시키려 했다."라며 손기정이 고개를 숙인 이유를 설명했다.

손기정도 〈조선일보〉 김동진 도쿄지국장과의 통화에서 "남형과 내가 이긴 건 다행히요, 기쁘기도 기쁘나 웬일인지 이기고 나니 가슴이 북받쳐 오르며 울음만이 나옵디다. 남형도 역시 나와 같은 모양입니다. 우승했다고 반겨주는 축하의 말을 들으면 들을수록 눈물만 앞섭니다."라고 말하며 당시 왜 기뻐할 수 없었는지를 설명했다.

선수 손기정으로만 본다면 올림픽 신기록을 작성하며 우승한 게 너무나 자랑스럽고 좋았다. 그러나 일제의 식민지인으로 가슴에 일장기를 단 손기테이로 단상에 올라가는 건 전혀 자랑스럽지 않았다. 오히려 부끄러웠다. 한국이 아닌 일본을 대표하는 선수로 축하받는 자리가 거북했고, 독립을 바라는 한국인들에게 미안한 감정이 가득했다. 손기정은 몸에 붙어 있는 일본의 흔적을 지우고 싶은 마음이 굴뚝같았다.

손기정은 마라톤 시상식이 끝난 후 일본 선수단에서 준비해준 축하 파티에 가지 않았다. 대신 안중근의 사촌 안봉근의 집에 가서 태극기를 들여다봤다. "손기정과 남승룡 선수가 저 태극기를 달고 뛰었으면 얼마나 좋았겠소."라는 안봉근의 말에 손기정은 고개를 떨구며 눈물을 흘렸다.

이후 손기정은 베를린에 머무는 동안 자신이 한국인이라는 사실을 보여주기 위해 노력했다. 우승 선수 사인북에 자신이 한국인임을 한눈에 알 수 있도록 'K.C.Son. 손긔정'이라고 적었다. 그리고 모든 사인 옆에 Korean을 적어, 자신이 일본인이 아닌 한국인이라는 사실을 알렸다.

손기정의 우승은 한국인에게 큰 용기와 희망을 줬다. 일본인보다 한국인이 열등하다는 인식을 끊임없이 주입하던 일제의 주장을 한순간에 뒤엎어버리는 순간이었다. 〈조선중앙일보〉와 〈동아일보〉는 손기정과 남승룡의 가슴에 있던 일장기를 지운 사진을 신문에 게시하며 민족의식을 되살리는 데 활용했다.

손기정의 우승 소식에 한국인들은 모이기만 하면 손기정이 세계에 한국인의 위상을 높였다고 칭찬하기에 바빴다. 어린아이들은 제2의 손기정이 되겠다고 아침부터 저녁까지 동네 길을 내달렸다. 어른들은 제대로 먹지도 못하고 뛰어다니는 아이들이 안쓰러우면서도 대견해하며 아이들의 머리를 쓰다듬고는 손기정 같은 선수가 되라고 칭찬했다.

일제는 손기정의 금메달이 한국인들의 독립에 대한 열망을 자극한다는 사실에 당혹감을 감추지 못했다. 〈조선중앙일보〉를 폐간시키고 〈동아일보〉를 무기한 정간시켰다. 올림픽이 끝나고 돌아오는 비행기에서 내린 손기정을 형사와 순사들이 죄인 잡아가듯 데려갔다. 손기정이 도쿄고등사범학교 체육과에 응시했다가 낙방하자 〈아사히신문〉은 "마라톤왕 손기정. 그러나 마라톤보다는 입시가 더 어려웠다."라며 한국인을 비하하는 데 온 힘을 기울였다.

일제강점기 올림픽에 나가기까지

일본의 자랑이었으나 골칫덩이로 전락한 손기정은 어떻게 조선인으로 올림픽에 나갈 수 있었을까? 손기정이 육상대회에서 이름을 알린 건 1931년 10월에 개최한 제7회 조선신궁경기대회 5천m에서 우승하면서였다.

그는 이 대회에서 김은배(1907~1980, 1932년 로스앤젤레스 올림픽 6위)가 마라톤 세계신기록을 수립했다는 소식을 접하면서 마라토너가 되겠다는 꿈을 가졌다. 그리고는 체계적인 훈련도 받지 않고 1932년 3월에 열린 경영마라톤대회에 출전해 준우승을 차지했다. 불과 5개월밖에 준비하지 않은 상태에서 거둔 성과라는 점을 감안하면, 손기정이 마라토너로서 얼마나 뛰어난 자질을 갖췄는지 알 수 있다.

보다 체계적인 훈련을 받기 위해 양정고등보통학교에 입학한 손기정에게 한 통의 편지가 도착했다. 권태하(1906~1971, 1932년 로스앤젤레스 올림픽 9위)가 보낸 편지에 "손군이 가진 뛰어난 마라톤 소질을 보았네. 손군이라면 틀림없이 세계마라톤을 제패할 수 있다고 생각하네. 그래서 꼭 세계마라톤을 제패해 저 일본 사람들의 콧대를 눌러 주게."라고 적힌 문구를 본 손기정은 흘러내리는 눈물을 닦으며 무슨 일이 있어도 베를린 올림픽에 출전하겠다고 다짐했다.

이 결심에는 숙명여자고등보통학교와 일본 학교인 제일고등여학교의 농구 경기도 한몫했다. 경기를 보던 손기정은 숙명여자고등보통학교가 제일고등여학교를 이기는 걸 막고자 일본 심판이 경기를 중단시키는 걸 보고 크게 항의했다. 이 일로 손기정은 일주일 정학을 받았다.

훗날 손기정은 한 인터뷰에서 "조선총독부는 지배자인 일본인에 대해 반항적 태도를 취한 불량 조선 학생을 불러 호통치고 정학 처분을 내린 일로 만족의 웃음을 띠었는지 모른다. 그러나 그게 한 사람의 조선 청년의 민족의식을 불타오르게 하고 크게 분개시킨 건 알아채지 못했다."라고 회고했다.

1935년 올림픽 후보 선발전을 겸해 열린 제8회 메이지신궁경기대회에 출전한 손기정은 권태하의 편지와 여학생들의 농구 경기를 떠올리며 죽을힘을 다해 뛰었다. 그 결과 2시간 26분 42초의 세계신기록으로 올림픽 출전권을 얻었다.

훗날 회고담에서 손기정은 "모든 경기를 하는데 일본인들의 우월감과 교만한 태도에 대한 반발심의 발로라고 할까? 더군다나 마라톤 경기는 개인 경기로 두 시간 이상 뛰는데 아무리 교만한 일본인들이라도 앞서 뛰는 데는 도리가 없지 않은가?"라며 자신이 민족 대표라고 생각하고 달렸음을 보여줬다.

독립운동가로서 제2의 삶

나라를 위한 굳은 마음으로 어렵게 일군 베를린 올림픽 마라톤 우승이었기에 일제가 얕은 수작을 부려도 굴하지 않았다. 오히려 마라토너로서의 삶을 깨끗하게 포기하고 메이지대학 법학과에 입학했다. 최고의 기량을 낼 수 있었던 젊은 손기정에게 매우 힘든 시기였을 것이다.

1933년부터 3년 동안 열세 번의 마라톤에 참가해 열 번 우승한 손기정이 마라톤을 그만둔다는 건 너무도 어려운 일이었다. 그러나 일제에 감시당하며 이용당하기보다 꿈과 능력을 포기하기로 선택한 손기정이었기에, 메이지대학 졸업 후 선수가 아닌 조선저축은행원으로 평범하게 일하며 살아갔다.

일제가 더는 관심을 두지 않자 손기정은 독립운동가로서 제

2의 인생을 시작했다. 여운형을 도와 1944년 건국동맹의 연락책이 된 손기정은 육군 부평 조병창 공장장이던 채병덕과 만났다. 여운형이 건국동맹 산하에 군사위원회를 설립하기 위한 목적으로 일본군 병기 책임자 채병덕과의 접촉을 맡겼다는 점에서 손기정이 어떤 마음으로 살아왔는지를 엿볼 수 있다.

광복을 맞이한 손기정은 대한민국의 위상을 세계에 알리는 동시에 일제하에서 힘든 생활을 했던 한국인에게 용기를 주고 싶었다. 그래서 가장 잘할 수 있는 마라톤으로 돌아왔다.

선수로 뛰기에는 나이가 많았던 손기정은 1947년 보스턴 마라톤 대회에 감독으로 출전해 서윤복 선수를 우승시켰다. 1950년 대회에서는 함기용, 송길윤, 최윤칠을 1, 2, 3등으로 만들며 한국인의 우수성을 전 세계에 확인시켰다.

본인이 일제강점기 힘들어하던 국민에게 용기와 희망을 선사했듯 광복 이후 혼란한 시대에 다시 한번 마라톤으로 국민에게 희망과 용기를 불어넣은 것이다.

"세계를 제패한 다리만은 자를 수 없소"

체육으로 국위 선양에 힘쓴 손기정은 1975년에야 자신이 베를린 올림픽에서 청동 투구를 받아오지 않았다는 사실을 알게 되었다. 손기정은 2,600년 된 청동 투구를 소장하고 있던 샤로텐부르크 독일 국립 박물관에 반환을 요구했다. 그러나 박물관 측은 "아마추어 선수에게는 메달 이외에 어떠한 선물도 공식적으로 수여할 수 없다."라는 국제올림픽위원회 규정을 근거를 내세우며 역사적 가치가 높은 청동 투구를 돌려주지 않았다. 하지만 손기정이 청동 투구 반환을 계속 요구한 결과, 1986년에 돌려받을 수 있었다.

손기정은 여기에서 그치지 않았다. 일본인이 아닌 한국인으로 금메달을 획득했다고 기록을 정정하고자 했다. 일본 올림픽위원회가 손기정의 국적 변경을 허용하지 않으면서 지금까지도 일본의 금메달로 기록되어 있지만, 미국 칼바시티에 있는 마라톤 비의 'Japan 손기정'을 'Korea 손기정'으로 바꾸는 데는 성공했다.

그리고 1988년 서울올림픽 시작을 알리는 성화 봉송의 마지막 주자로 뛰면서, 손기정은 자신이 일본인이 아니라 한국인임을 전 세계에 알렸다. 일본이 기록을 바꾸지 않아도 전 세계의 시민들은 제11회 베를린 올림픽 마라톤의 우승자가 대한민국의 손기정이라는 사실을 올림픽 방송으로 알게 되었다.

손기정은 1992년 제25회 바르셀로나 올림픽에서 황영조가 금메달을 따자 누구보다도 좋아했다. 베를린 올림픽 이후 한국이 금메달을 받지 못하는 현실이 자신의 잘못이라고 여기며 대한민국의 이름으로 금메달을 따길 바라고 바라던 그였기에, 황영조의 금메달 소식은 세상 무엇과도 바꿀 수 없는 기쁜 소식이었다.

손기정은 "오늘은 내 국적을 찾은 날이야. 내가 노래에 소질이 있다면 운동장 한복판에서 우렁차게 불러보고 싶다."라며 과거 한국 국적으로 금메달을 목에 걸지 못했던 한을 풀었다. 그리고 2년 뒤 1994년 국립중앙박물관에 청동 투구를 기증했고, 일장기를 감추는 데 사용했던 참나무는 서울시에 기증했다.

손기정은 2002년 눈을 감는 날까지 영원한 마라토너이자 대한민국을 누구보다 사랑한 인물이었다. 2001년 발가락을 절단해야 한다는 소식에 "아무리 아파도 세계를 제패한 다리만은 자를 수 없소."라고 거부했다.

그는 자신이 이룬 모든 일은 한국인으로 태어났기에 가능했고 한국인의 응원이 있었기에 가능했다고 말했다. 또한 미래의 후손들도 자신처럼 한국인으로서 자긍심을 갖길 희망했다.

"투구는 개인 것이 아닌 민족의 것이고 국가에 기증하면 국민에게 긍지를 심어줄 수 있다."

"조국 땅에서 구김살 없이 달릴 수 있는 젊은이는 행복하다. 그들이 달리는 것을 누가 막겠는가?"

누구보다 대한민국을 사랑한 손기정은 일장기를 달고 뛰었다는 것만으로 평생을 죄인의 마음으로 살았다. 대한민국 국민으로 살아가는 오늘이 얼마나 소중한지를 일깨워준다.

우리동네 인물 탐구

· 동상 위치 ·

서울시 중구 손기정로 101, 손기정공원
서울시 송파구 올림픽로 25, 잠실종합운동장

· 손기정 연보 ·

1912.8.29.	평안북도 신의주 출생
1932	제2회 동아 마라톤대회 2위
1936	제11회 베를린 올림픽 마라톤 우승
1937	양정고등보통학교 졸업
1940	메이지대학 졸업
1947	코치로 보스턴 마라톤대회 우승
1950	감독으로 보스턴 마라톤대회 1, 2, 3위 차지
1988	서울 올림픽 성화 최종주자
2002.11.15.	서거
2011	대한민국 스포츠영웅 선정

5부

친일파도
잊지 말자

부통령까지 역임한
친일반민족행위자

친일파에서 부통령까지,
김성수(金性洙, 1891~1955)

김성수 동상

2019년 서울시 성북구가 도로명 주소를 바꾸는 일이 있었다. 친일반민족행위와 관련된 인물의 호를 도로명으로 사용하는 게 옳지 않다는 주민 의견을 수렴한 조치였다.

그 결과, 6호선 보문역에서 고대앞사거리 약 1.2km 스물일곱 개 도로명을 '인촌로'에서 '고려대로'로 변경했다. 인촌로라고 적힌 1,626개의 안내시설물도 철거했다. 성북구가 그런 결정을 내리긴 쉽지 않은 일이었고 변경하기까지 아주 오랜 시간이 필요했다.

'인촌(仁村)'은 〈동아일보〉 사장, 경성방직 사장, 고려대학교 교장, 대한민국 부통령을 지낸 김성수의 호다. 그는 1962년 언론·경제·교육 등 대한민국 건국과 발전에 이바지한 공로를 인정받아 건국훈장 대통령장에 추서될 정도로 영향력이 큰 인물이었다. 그래서 고려대 주변과 김성수의 고향인 고창(고창군 심원면 용기리)의 도로명 주소로 인촌을 사용할 정도였다.

김성수는 광복 이후 끊임없이 친일파 논란에 휩싸였다. 오랜 논의 끝에 그는 2009년 친일반민족행위진상규명위원회가 발표한 일제강점기 친일반민족행위 관련자 704명에 포함되었다. 정부는 2018년 김성수에게 주어졌던 건국훈장 대통령장을 취소했다.

성북구는 고려대 총학생회와 항일독립지사선양단체연합 등이 요구한 도로명 주소 변경 제안을 받아들이기로 결심했고, 인촌로를 주소로 사용하는 세대를 직접 방문해 전체 9,118명 중 58%인 5,302명이 도로명 주소 변경에 찬성한다는 동의를 얻었다. 행정기관이 독단적으로 진행한 도로명 주소 변경이 아닌 주민과 각종 단체가 올바른 역사를 만들어가야 한다는 생각을 공유해 만들어낸 놀라운 결과였다.

그러나 김성수의 친일 행각 논란은 여전히 진행되고 있다. 김성수의 증손자인 김재호 〈동아일보〉 사장을 비롯한 후손과 인촌기념회는 김성수가 친일파라는 사실을 부정하며, 2007년 행정자치부 장관을 상대로 친일반민족행위 인정 취소 소송을 걸었다. 하지만 2018년 원고 일부 패소 판결이 대법원에서 확정되면서 김성수의 서훈마저 취소되는 결과가 나왔다. 서훈 취소 결정이 부당하다며 행정소송을 냈으나, 2021년 2심 재판부는 김성수의 친일 행각으로 인한 서훈 취소가 정당하다는 판결을 내렸다. 고려대에 있는 김성수 동상 철거를 두고도 여러 마찰이 발생했다.

도대체 김성수의 친일 행각이 무엇이었기에 이토록 논란이 되는 걸까? 일제강점기 35년은 굉장히 긴 시간이었다. 그토록 긴 시간 많은 독립운동가가 일제의 위협과 탄압에 굴복하거나 또는 회유를 받았다.

일제는 중국을 넘어 동남아시아를 점령했다. 곧이어 세계 최강이라는 미국과 전쟁을 벌였다. 일본의 국력이 급속도로 강해지는 모습에 독립을 포기하고 일제에 협력하는 친일파로 변절한 사람도 많았다. 반면 일제의 눈을 피하고자 외형상 변절자가 되어 독립운동을 벌인 사람도 있었다. 그렇기에 일제강점기 말에 변절한 사람들에 대한 평가는 어려울 수밖에 없다.

하지만 결코 변하지 않는 사실이 있다. "당시 상황에서는 어쩔 수 없는 선택이었다. 누구라도 나와 같은 입장이었다면 그런 선택을 했을 것이다."라는 변절자의 변명은 독립을 위해 희생한 독립운동가들을 모욕하는 행위다.

그런 의미에서 볼 때 김성수의 친일 행각이 어쩔 수 없는 선택이었다는 말은 받아들여지기 어렵다. 그래서 친일반민족행위진상규명위원회는 "독립운동을 했으나 뒤에 적극적인 친일 활동을 펼친 사실이 드러났다."고 김성수를 평가했다.

독립운동가로서의 김성수

김성수는 1891년 호남에서 부자로 유명했던 김경중의 넷째 아들로 고창에서 태어났다. 세 살에 큰아버지의 양자가 되었고 위로 세 명의 형이 모두 일찍 죽는 바람에 친부의 재산까지 물려받았다. 재주를 마음껏 펼칠 수 있는 환경이 마련되어 있었던 것이다.

김성수는 어려서 배운 한학을 바탕으로 창평 영학숙에서 송진우와 함께 영어를 배우고 군산 금호학교를 다녔다. 이후 일본 도쿄로 유학을 떠나 1914년에 와세다대학 정경학부를 졸업했다.

한자와 영어, 일본어를 능숙하게 구사하며 정치와 경제를 전공한 김성수에게는 나라의 독립에 기여해야 한다는 의무감이 있었다. 국운이 기울어지다 못해 일제의 식민지가 된 조국의 독립을 위해 모든 역량을 쏟아붓겠다고 다짐하며 고국으로 돌아온 그는, 교육과 경제 성장에 목표를 뒀다.

우선 큰아버지 김기중의 도움을 받아 1915년 중앙학교의 경영권을 인수했고 2년 뒤에는 중앙학교를 정규 학교로 승격시킨 뒤 교장으로 취임했다. 또한 그해 경성직뉴주식회사를 인수해 사업가로서도 왕성하게 활동했다.

3·1운동에 참여한 김성수는 일제가 언론의 자유를 보장하겠다고 선언한 문화통치를 잘 이용하면 민족의 정기를 되살릴 수 있다고 봤다. 그래서 1920년 〈동아일보〉를 설립하고 사장으로 취임했다. 그가 운영하던 시기의 〈동아일보〉는 물산장려운동과 조선민립대학설립운동 등에 적극 참여해 우리의 역량을 키우는 데 많은 도움을 줬다.

이외에도 1929년에 재단법인 중앙학원을 설립해 중앙고등보통학교 교장에 취임했고, 1932년에는 재정적으로 어려움에 처한 보성전문학교(훗날 고려대)를 인수해 교장으로 활동했다.

1936년 그에게 큰 사건이 벌어졌다. 베를린 올림픽 마라톤 경기에서 우승한 손기정 선수의 가슴에 있던 일장기를 지우고 신문을 발행한 '일장기 말소사건'으로 〈동아일보〉 취체역(주식회사 이사를 부르던 옛 명칭)에서 물러나게 된 것이다.

여기서 끝이 아니었다. 총독부는 〈동아일보〉 폐간을 들먹이며 신임 사장 인선에 개입했다. 일제의 언론 정책에 잘 따르겠다는 서약서도 요구했다. 결국 〈동아일보〉는 총독부의 압력에 굴복해 1937년 6월 2일 정간이 해제되었다.

친일반민족행위자로서의 김성수

〈동아일보〉에서 물러나 보성전문학교 교장으로 취임한 이후 김성수의 행보가 변하기 시작했다. 언론 활동에 제약을 받자 교육 사업에 전념하는 듯 보이지만, 〈동아일보〉 정간 해지와 교장 취임이 총독부의 허가를 받아야만 가능하다는 점에서 이 무렵 김성수는 독립운동을 포기하고 친일에 협력하기로 마음을 굳힌 듯하다.

이후 김성수의 친일 행각은 조선총독부 관제단체나 친일단체 간부로 활동한 1937년과 학병지원 독려행위가 이뤄진 1943년 말부터 1944년 초까지로 나눌 수 있다.

더 자세히 들어가면, 김성수는 중일전쟁이 일어난 1937년 7월부터 친일 행각을 벌였다. 총독부 학무국 사회교육과는 중일전쟁에 대한 한국인의 동요를 막고 협력을 끌어내고자 시국 강연과 라디오 방송에 신망받는 저명한 인사를 게스트로 초청했다. 이때 김성수도 경성방송국 제2방송에서 두 차례 시국 강좌를 했다. 또한 강원도 여러 지역을 돌아다니며 중일전쟁의 정당성과 내선일체를 강조하는 강연 활동을 벌였다. 당시 〈매일신보〉는 1937년 9월

11일 기사로 춘천공회당에서 '지나사변의 추이에 대하야'라는 주제로 강연한 김성수에게 청중들이 경탄했다고 기록하고 있다.

이후에도 일본의 국운 번창을 기원하는 행사에 참석했고, 경기도 군용기헌납기성회에 군용기 건조 비용으로 300원을 헌금했다. 1938년에는 '국민정신총동원조선연맹' 발기인 및 이사로 참여했으며, 1939년에는 일본에서 황국신민화를 도모하고자 개최한 협화회의 재경성유지간담회에 참석해 발언했다.

1937년부터 1939년까지의 김성수의 행동이 일제 감시와 압력을 피하려고 어쩔 수 없이 행한 일이라고 생각할 수도 있다. 그러나 친일 행각의 시작이 어쩔 수 없는 선택이라고 할지라도 잘못된 길로 들어간 것임은 틀림없다.

김성수는 친일 행각을 멈추지 못했다. 이제는 무엇이 본심인지 헷갈릴 정도로 도를 지나쳐갔다.

김성수는 '국민정신총동원조선연맹' 후신으로 한국인을 전시체제에 동원하고자 1940년에 조직된 '국민총력조선연맹' 이사로 참여했다. 또한 전쟁에 한국인을 참여시키기고자 만들어진 흥아보국단과 임전보국단에서도 활동했다.

특히 1943년에는 김성수의 친일 행각이 절정에 달했다. 교장으로 있는 보성전문학교의 학병지원율이 낮자 에가미 중좌의 강연회를 열고 학병지원을 독려하는 기고문을 총독부 기관지인 〈매일신보〉에 실었다.

그럼에도 보성전문학교는 학병지원 조사대상 열 개 학교 중 지원율이 53.6%로 가장 낮았다. 평균 69.4%에 비교해도 현저하게 낮은 수치에 불안해진 김성수는 학병지원에 더욱 적극적인 모습을 보였다.

12월에 진행되는 징병검사에 학생들이 불참하지 않도록 '학병을 보내는 은사의 염원'이란 제목으로 〈매일신보〉와 인터뷰를 했다. 여기에 만족하지 못한 김성수는 보성전문학교 학생들을 직접 인솔해 징병검사장에 데려갔다.

1944년 1월 〈경성일보〉와의 인터뷰에서는 충성스럽고 용맹한 황국의 병사가 되는 일이 매우 자랑스러운 일이라고 강조했다. 그중에서도 가장 무서운 논설은 "문약의 기질을 버리고 상무의 정신을 찬양하라"였다.

이 논설에서 김성수는 우리가 문을 숭상하고 무를 천시해 극기심과 인내력 그리고 지속력이 부족해졌으니, 징병제도로 상무의 기풍을 높여야 한다고 주장했다. 조선이 문(文)만 숭상하고 당파싸움만 하다가 멸망했다는 식민사관의 연장선이었고, 군대를 다녀와야 사람이 된다는 군대 문화를 만드는 데 일조하는 행위였다.

분명 김성수는 1937년 전까지 언론과 교육 그리고 경제 부문에서 한국인의 성장을 이끄는 데 많은 공헌을 했다. 광복 이후에는 신탁통치반대운동을 벌였고, 1952년 이승만 대통령이 국회의원을 탄압하며 독재의 길을 걷자 부통령에서 사임하는 결단을 보여주기도 했다. 김성수의 노력으로 일제의 탄압하에서도 〈동아일보〉는 올바른 언론 활동을 벌일 수 있었고, 많은 인재가 보성전문학교에서 배출되어 대한민국을 이끄는 주역이 되었다.

그러나 공로가 있다고 해서 잘못이 덮어져서는 안 된다. 김성수는 자신의 보신을 위해 친일 단체에 가입해 일제의 식민논리를 주장하는 연설을 하고 신문에 글을 실었다. 교장으로서 학생들을 전쟁터로 내보내는 데도 앞장섰다.

지금 우리에게 필요한 건 잘잘못을 정확하게 구분해 평가하는 게 아닐까? 친일파 후손들은 풍부한 경제력을 물려받았다. 또한 수준 높은 교육을 통해 사회지도층으로 자리 잡았다. 그렇기에 그들은 선조의 치부를 드러내는 걸 좋아하지 않는다.

하지만 대한민국 국민 대부분은 친일파와 그 후손들이 친일 행각을 인정하고 잘못을 뉘우치길 바란다. 진정한 과거 청산이 이뤄졌을 때 비로소 우리는 하나 되어 새로운 대한민국을 만들어갈 수 있다고 믿기 때문이다.

· 동상 위치 ·

서울시 성북구 안암로 145, 고려대학교안암캠퍼스
경기 과천시 대공원광장로 102, 서울대공원 정문
전라북도 고창군 고창읍 새마을공원길 24, 새마을공원

· 김성수 연보 ·

1891.10.11.	전라북도 고창 출생
1914	와세대대학 졸업
1917	중앙학교가 정규 학교로 승격 경성직뉴주식회사 인수
1920	<동아일보> 설립
1929	중앙학원 설립
1932	보성전문학교 인수
1936	일장기 말소 사건으로 <동아일보> 취체역 사임
1937	보성전문학교 교장 취임 중일전쟁 정당성 선전 라디오 시국 강좌 경성군사후원연맹에 1천 원 헌납 총독부 주관 전조선시국강연대회 강연
1938	국민정신총동원조선연맹 위원 위촉
1939	국민총력조선연맹 이사 및 평의원 선임 흥아보국단 준비위원회 위원

1940년대	학도지원병 고무, 징병제 참여 독려
1945	미군정청 한국인고문단 의장 선임
1946	<동아일보> 사장 취임 한국민주당 수석총무
1951	대한민국 제2대 부통령 선출
1952	이승만 독재에 부통령 사임
1955.2.18.	사망, 국민장
1962	건국훈장 대통령장 추서
2009	친일반민족행위자 결정
2018	건국훈장 대통령장 취소

일본인과 조선인은
단일 민족이라는 소설가

글로 수많은 청년을 전쟁터로 내몰다,
김동인(金東仁, 1900~1951)

김동인 동상

일제강점기 35년은 굉장히 긴 시간이다. 일제강점기 전후로 태어난 수많은 어린이와 청소년들은 일본의 언어와 역사를 배웠다. 물론 그들 중 대다수는 일제의 식민지로 살아가는 현실을 부정하고 독립된 나라에서 살아가길 희망했다.

그러나 망국의 현실을 인정하고 일본인으로 살아가는 걸 당연하게 여기는 친일파도 많았다. 광복 이후 친일파를 처단해야 했으나 미·소 강대국의 개입으로 인한 분단과 이승만 정부의 친일 청산 의지 부족 등 여러 요인으로 올바른 역사를 세우는 일이 이뤄지지 못했다.

잘못을 인정하지 않고 부와 권력으로 독립운동가를 핍박하는 친일파가 넘쳐났다. 그들 중에는 자신의 과오를 숨기고자 다른 친일파를 비난하는 치졸한 인물도 있었다. 「배따라기」 「감자」 「발가락이 닮았다」 등 친숙한 작품들을 발표한 김동인도 그중 하나다.

김동인은 평양교회 초대 장로이자 부유했던 김대윤의 3남 1녀중 차남으로 태어났다. 무엇이든 하고 싶은 걸 말하면 모든 지원을 받을 수 있는 유복한 집안에서 태어난 것이다. 숭실중학교에 다니다가 일본 메이지학원에서 공부하던 중 아버지기 죽었지만, 싱속 받은 많은 유산으로 학업을 유지하는 데 어려움을 느끼지 못했다.

그래서일까? 현실적으로 괴로움이 없는 김동인은 문학 작품에 시대적 상황이나 이념이 반영되지 않은 순수문학을 좋아했다. 그는 1919년 자비로 우리나라 최초의 순문예 동인지 〈창조(創曹)〉를 간행했다. 주요한도 발행인으로 참여한 〈창조〉는 근대적 소설 문체의 확립과 자유시 형태가 정립되는 계기가 마련되는 등 우리 문학사의 큰 획을 그었다.

하지만 1919년은 독립에의 당위성과 기대감이 한층 고조되던 시기였다. 제1차 세계대전이 끝나고 미국 대통령 윌슨의 민족자결주의와 여러 식민지의 독립은 일본 유학생들에게 큰 울림을 줬다. 김동인도 독립할 수 있다는 확신으로 이광수와 함께 2·8독립선언을 준비해, 히비야 공원에서 열린 재일본공경조선유학생학우회 독립선언 행사에 참가했다. 이 일로 일본 경찰에 체포되었다가 하루 만에 석방된 김동인은 귀국해 3·1운동 격문을 기초하다가 출판법 위반 혐의로 다시 체포되었다.

이때 김동인의 마음에서 자라던 애국의 싹이 싹둑 잘려나갔다. 이후 그는 나라와 민족을 위해 지식인으로서 해야 할 책무를 도외시했다. 사회적 과제와 민족의 숙명인 독립을 위한 행동보다는 자신이 좋아하는 일만 하겠다고 다짐했다. 김동인이 독립운동을 했다고 말하기에 너무도 짧은 시간이었다.

김동인은 순수문학운동을 주장하며 〈창조〉를 뒤이어 〈영대〉를 발행했다. 〈영대〉는 김소월이 참여하면서 한국 문학사에 큰 영향을 줬지만, 식민지 현실을 부정하는 무책임한 행동이라는 비판도 함께 받았다. 이에 자격지심이 발동한 김동인은 자신을 비판한 문학가와 언론인들을 비난하며, 자신의 행동에 정당성을 부여하고자 노력했다.

한 예로 이광수가 〈동아일보〉 편집국장이 되자 '비상한 노력 끝에 위선적 탈을 썼다.'라며 문학가로서 자질이 없음을 강조하고 비난했다. 그러나 김동인 자신도 1932년에 〈조선일보〉 학예부에서 근무했다. 특별한 의식의 전환이 있었다기보다 토지 관개 사업으로 큰 손실을 보며 경제적으로 어려워졌기 때문이다.

또한 김동인은 평소 사이가 좋지 않았던 염상섭을 비난하는 소설 「발가락이 닮았다」를 쓰기도 했다. 염상섭이 낳은 아이가 그의 친자식이 아니라는 소문을 소재로 쓴 「발가락이 닮았다」가 베스트셀러가 되면서 김동인의 이름을 모르는 사람이 없을 정도로 유명세를 탔다. 그러나 염상섭은 큰 고통을 받았다.

변절자가 아니라 독립운동가라고 부르짖다

중일전쟁이 발발한 1937년 이후 김동인은 일제를 위한 글을 쓰기 시작했다. 1938년 〈매일신보〉에 내선일체와 황국신민화 정책을 찬양하는 글로 일제의 지배를 정당화했다.

1939년 '북지황군 위문작가단'으로 한 달 동안 중국에 주둔 중인 일본군을 방문해 위문했다. 김동인이 억지로 참여한 게 아니었다. 오히려 조선총독부를 찾아가 '북지황군 위문작가단'을 제안했을 뿐 아니라 참여할 친일 문인 작가를 직접 섭외까지 했다. 중국에 가는 비용도 출판사와 문인들이 부담하도록 한 결과, 김동인은 친일단체인 '조선문인협회' 발기인이 될 수 있었다.

그러나 1942년 〈매일신보〉에 태평양 전쟁을 지지하는 글에서 일왕을 '그 같은 자'로 표현했다가 불경죄로 8개월 동안 수감생활을 했다. 이 사건을 계기로 일왕에 대한 노력이 부족하다고 여긴 김동인은 「반도 민중의 황민화」와 같은 일제 찬양 글을 연이어 발표했다. 이로써 친일 문학가로서 선봉에 설 수 있었지만 정작 그토록 원하던 일본인으로는 인정받지 못했다.

김동인에게 일제의 패망은 충격이었으나 삶 자체가 무너질 정도의 충격은 아니었다. 다른 친일 문학가들을 비난해 자신을 감추면 얼마든지 살아남을 자신이 있었다. 그래서 '북지황군 위문작가단' 등 친일 행각을 함께해온 이광수를 모델로 한 소설을 발표하며 다른 친일파를 극렬하게 비판했다.

1946년에 이광수를 비난한 단편소설 「반역자」 속 주인공 오이배는 '모리배'와 이광수 필명 '고주'의 우리말인 '외배'를 조합해 만들어졌다. 오이배는 이광수처럼 젊은 시절 나라를 위하는 마음으로 실력양성을 부르짖는다. 그러나 일제가 패망하기는커녕 미국과 영국에까지 선전포고하며 강해지는 모습에 변절자가 되어 일제에 협력한다.

"조선이 일본에 약간의 협력이라도 하면 승리의 아침에는, 여덕이 조선에도 흘러 넘어올 것이다. 조선 민족의 행복을 위하여, 이 기회를 놓치지 말고 일본에 협력하자. 협력의 깃발은 높이 들리었다. 협력의 호령은 크게 외쳐졌다. 조선 민족은 어리둥절했다. 지금껏 민족주의자로 깊이 믿었던 이배가 일본에게 협력하자고 외칠 줄은 천만뜻밖이므로. 그러나 이 길만이 조선 민족을 행복되게 할 유일의 길이라 믿는 이배는 그냥 성의를 다해 부르짖었다. 일본은 미국과 영국에까지 선전을 포고했다. 만약 이 전쟁에 이기기만 하면 일본은 세계의 패자가 된다. 조선이 일본에 협력을 해, 전승자의 하나가 되면 그때 조선이 몫으로 돌아올 보수는 막대할 것이다. 한 빈약한 독립국가로 근근이 생명만 부지하기보다 일본의 일부로서 승리의 보좌에 나란히 해 앉는 편이 훨씬 크리라."

「반역자」에서 김동인은 이광수의 변절을 비난했지만 자기변명과 다를 바 없었다. 김동인 자신이 친일파가 아님을 보여주고자 하는 치졸한 변명일 뿐이었다. 한국인은 일본인보다 열등한 존재이기에 일본에 기대 사는 게 나은 선택이라는 자신의 주장이 이해받길 원했다. 김동인의 주장은 오랜 기간 일제의 식민교육을 받은 사람들에게 어느 정도 공감을 불러일으킬지는 몰라도, 지금의 우리에게는 화나게 하는 말에 불과하다.

「망국인기」와 「속 망국인기」에서는 김동인 자신이 시대의 피해자임을 강조했다. 「망국인기」에서 "김동인이는 과거 50년간 단한 가닥의 길(영리 행위가 아닌)만을 걸어왔고, 더욱이 최근 한동안은 조선어 사수를 위하여 총독부 정보과와 싸우고 싸우고, 8·15 그날까지도 이 일로 싸워온 사람임. 조선이라는 국가가 있고, 그 국가에서 과거의 공로자에게 어떤 보상을 한다 하면, 마땅히 김동인에게는 어떤 정도의 보상이 있어야 할 것이다. 지금 해방되었다는 이때, 집 한 간 없이 가족이 이산하게 된다면 이것은 도리가 아니오. 대접이 아니다.”라고 밝혔다. 일제강점기 시절 온갖 압력에 맞서 한글을 지켜온 자신에게 어떤 보상도 주지 않는 건 매우 잘못된 처사라고 뻔뻔하게 주장하고 있다. 즉 자신은 순수한 문학가이며 우리의 글을 지킨 독립운동가임을 알아달라는 억지였다.

「속 망국인기」에서는 뻔뻔함이 더욱 심해졌다. “민족적 대기록으로 남겨야 할 1910~1945년간의 사실은 내가 남기지 않으면 혹은 조선총독부의 공문이거나 수필식 기록은 있을지나 소설화된 기록은 남지 못할지도 모르오. 그 시대를 몸소 겪은 한 작가로서, 이 대사실을 소설화하지 못하는 것은 작가적 양심이 허락하지 않는 바오.”라며 일제강점기의 실상을 제대로 기록할 사람은 자신밖에 없음을 강조했다.

‘북지황군 위문작가단’으로 중국에 다녀오고 〈매일신보〉에 친일 소설 『백마강』을 연재하는 등 친일 문학가로서 누구보다 활발하게 활동한 김동인이 해서는 안 될 말이었다. 미군정이 적산가옥을 배분하는 과정에서 살던 집을 비워줄 상황에 처하자 이번에는 미군정을 비난하며 차라리 일제가 낫다는 표현을 하기도 했다.

동인문학상, 이대로 괜찮은가?

파렴치한 행동에도 불구하고 김동인은 '전조선문필가협회'를 결성하며 승승장구하는 듯했다. 하지만 손바닥으로 해를 가릴 순 없듯 김동인의 잘못이 영구히 감춰질 수는 없었다.

해방 후 극심한 경제적 어려움을 겪던 김동인은 1949년 중풍으로 쓰러졌다. 그리고 건강이 회복되기도 전에 6·25전쟁이 일어났다. 1·4후퇴 과정에서 몸이 불편한 그를 놔두고 가족 모두가 피난을 가면서 김동인은 어떻게 죽었는지 아무도 모르게 되었다.

자신의 안위를 위해 친구와 민족을 팔아버린 행위에 대한 인과응보라고 많은 이가 생각했다. 그는 버림받고 죽어가는 상황에서 두려움과 배신감 등 수많은 감정이 교차했을 것이다. 그러나 뉘우침이 있었는지는 모르겠다.

하지만 김동인은 과거 청산이 이뤄지지 않은 대한민국에서 다시 살아났다. 1955년 〈사상계〉가 동인문학상을 제정하고 1956년부터 시상하기 시작한 것이다.

1979년부터 1985년까지 동서문화사가 〈사상계〉로부터 권한을 물려받아 동인문학상을 수여했고, 1987년부터는 〈조선일보〉가 동인문학상을 주관하고 있다.

오랜 역사를 지닌 큰 언론사가 담당하는 만큼 '동인문학상'은 우리나라에서 손꼽히는 문학상으로 자리매김했다. 그러나 동인문학상이 친일 문학가 김동인을 기리고자 만들어졌다는 사실을 얼마나 알고 있을까?

동인문학상이 훌륭한 문인을 키우는 데 도움을 주고 있다는 사실까지 부정할 필요는 없다. 그러나 김동인의 친일 행각까지 감춰져서는 안 된다. 오히려 김동인의 친일 행각을 알리고 독자와 후손들이 평가할 기회를 줘야 한다.

어린이대공원에 있는 김동인의 동상은 인자한 모습으로 표현되어 있다. 그리고 그 옆으로 '김동인 문학비'라고만 간단하게 설명되어 있다. 이 동상이 과거에 제작되어 친일 행각을 표시하지 못했다고 변명하기보다 이제라도 김동인이 친일 문학가였음을 알리는 표시를 해야 하지 않을까?

· 동상 위치 ·

서울시 광진구 능동로 216, 서울어린이대공원

· 김동인 연보 ·

1900.10.2.	평안남도 평양 출생
1919	최초의 문학 동인지 <창조> 발간 처녀작 「약한 자의 슬픔」 출간
1921	「목숨」 「배따라기」 출간
1932	『발가락이 닮았다』 출간
1939	복지황군 위문작가단으로 중국 방문
1943	조선문인보국회 간사 역임
1946	「반역자」 출간
1947	「망국인기」 출간
1951	사망
2009	친일반민족행위자 결정 김동인 아들 친일반민족행위 결정 취소 소송
2011	서울고등법원 친일반민족행위 적법한 결정으로 판결

<애국가>를 작곡한
친일파 · 친나치주의자

<애국가> 작곡가의 친일·친나치 행각,
안익태(安益泰, 1906~1965)

안익태 동상

대부분의 국가는 자국을 상징하는 노래인 국가(國歌)를 가지고 있다. 그러나 대한민국에는 국가가 존재하지 않는다. 1949년 9월 9일 국회 제61차 회의에서 '국가와 국기 제정에 관한 건의안'이 상정되었으나, 통일된 후 남북한 모두가 동의하는 국가를 제정하는 게 옳다는 주장에 밀려났다. 그리고 70년이 훨씬 지난 지금까지도 우리나라는 공식적인 국가가 없다.

국가 제정 논의 당시 통일에 대한 염원이 컸던 만큼 충분히 이해가 가는 대목이다. 대신 대한민국은 안익태가 작곡한 〈애국가〉를 관행상 국가로 사용하고 있다.

하지만 최근 들어 〈애국가〉를 작곡한 안익태가 친일과 친나치 행각을 벌였기에 국가를 바꿔야 한다는 주장이 높아지고 있다. 물론 대다수 사람은 이런 소식에 큰 관심이 없고 〈애국가〉가 공식 국가가 아니라는 사실조차 모른다.

어린 시절부터 학교에서 중요 행사 때마다 〈애국가〉를 불렀고 〈애국가〉 가사가 시험문제로 출제되기도 했다. 이외에도 올림픽이

나 월드컵 등 국제 스포츠 대회 등에서 〈애국가〉가 울려 퍼지면서 대한민국에 국가가 없다는 생각을 하는 것 자체가 이상하게 비칠 정도다.

그러나 〈애국가〉는 법정 국가가 아니어서 〈애국가〉를 부를 의무는 없다. 〈애국가〉를 부르지 않는다고 해서 비난받을 이유는 없지만, 주요 행사에서 〈애국가〉를 따라 부르지 않는 건 매우 어려운 일이다.

사실 〈애국가〉를 부르는 것 자체는 문제가 되지 않는다. 〈애국가〉는 70년 가까이 우리나라를 대표하는 국가로 자리매김했고, 대한민국 사람이라면 누구나 나라를 사랑하는 마음을 담아 부른다. 국가의 역할이 나라에 자부심과 애국심을 갖게 한다는 점에서 〈애국가〉는 충분히 제 역할을 하고 있다. 그렇기에 〈애국가〉가 우리에게 주는 상징성을 부정하진 않는다.

음악가로서 인정받길 원했던 안익태

안익태가 어떤 의도로 〈애국가〉를 만들었는지에 대해서는 고려해볼 필요가 있다. 2009년 민족문제연구소가 발간한 『친일인명사전』에 등재된 안익태는 1906년 평양에서 태어났다. 다른 지역보다 서구 문물 수용이 빨랐던 평양에서 나고 자란 만큼, 교회에서 서양 음악을 접하면서 바이올린과 트럼펫을 배울 수 있었다. 평양보통학교를 거쳐 평양숭실중학교에 입학한 안익태는 선교사 모리스 마우리(1880~1971)를 만나 첼로도 공부했다.

그러던 중 1919년 3·1운동이 일어나자 만세를 부르다가 수감된 친구들을 구출하려다 퇴학을 당했다. 음악을 포기할 수 없었던 안익태는 모리스 마우리의 도움으로 일본 도쿄 구니타치고등음악원에 진학해 1926년 첼로 연주가가 되었다.

졸업 후 도쿄 도요음악학교 강사로 재직하던 안익태는 선교사 하워드 한나포드의 도움을 받아 미국 신시내티음악원으로 유학을 떠날 기회를 얻었다. 안익태는 선진 음악을 접하고 배울 기회를 얻었다는 사실에 너무도 기쁘고 감격스러웠다. 그러나 기쁨은 오래 가지 못했다.

신시내티음악원이 구니타치고등음악원에서 수강한 학점을 인정하지 않아 1932년 불법 취업자로 미국에서 추방될 위기에 처했다. 다행히도 템플대학 음대에 입학해 미국에 남을 수 있었다.

미국에 남기 위한 안익태의 노력이 얼마나 대단했는지를 보여주는 게, 동양인 최초로 신시내티 교향악단의 제1첼로 연주자로 입단했다는 사실이다. 같은 해 필라델피아대학 음대로 편입한 뒤에는 필라델피아의 카네기 리사이틀홀에서 첼로 독주회를 할 정도로 성공을 거뒀다. 안익태의 활동은 일제의 식민지하에서 고통받던 많은 한국인에게 희망과 웃음을 줬다.

미국에서 성공을 거둔 안익태였지만 만족하지 못했다. 진정한 음악가로 인정받기 위해 음악의 중심지인 유럽에 진출하고자 했다. 1935년 필라델피아대학 음대를 졸업한 그는 이듬해 오스트리아 빈에서 지휘자 바인가르트너(1863~1942)를 만났다.

바인가르트너는 안익태에게 베토벤 음악을 가르치면서 좋은 인상을 받았고 부다페스트 교향악단 지휘자로 추천했다. 유럽에서의 성공 가능성을 확인한 안익태는 미국으로 돌아와 템플대학에서 음악학 석사학위를 받고 1937년 11월 영국으로 넘어가 본격적으로 유럽 생활을 시작했다.

안익태의 친일·친나치 행각

안익태는 1938년 2월 아일랜드 수도 더블린에서 더블린 방송교향악단을 지휘하며 〈한국환상곡〉을 초연했다. 〈한국환상곡〉은 1935년 11월 미국 필라델피아에서 작곡하고 12월에 초연한 교향곡으로, 단군의 개국부터 광복에 이르는 우리나라의 역사를 담고 있다. 이 교향곡 후반부에 〈애국가〉 선율이 흐른다.

그러나 이와는 별개로 유럽에서의 안익태의 활동은 친일·친나치 행각으로 의심되는 게 다수 있다.

우선 안익태는 공식적으로 일본 이름인 'EKI TAI AHN'을 사용했다. 'EKI TAI AHN'이 1938년 헝가리 외트뵈쉬기숙학원 서류에서 처음 사용된 이후 리스트음악원 등록 서류와 연주회 팜플렛에 'AHN EKITAY' 'EkiTai Ahn' 등 일본식 이름을 사용했다. 물론 한국식 이름인 'EakTay Ahn' 'Ahn EakTai'를 쓰기도 했다. 아무래도 유럽에서 활동하기 위해서는 그들에게 친숙한 일본식 이름을 사용하는 게 훨씬 유리했을 것이다.

하지만 광복 이후부터 1952년까지 스페인에서 일본식 이름을 사용했다는 점은 이해하기 어렵다. 아무리 좋게 봐도 그동안 쌓아놓은 명성을 더 중요하게 생각했다고밖에 볼 수 없다.

그런데 그 이전에도 안익태의 친일과 친나치 행각은 여러 곳에서 나타났다. 시작점은 1941년 10월 10일 부다페스트 공연이 끝나고 일제가 귀국을 종용하는 순간부터였다.

당시는 제2차 세계대전이 한창 진행되고 있던 시점이었다. 당연히 일제는 유럽에서 지명도를 쌓고 활동하는 안익태의 활동을 주의 깊게 관찰하고 있었다. 혹시라도 안익태가 일제에 부정적인 영향을 미치는 언행을 벌일까 봐 우려했다. 그런 안익태가 일본인 에하라 고이치를 만나고 나선 귀국을 종용당하는 일이 사라졌다.

에하라 고이치는 1938년부터 주 베를린 만주국 공사관의 참사관으로 부임한 인물이다. 유럽에서 일어나는 일들을 수집해 일본 정부에 보고하는 직책을 맡은 그는 유럽을 관할하는 최고 수장이었다.

그런 에하라 고이치를 안익태가 만난 건 1941년 11월 2일 루마니아 부쿠레슈티 일본 공사관에서 열린 명치절 행사였다. 행사에서 기미가요 제창에 피아노를 연주한 안익태는 1944년 4월까지 에하라 고이치의 집에 머물며 독일의 지배를 받게 된 유럽 여러 국가에서 일제와 나치독일을 선전하는 연주를 했다.

대표적으로 1942년 3월 12일 오스트리아 빈에서 슈트라우스가 작곡한 황기 2,600년 기념 축전곡인 〈일본축전곡〉을 지휘했는데, 〈일본축전곡〉은 슈트라우스가 악보에 "천황폐하에게 최고의 공경심을 담아 헌정한다."라고 친필을 남긴 곡이다.

그해 9월 18일에는 베를린에서 만주국 건국 10주년을 축하하는 교향환상곡 〈만주국〉을 작곡해 지휘했다. 이 공연을 기록한 영상물의 6분 25초에는 일장기와 만주국기를 설치한 무대 앞에서 안익태가 열심히 지휘하는 모습이 등장한다.

물론 이를 두고 어쩔 수 없는 선택이었다고 말할 수도 있다. 하지만 반인륜적인 행위를 저지르는 나치독일하에서 과감히 음악활동을 접은 예술가들과 일제의 식민지 정책에 협력하지 않았던 한국인을 고려하면, 이 시기 안익태의 활동은 비난에서 결코 자유로울 수 없다.

특히 안익태가 활동할 수 있었던 배경에 '독일협회'의 후원이 있었다. 1943년에는 나치 독일의 선전장관 괴벨스가 만든 '독일제국음악협회' 회원이 되었다. 독일제국음악협회 회원이 되기 위해서는 게슈타포의 신원조회를 통과해야 했던 만큼, 안익태가 나치에 협력했음을 어렵지 않게 추정할 수 있다. 또한 일제의 조력이 있었던 것으로도 추측된다.

독일제국음악협회 회원증에 나와 있는 안익태의 신상을 보면 출생지가 일본 수도 도쿄이며 출생연도도 1911년으로 변경되어 있다. 나치독일이 회원으로 등록하기 전 일본에 안익태의 신상 검증을 의뢰했을 건 당연하다. 그렇다면 안익태의 신상 정보가 바뀐 배경에 일제가 있었다고 볼 수 있다. 즉, 안익태가 일제의 주요 사찰 대상이 아닌 부역자로 분류되었음을 의미한다.

이외에도 1940~1941학년 리스트음악원에 등록했을 때 안익태는 부모와 자신의 종교를 일본의 토착 종교인 신도라고 적었다. 이전 학기에 모친과 자신의 종교를 개신교로 적었던 것과는 대조적이다. 종교가 언제든지 바뀔 수 있다는 걸 감안하더라도, 죽은 부친의 종교까지 불교에서 신도로 바꾼 점은 안익태가 개인의 영달을 위해 일제에 순응하고 협력했음을 시사한다.

1941년부터 1944년까지 일제와 동맹관계였던 나치독일하에서 음악 활동이 이뤄졌던 만큼 안익태의 음악 활동이 친일과 친나치 행각이라는 점은 명백하다. 1944년 4월 21일에는 파리에서 열린 베토벤 축제에서 〈합창〉을 지휘했는데, 4월 20일이 히틀러의 생일이었던 만큼 안익태의 〈합창〉 지휘는 누가 봐도 히틀러에 대한 충성 행각이었다.

1944년 독일문서를 보면 외국인 음악가로서 전선을 돌며 나치제국의 전쟁에 도움을 준 세 명 인물에 일본인 고노에 히데마루, 바이올리니스트 수바 네지코와 함께 안익태가 있다는 점은 어떤 말로도 변명할 길이 없다.

안익태의 화려한 귀환

나치독일하에서 열심히 음악 활동을 하던 안익태는 독일의 패망을 눈치채고 1944년 6월 스페인 바르셀로나로 도망쳤다. 그곳에서 현지 여성인 롤리타 탈라베라와 결혼해 마요르카섬에 정착함으로써 스페인 국민이 되었다.

친일과 친나치 행각을 숨긴 채 음악 활동을 하던 중, 1955년 이승만 80회 '탄신 경축 음악회'에 초청을 받았다. 고국을 떠난 지 25년 만에 대한민국에 돌아온 안익태는 여러 사람 앞에서 〈한국 환상곡〉을 지휘했고 1957년 문화포상을 수여받았다.

당시 런던교향악단, 런던필하모닉, 도쿄교향악단 객원 지휘와 스페인 음악가의 최고 영예인 궁정 음악회원으로 발탁될 정도로 유명한 안익태에게 대한민국은 1965년에 문화훈장 대통령장도 수여했다.

그러나 그는 죽는 순간까지 대한민국으로 국적을 바꾸지 않은 채 1965년 59세의 나이로 스페인 마요르카섬에서 죽었다. 그리고 12년 뒤인 1977년 서울 국립현충원 제2유공자 묘역에 묻혔다.

안익태의 삶 전체가 친일 행적으로 뒤덮였다고 말할 수는 없을 것이다. 1941년부터 1944년까지의 친일과 친나치 행적이 어쩔 수 없는 선택이었다고 말할 수도 있을 것이다. 안익태는 국내에서 청년들을 전쟁터로 내모는 일을 하지도 않았고, 직접적으로 일제를 도와주는 일을 하지 않았다고도 볼 수 있을 것이다.

그러나 안익태는 일제의 도움을 받아 나치독일에서 음악 활동을 하지 않아도 될 만큼 선택의 자유가 있었다. 그럼에도 에하라 고이치 집에 머물며 나치독일을 선전하는 음악 활동을 한 건 개인의 욕심이라고밖에는 설명하기 어렵다.

특히 에하라 고이치가 중국을 지배하고자 세운 괴뢰국인 만주국을 찬양하는 〈만주 환상곡〉과 〈만주 축전곡〉을 작곡·지휘한 건 일제의 식민정책을 옹호하는 행위로 식민지하에 있던 우리의 현실을 외면한 행동이었다.

현재 숭실대에 있는 안익태 기념관에는 그의 친일 행적이 기록되어 있지 않다. 그의 업적만 기록되어 있을 뿐이다. 지금 우리가 진정 바라는 건 공과를 확실하게 구분한 기록을 후손에게 전하는 것이다.

안익태가 작곡한 〈애국가〉가 불가리아의 〈오! 도브루잔스키 크라이〉를 표절했다는 논란과 안익태 자신의 작품을 표절했다는 논란이 계속 제기되고 있다. 그래서 국가를 바꿔야 한다는 주장이 멈추지 않고 있다.

미국은 1931년 〈The Star-Spangled Banner〉를 국가로 채택했고, 일본은 1999년 〈기미가요〉를 법적 국가로 제정했다. 중국은 2004년 〈의용군진행곡〉을 국가로 확정했다. 이들 나라가 기존의 국가를 버리고 새로운 국가로 변경한 건 아니다. 수십 년 동안 수차례의 논의를 거쳐 법적 지위를 준 것이다.

우리도 심도 있는 사회적 논의를 거쳐 〈애국가〉를 정식 국가로 채택할 것인지 아니면 새로운 국가를 만들 것인지 깊이 고민해야 하지 않을까.

 · 동상 위치 ·

서울시 송파구 올림픽로 424, 올림픽공원
서울시 동작구 상도로 369, 숭실대학교

· 안익태 연보 ·

1906.12.5.	평양 출생
1921	일본 유학
1930	미국 유학
1937	유럽에서 음악 활동
1938	<한국환상국> 초연
1940	일본 황기 2,600년 기념 봉축 음악 작곡
1942	만주국 건국 10주년 축하곡 작곡
1943	독일 제국음악원 정식회원
1944	스페인 거주
1955	이승만 80회 탄신 경축 음악회로 귀국
1957	문화포상 수여
1965.9.16.	문화훈장 대통령장 수여 스페인에서 사망
1977	서울 국립현충원 제2유공자 묘역 안장

나라를 팔아먹은
일제강점기 조선 최대 갑부

탐관오리 짓으로 모은 재물로 거부가 되다,
민영휘(閔泳徽, 1852~1935)

민영휘 동상

경기도 수원에서 돗자리를 팔던 민두호가 있었다. 몰락한 양반으로 생계를 유지하고자 늘 거리로 나왔지만 부끄러움은 없었다. 비단 민두호만이 아니라 많은 몰락한 양반이 가족을 건사하고자 농사를 짓거나 상업활동을 하는 경우가 많았다.

그러나 민두호의 마음 한편에서는 답답함과 가난한 삶에서 벗어나고 싶은 욕구가 솟구쳐 올랐다. 그래서였을까? 민두호는 물욕이 누구보다 강했다.

그런 그에게 기회가 찾아왔다. 흥선대원군이 민비를 며느리로 맞아들이면서, 먼 일가 친족이던 민두호가 1880년 황주목사에 취임하게 된 것이다. 2년 뒤에는 여주목사를 거쳐 동지돈녕부사로 빠르게 승진했다.

민두호의 능력이 뛰어나서가 아니었다. 흥선대원군이 몰락하고 민비 척족이 권력을 잡으면서 얻은 결과였다. 특히 민두호는 재물 욕심이 큰 만큼 목사로 지내면서 백성에게 수탈한 재물을 늘리는 데 탁월한 재능을 보였다.

그런 민두호가 춘천에 임금이 머물 행궁을 짓는 책임자로 춘천 부유수에 임명되었다. 많은 물자가 모이는 강원도의 중심지인 춘천의 책임자가 된 민두호는 상상을 초월할 정도로 백성을 수탈했다. 민두호는 그렇게 걷은 재물을 혼자서 독차지하고자 병영 공사 비용이 부족하다는 이유로 중앙 정부에 세금을 납부하지 않아도 된다는 허락을 받았다.

혀를 내두를 정도의 탐학에 사람들은 "민씨에는 세 도둑이 있는데 서울의 민영주, 강원도의 민두호 그리고 경상도의 민형식이다."라고 말할 정도였다. 특히 강원도 사람들은 민두호가 쇠갈고리로 재물을 훑는다고 해 '민쇠갈고리'라고 부르며 고향을 떠나 유민이 되는 길을 택하기도 했다.

민두호의 탐욕을 그대로 물려받은 이가 민영준(1901년 민영휘로 개명)이다. 제대로 된 교육을 받지 못한 민두호와는 달리 풍족한 환경에서 교육을 받은 데다가 민비의 힘까지 등에 업은 민영휘는 빠른 승진을 이어나갔다. 1877년 별시 병과에 급제한 민영휘는 불과 5년 만에 정3품 형조참의에 올랐다.

그에게도 위기는 있었다. 별기군에 차별받던 구식 군인들이 난을 일으킨 임오군란으로 가옥이 파손되고 민두호는 충주로 도망쳤다. 임오군란은 단순히 구식 군인들이 밀린 봉급을 받지 못해 일으킨 난이 아니었다. 강화도조약 이후 닥친 경제적 어려움과 민씨 척족을 중심으로 한 관리들의 부정부패에 대한 백성들의 반발이었다.

그럼에도 민영휘의 승진은 멈추지 않았다. 민비가 정권의 중심에 있는 이상 민씨 척족의 몰락은 있을 수 없었다. 민영휘는 권력을 위협할 수 있는 세력을 제거하기 위해서라면 누구와도 손잡는 걸 마다하지 않았다.

1884년 김옥균을 중심으로 급진개화파들이 갑신정변을 일으키자 민영휘는 청나라의 위안스카이가 이끄는 군대를 동원해 진압했다. 이후 민영휘는 갑신정변을 진압한 공로로 내무부를 신설해 군사와 재정을 총괄했다.

그때 민영휘는 친족이던 민응식, 민영익 등과 함께 내무부 최고 관직인 독판이 되었다. 이후로도 승승장구해 평안도 관찰사, 형조판서, 예조판서, 공조판서, 이조판서, 의정부 좌참찬 등 주요 관청의 장이 되었다.

주요 관청의 장을 맡은 민영휘가 개혁을 명분 삼아 얼마나 많은 재물을 축적했는지를 보여주는 자료들이 많이 남아 있다.

프랑스어학교 교장 에밀 마르텔은 민영휘가 주도한 군사 개혁을 두고 "무기는 미국, 일본, 러시아, 프랑스 소총이 모두 섞여서 마치 에티오피아 군대처럼 다양한 총포를 갖고 있을 뿐 아니라 탄환도 다 각기 달랐다."라고 회고했다. 강병을 양성하겠다는 명분 아래 여러 열강으로부터 뇌물을 받아 챙겼음을 짐작하게 한다.

관료로서 하지 말아야 할 뇌물 수수와 수탈로 나라를 위태롭게 만드는 민영휘의 행동은 백성에게 지탄의 대상이었다. 특히 '보국안민(나라를 보호하고 백성을 편안하게 한다)'과 '제폭구민(폭정을 막고 백성을 구한다)'을 부르짖던 동학교도들에게 민영휘는 반드시 제거해야 할 대상이었다. 오죽하면 동학농민운동을 진압하던 일본군이 "무슨 일이 있어도 민영휘를 죽여야 한다."고 백성이 외치던 소리를 기록할 정도였다.

고종의 은혜를 원수로 갚다

민영휘는 매우 큰 두려움을 느꼈다. 병권을 가지고 있지만 그동안의 끊임없는 부정 축재로 조선 관군이 군대의 역할을 제대로 하지 못한다는 사실을 누구보다 잘 알고 있었기 때문이다.

결국 민영휘는 조정을 설득해 청의 군대를 조선에 파병하도록 요청했다. 그러나 청일전쟁에서 일본이 승리하면서 민영휘는 탐학죄로 전라도 임자도에 유배되었다.

그럼에도 민영휘는 반성하지 않고 섬을 탈출해 청나라로 도망갔다. 그리고 1년 후인 1885년 사면령을 받아 궁내부 특진관으로 조정에 복귀했다.

그러나 민비가 시해되고 고종이 러시아 공사관으로 피신을 가면서 민영휘는 다시 10년의 유배형을 받았다. 부정·비리를 저지르던 민영휘에게 민비라는 거대한 바람막이가 사라졌지만 고종의 부름으로 유배 3개월 만에 풀려나 관직에 복귀할 수 있었다. 고종이 부정부패를 저지른 관료를 멀리하지 않고 자신에게 충성을 맹세하는 이들만 옆에 두려 했기 때문이다.

민영휘는 1901년 육군부장과 헌병대 사령관을 통해 군권을 장악하고, 1902년에는 고종의 안전을 책임지는 호위대 총관을 맡으며 최고의 권세를 누렸다.

하지만 조선은 민영휘의 권세를 오래 유지해줄 환경을 제공하지 못했다. 1905년 을사늑약이 체결되자 민영휘는 을사오적을 처벌하라는 상소를 올렸다. 나라를 생각하는 마음이 아니라 조선이 망하면 모든 걸 잃어버릴까 봐 두려운 마음에서였다.

하지만 민영휘의 상소를 충정으로 오인한 고종은 민영휘가 세운 학교인 '광성의숙'을 민영휘의 '휘'를 따서 '휘문의숙'으로 변경하는 등 민영휘를 계속 우대해줬다. 고종이 인재를 알아보는 눈이 없음을 보여주는 한 사례이기도 하다.

을사늑약을 되돌릴 수 없자 민영휘는 조선에서 일본으로 노선을 갈아탔다. 1907년 궁내부 특진관 겸 상방사 제조에 임명된 민영휘는 고종에게 헤이그 특사 사건을 책임지는 차원에서 순종에게 양위하라고 겁박했다.

그리고 그해 10월 한국에 온 일본 황태자를 환영하는 위원장으로 활동한 공로를 인정받아 일본으로부터 일본 황태자 도한 기념장을 받았다. 또한 일본 왕의 시조인 아마테라스 오미카미위 위패 봉안과 의식을 거행하는 신경봉경회의 고문도 맡았다. 나라를 빼앗기는 1910년에는 합방성명서에 찬성을 유도하고자 국민동지찬성회 고문과 정우회 총재를 맡았다. 일본은 그 대가로 민영휘에게 자작 작위와 은사공채 5만 원을 줬다.

친일 행각이 대를 잇다

민영휘에게도 위기가 없었던 건 아니다. 1909년 1월에만 재산환수 소송을 아홉 건이나 당했는데, 소송을 건 대부분이 1887년경 그가 평안도 감사로 있을 때 수탈당한 사람들이었다.

〈대한매일신보〉〈제국신문〉 등 여러 신문에서 이 소송과 관련해 민영휘의 수탈을 성토하는 글을 올렸다. 〈대한매일신보〉는 "민영휘가 전답을 방매하고 재산을 정리해 상하이로 이주하려고 시도하기도 했다."라며 민영휘를 비판했다.

하지만 민영휘는 일제에 협력하는 대가로 위기를 기회로 만들었다. 셈이 누구보다 빨랐던 그는 일제 밑에서 관료로 지내는 것에 한계가 있을 거라고 예상하곤 금융권으로 눈을 돌렸다. 1912년 전무 백인기가 초대 사장인 조병택을 퇴진시키는 과정에서 한일은행 이사가 되었고, 3년 뒤에는 경영 위기를 문제 삼아 백인기를 내쫓고 은행장으로 취임했다. 1920년 70세에 퇴임할 때까지 두 아들을 경영에 참여시켜 자산관리하는 방법을 전수했다.

민영휘는 여러 첩을 뒀는데 정실 부인 신씨가 자식을 낳지 못하는 바람에 민형식을 양자로 들였다. 그런가 하면 해주마마로 불리던 여인에게서 민대식·민천식(사망)·민규식 세 아들을 낳았다.

장남 민대식은 민영휘의 뒤를 이어 한일은행장으로 활동했다. 민규식은 영국으로 유학을 떠나 케임브리지대학을 졸업한 뒤 미국 존스홉킨스대학 대학원에서 공부하다가 민영휘가 퇴임하는 1920년 귀국해 한일은행 상무이사가 되었다.

경영수업을 받던 둘은 1935년 민영휘가 죽으면서 세간의 주목을 받았다. 민영휘의 1,200원에 달하는 막대한 재산 때문이었다. 1,200원을 지금의 가치로 환산하면 수조 원에 달할 것이다. 민영휘가 소유했던 부동산만 해도 종로 등 전국에서 가격이 가장 높은 지역에 집중되어 있었다.

이복형제 간이었던 민형식과 민대식·민규식은 민영휘가 죽은 3년 뒤에 재산분할을 두고 소송을 벌였다. 이 과정에서 민형식은 소송비용이 모자라 경운정 저택을 경매에 내놔야 했던 만큼 소송은 민대식·민규식 형제에게 유리하게 흘러갔다.

민대식·민규식은 회사를 설립해 경영하기도 했으나 주로 실패 위험이 적은 일본 국책회사에 투자했다. 산미증식계획과 관련된 조선토지개량주식회사, 조선미곡창고주식회사와 같은 기업과 독점기업인 경성전기, 조선맥주 등에 투자해 큰 이익을 얻었다. 또한 자산관리를 위해 설립한 가족회사인 영보합명회사와 계성주식회사 명의로 은행 최저금리보다 낮은 금리로 많은 돈을 대출받아 투자에 나섰다. 그들이 주로 투자한 대상은 전쟁 물자를 생산하는 군수 기업이었기에 막대한 수익을 챙길 수 있었다.

민대식은 1920년대 내선융화를 내세운 친일단체 동민회의 평의원 및 조선신궁봉찬회 발기인 등을 맡아 일제 관료들에게 잘 보이고자 노력했다. 엄청난 국방헌금을 기부하기도 했다. 민규식의 친일 행각도 형에게 뒤지지 않았다. 그 역시 동민회 평의원으로 활동했으며 국민정신총동원조선연맹 발기인 및 이사를 맡았다.

1941년엔 흥아보국단과 조선임전보국단의 상무이사로 활동하면서 박흥식·김연수와 함께 일제에 20만 원을 헌납했다. 이런 친일 행각을 바탕으로 일제로부터 특혜를 받아 막대한 수익을 낼 수 있었다.

친일파 후손이 가져야 할 자세

수원에서 돗자리를 팔던 가난한 민두호를 필두로 민영휘와 그의 두 아들은 자수성가했다고 자화자찬할 수도 있을 것이다. 그러나 역사의 잣대로 보면 절대로 그렇지 않다.

민두호는 민비의 친인척이라는 이유만으로 관직에 올라 백성을 수탈하는 데만 탁월한 능력을 보였다. 민영휘는 상대를 가리지 않고 도움이 된다고 생각하는 대상에 빌붙어 부와 권력을 장악했다. 그의 두 아들은 체계적인 교육을 받은 친일파로서 할아버지로부터 물려받은 재산을 더 크게 불렸다. 독립운동가 후손들이 경제적 어려움으로 제대로 된 교육조차 받지 못해 사회 빈곤층으로 전락한 것과는 정반대로 말이다.

그러나 더 큰 문제는 민영휘의 후손들은 선조들의 잘못을 인정하고 사과할 생각이 없다는 점이다. 자신들이 경제와 교육에 많은 기여를 했다고 강조하며 과거 지우기에 여념이 없다.

심지어 친일 재산이라는 이유로 국가에 귀속된 토지를 돌려달라는 소송을 내기도 했다. 민규식의 의붓손자이자 영보합명회사 대표 유씨는 서울 강남구 세곡동 땅을 돌려달라고 2017년 정부를 상대로 소송을 냈다. 1심에서 승소했으나 정부의 항소로 2020년 2월 패소했다.

친일파 후손들의 염치없는 행동은 비단 민영휘 후손만의 이야기는 아니다. 1997년 이완용의 증손자인 이윤형이 1948년 농지개혁 때 토지관리인들이 차지한 땅을 돌려달라는 소송에서 이겼다. 이후 많은 친일파 후손이 땅을 돌려달라는 소송을 냈다.

늦은 감은 있지만 2005년 친일반민족행위자 재산의 국가 귀속에 관한 특별법이 의결되어 친일파의 재산을 환수할 기회가 생겼다.

그러나 민영휘의 후손 열아홉 명을 포함한 친일파 후손 예순여섯 명이 친일 재산이라도 당시 재산법제에 의해 취득한 재산을 국가로 귀속하는 특별법은 소급입법에 해당한다며 헌법소원을 냈다. 2011년 헌법재판소는 특별법을 합헌이라고 결정했지만, 여전히 친일파 후손들은 재산을 돌려달라는 소송을 진행하고 있다.

물론 친일파의 후손이라고 손가락질을 하거나 불이익을 주는 연좌제를 적용해서는 안 된다. 단, 선조의 잘못을 인정하지 않고 자신들의 부와 권력을 당연하게 여기는 이에게는 다르게 적용해야 하지 않을까. 직접적으로 재산을 물려받지 않았더라도 친일파의 후손들은 수준 높은 교육을 받아 사회지도층으로 나갈 기회를 얻었다. 그마저도 자신의 노력으로 얻은 결과라고 말한다면 우리는 어떤 말을 해야 할까?

우리동네 인물 탐구

· 동상 위치 ·

서울시 강남구 역삼로 541, 휘문중고등학교

· 민영휘 연보 ·

1852.5.15.	서울 출생
1882	임오군란 당시 군민에게 가옥 파괴
1887	평안도 관찰사 부임
1890~92	형조판서, 예조판서, 공조판서, 의정부 좌참찬, 이조판서 역임
1894	동학농민운동 당시 청에 군대 요청
1901	육군부장, 헌병대 사령관, 호위대 총관 역임
1904	광성의숙 설립
1905	을사오적 처벌 상소 올림
1907	고종 퇴위 주장 일본 황태자 환영 위원장
1909	한일합방성명서 촉구
1910	일본 정부로부터 자작 작위 수여
1912	한일은행 이사
1915	한일은행장
1928	쇼와 천황 즉위 기념 대례기념장 수여
1935.12.30.	사망
2007	친일반민족행위자 결정

·참고자료·

김창수, '한국 근,현대사의 재조명: 日愚 姜宇奎 義士의 思想과 抗日義列鬪爭', 이화사학연구소,
    <이화사학연구(30)>, pp.471~485, 2003.

윤병석, '안중근의 하얼빈의거와 순국 100주년의 성찰-안중근 연구의 방향-', 육군군사연구소,
    <군사연구(129)>, pp.71~114, 2010.

김도형, '전명운의 생애와 스티븐스 처단의거', 한국독립운동사연구소, <한국독립운동사연구
    (31)>, pp.241~279, 2008.

김성민, '나석주의 생애와 독립운동', 한국학연구소, <한국학논총(51)>, pp.321~354, 2019.

金昌洙, '韓人愛國團과 李奉昌義擧', 한국민족운동사학회, <한국민족운동사연구>, 2002.

정영희, '黙菴 李鍾一의 近代敎育運動', 한국민족운동사학회, <한국민족운동사연구(43)>,
    pp.5~38, 2005.

김영장, '양기탁의 서간도지역 독립운동', 한국독립운동사연구소, <한국독립운동사연구(46)>,
    pp.89~125, 2013.

윤은순, '조만식의 생활개선운동', 한국기독교역사학회, <한국기독교와 역사(41)>, pp.5~36,
    2014.

하상일, '심훈의 생애와 시세계의 변천', 동북아시아문화학회, <동북아 문화연구1(49)>, pp.95~116,
    2016.

오인탁, '한국의 기독교교육과 역사', 한국기독교교육학회, <기독교교육 논총(26)>, pp.277~305,
    2011.

성주현, '동학·천도교와 손병희의 이상과 현실', 인문학연구소, <시민인문학(37)>, pp.113~139,
    2019.

박성진, '서재필과 이승만의 만남과 갈등-개화기, 독립운동기, 해방정국기를 중심으로', 대동문화연구원, <대동문화연구(67)>, pp.595~628, 2009.

이계형, '해방 이후 신흥무관학교 부흥운동과 신흥대학 설립', 한국학연구소, <한국학논총(45)>, pp.29~56, 2016.

박균열, '백범 김구의 국가관', 한국윤리학회, <윤리연구1(100)>, pp.311~332, 2015.

이윤갑, '도산 안창호의 민족운동과 공화주의 시민교육', 한국학연구원, <한국학논집(67)>, pp.37~92, 2017.

한성민, '제2회 헤이그 만국평화회의 特使에 대한 일본의 대응', 한일관계사학회, <한일관계사연구(51)>, pp.361~398, 2015.

권대광, '혈죽 담론(血竹 談論)의 형성 과정과 공론장적 성격', 청람어문교육학회, <청람어문교육(55)>, pp.325~350, 2015.

윤선자, '동학농민전쟁과 종교', 한국학연구소, <한국학논총(34)>, pp.915~940, 2010.

유준기, '김마리아의 생애와 독립운동', 한국보훈학회, <한국보훈논총8(1)>, pp.137~196, 2009.

김아연, '<대한매일신보> 소재 배설(裴說, Ernest Thomas Bethell) 추모시가 연구', 한국시가문화학회, <한국시가문화연구(38)>, pp.105~140, 2016.

채백, '애국계몽운동기 일제의 언론통제와 한국언론의 대응: 노일전쟁부터 강제병합까지를 중심으로', 한국지역언론학회, <언론과학연구10(2)>, pp.604~632, 2010.

장원동, '외솔 최현배의 민족교육사상연구', 한국윤리학회, <윤리연구53(2)>, pp.4~99, 2003.

고시용·김은진, '방정환의 어린이관과 도덕교육의 의미', 한국종교교육학회, <종교교육학연구(41)>, pp.1~20, 2013.

손환·하정희, '손기정의 민족의식 형성에 관한 연구', 한국체육학회, <한국체육학회지52(2)>, pp.19~28, 2013.

장신, '일제말기 김성수의 친일 행적과 변호론 비판', 한국독립운동사연구소, <한국독립운동사연구(32)>, pp.271~313, 2009.

하상일, '해방 이후 김동인의 소설과 친일 청산을 위한 자기합리화', 동서사상연구소, <철학·사상·문화(30)>, pp.188~204, 2019.

김정희, '안익태 애국가 무엇이 문제인가-법정(法定) 국가(國歌) 제정을 위한 시론(試論)', 한국예술연구소, <한국예술연구(31)>, pp.321~345, 2021.

오미일, '관료에서 기업가로-20세기 전반 閔泳徽―家의 기업 투자와 자본축적', 부산경남사학회, <역사와경계(68)>, pp.177~226, 2008.

장새천, '백암 박은식의 민족교육운동사 논고', 한국사상문화학회, <한국사상과 문화(87)>, pp.107~123, 2017.

김지은, '근대전환기 석주 이상룡의 사상적 변화와 유교개혁론의 연원', <한국국학진흥원국학연구(46)>, pp.309~351, 2021.

(사)김상옥의사기념사업회 kimsangohk.net

(사)매헌윤봉길의사기념사업회 www.yunbonggil.or.kr

고하송진우선생기념사업회 www.goha.or.kr

동학농민혁명기념재단 www.1894.or.kr

한국방정환재단 children365.or.kr

유관순열사기념사업회 www.yugwansun.kr

무심코 지나쳤던
우리동네 독립운동가 이야기

초판 1쇄 발행 2022년 8월 15일

지은이 | 유정호
펴낸곳 | 믹스커피
펴낸이 | 오운영
경영총괄 | 박종명
편집 | 김형욱 최윤정 이광민 양희준
디자인 | 윤지예 이영재
마케팅 | 문준영 이지은 박미애
등록번호 | 제2018-000146호(2018년 1월 23일)
주소 | 04091 서울시 마포구 토정로 222 한국출판콘텐츠센터 319호(신수동)
전화 | (02)719-7735   팩스 | (02)719-7736
이메일 | onobooks2018@naver.com   블로그 | blog.naver.com/onobooks2018

값 | 20,000원
ISBN 979-11-7043-331-6 03910